欧洲各国教育证书评估研究

Study on Credential Evaluation in European Countries

魏建华　谭小慧　姚　涵　著

上海交通大学出版社
SHANGHAI JIAO TONG UNIVERSITY PRESS

内容提要

世界各地的教育证书纷繁复杂，各国成绩评价制度五花八门，给中国高校来华留学生招生部门带来诸多困惑。本书主要从国家概况、教育概况、教育体系、考试等级与证书制度、成绩评价制度等维度对欧洲42个国家教育概况与教育证书进行评估研究，并对这些国家的常见教育证书进行系统梳理。本书可以作为来华留学教育的工作参考用书，以解决教育工作者对欧洲来华留学生教育证书在识别和鉴定上的困惑。

图书在版编目(CIP)数据

欧洲各国教育证书评估研究 / 魏建华，谭小慧，姚涵著. -- 上海：上海交通大学出版社，2025.4. --ISBN 978-7-313-32426-9

Ⅰ. G550.2

中国国家版本馆 CIP 数据核字第 20256YE931 号

欧洲各国教育证书评估研究

OUZHOU GEGUO JIAOYU ZHENGSHU PINGGU YANJIU

著　　者：魏建华　谭小慧　姚　涵

出版发行：上海交通大学出版社　　地　　址：上海市番禺路 951 号

邮政编码：200030　　电　　话：021-64071208

印　　刷：上海万卷印刷股份有限公司　　经　　销：全国新华书店

开　　本：710mm×1000mm　1/16　　印　　张：18.5

字　　数：340 千字

版　　次：2025 年 4 月第 1 版　　印　　次：2025 年 4 月第 1 次印刷

书　　号：ISBN 978-7-313-32426-9

定　　价：78.00 元

前　言

1950年，中华人民共和国接收了首批来自社会主义国家的30余名留学生，这对刚刚成立的中华人民共和国打破西方的封锁，逐步摆脱外交孤立的状况有着极其重大的意义。随着国际形势的变化，我国外交形势逐渐好转，留学生招生范围也逐步扩大到亚洲、非洲以及与中国建立外交关系的国家。1963年8月召开的第一次全国外国留学生工作会议，明确了接收外国留学生工作要为中国政治与外交工作大局服务，为各国文化交流及增进中国与世界各国的了解和友谊服务的方针。进入21世纪后，来华留学成为新时期公共外交和人文交流的重要内容，成为国家整体外交工作的有机组成部分。2010年，中国教育部发布《留学中国计划》，制定了到2020年全年外国留学人员达到50万人次的目标。随着《留学中国计划》的发布与改革开放的不断深入，来华留学工作快速发展，来华留学规模不断创历史新高。

尽管来华留学教育事业快速蓬勃发展，但我国对世界各国教育证书的评估研究相对滞后，对世界各国教育证书缺乏系统性研究。绝大多数高校把高中成绩和高中毕业证书考试成绩作为本科招生的主要依据，然而世界各国教育体系、教育证书考试的成绩评价制度与中国教育体系和教育证书考试的成绩评价制度存在较大差异。国内很大一部分高等院校和机构的来华留学教育工作仍处于起步阶段，招收的来华留学生生源国并不广泛，对世界各国的教育证书认知有限。与此同时，高校行政系列员工换岗频繁，面对世界各国五花八门的教育证书以及形式各异的成绩评价制度，中国高校来华留学生招生部门面临着诸多挑战。因此，加强世界各国教育证书评估研究，深入了解世界各国成绩评价制度等对来华留学教育事业的健康发展具有重要的现实指导意义。

基于此，作者于2015年就着手世界各国教育证书的评估研究工作，希望通过系列研究，出版一套系列丛书，供国内同行及教育工作者参考。2020年出版了教育证书评估研究非洲国家专辑，2024年出版了亚洲国家专辑。在研究过程中，由于国家众多，受语言的限制，同时部分国家研究文献较少，给查询资料带来诸多不便。但幸运的是，随着来华留学教育发展，浙江科技大学来华留学生数量不断增长，国别也不断增加，在校的各国优秀留学生也积极参与了课题研究。在研究过程中，留学生充分发挥其地域优势和语言优势，积极与各国驻中国使领馆教育处、各国教育主管部门工作人员及其本国的老师等取得联系，不厌其烦地确认各种细节，为本书的顺利出版付出了大量的时间和精力。在此特别感谢 LENKA HAMPLOVA、CREUS PEREZ JAVIER、KAACK MARIA LENA、LUCIA PAGLIARICCIO、ESPOSITO SIMONE VITTORIO、吴思琦、周林燕、张绮、刘佳男、王佳琳、吴菲儿、邹圣贤、魏晨曦等同学。此外，本书的出版得到了浙江省教育厅领导舒培东、蓝晶晶、杜健等的指导以及同事胡诗漪、谭小慧、姚涵等的倾心帮助，在此特别感谢！

因篇幅有限，本书成绩评价制度仅限于各国中小学成绩评价制度。因语言限制，错误在所难免，敬请读者批评指正，联系邮箱 weijianhua@zust.edu.cn。本书的出版得到了中国高等教育学会2024年度高等教育科学研究规划课题、中国教育国际交流协会“来华留学质量保障研究专项”委托课题、浙江科技大学国际教育研究中心与国际教育学院的经费资助，在此特别感谢各部门领导的鼎力支持！本书集浙江科技大学国际教育研究中心专项课题“南欧国家教育证书评估研究”(2023IERC006)、中国高等教育学会2024年度高等教育科学研究规划课题(24LX0405)、浙江省高等教育学会外国留学生教育管理分会2024年度课题“东欧国家教育制度与成绩评估体系研究”、浙江科技大学2023年校级教学研究与改革一般项目“西欧各国教育证书评估研究”(2023-jg56)与浙江省新苗计划项目(2022R415A003)的研究成果于一体。

魏建华
2025年1月于杭州

目　录

东欧国家

爱沙尼亚的教育证书评估研究

一、国家概况

爱沙尼亚位于波罗的海东岸，东与俄罗斯接壤，南与拉脱维亚相邻，北邻芬兰湾，与芬兰隔海相望，西南濒里加湾，边界线长 1 445 千米，海岸线长 3 794 千米，首都塔林。属海洋性气候，冬季平均气温－5.2℃，夏季平均气温 17.7℃，年平均降水量 500～700 毫米。面积 45 339 平方千米，人口 135.37 万(2023 年)。主要民族有爱沙尼亚族、俄罗斯族、乌克兰族和白俄罗斯族。官方语言为爱沙尼亚语，英语、俄语亦被广泛使用。主要信奉基督教路德宗、东正教和天主教。

爱沙尼亚族形成于 12～13 世纪。曾先后被普鲁士、丹麦、瑞典、波兰、德国、沙俄和苏联占领统治。1991 年 8 月 20 日，爱沙尼亚脱离苏联，宣布恢复独立。自恢复独立以来，爱沙尼亚一直奉行自由经济政策，大力推行私有化，实行自由贸易政策，经济发展迅速，年均经济增速在欧盟成员国内位列前茅。

二、教育

（一）教育概况

爱沙尼亚实行 9 年制义务教育。2020 年，共有学前教育机构 612 所，各类中小学校 506 所，各类技术职业学校 37 所，高等教育机构 18 所，其中大学 7 所(6 所国立，1 所私立)，各类职业高等教育机构 12 所。2020 年，共有 23.16 万人在各类学校学习，中小学学生 16.08 万人，各类技校及职业学校学生 2.55 万人，大学学生 4.53万人。

（二）教育体系

爱沙尼亚的基础综合教育从 7 岁开始，一直持续到 16 岁，涵盖 1～9 年级，是普通教育的最低要求。义务教育涵盖 9 年基础综合教育。高中教育涵盖 10～12

年级，在此期间学生可以选择学术课程或职业课程。高等教育分为普通高等教育和职业高等教育，普通高等教育包含本科、硕士和博士三个等级，学习年限因选择的学校项目而有所差异。学年一般为9月至次年6月末或7月初。一学年分为2个学期，秋季学期和春季学期，每学期一般为5个月。根据教育机构的决定，秋季学期上课时间通常从9月持续到12月，考试时间是1月份。春季学期从1月底或2月初持续到5月底，但考试通常持续到6月底。学生每年至少有8个星期的假期。爱沙尼亚教育体系见图1。

（三）详述

1. 学前教育

学前教育由专门的教育机构为3～7岁的儿童提供。是否接受学前教育是自愿的，但在爱沙尼亚，接近94%的适龄儿童都接受学前教育。儿童通常在公立学前班上学，公立学前班的学费上限为国家最低工资的20%，上公立学前班的额外财政支持因地区而异。

学前教育以国家课程为基础，旨在促进儿童的身体、心理、社交和情感发展。学前儿童保育机构的国家课程大纲旨在发展7岁前孩子5个领域的技能：一般技能、演奏技能、认知和学习技能、社交技能以及自我管理能力。

2. 基础教育

爱沙尼亚的基本义务教育制度为9年制基础教育，强制入学（允许在家上学，但很少见）。小学前4年级被称为Algkool，意为“开始学校”，即初级小学。在一些人口密度低的地区，只有初级小学，之后学生在城镇上小学。

基础教育通过基础学校的国家课程或基础学校的简化课程开展。基础学校要求学生在毕业时的学习课程至少达到令人满意的水平，并通过基础学校3个科目的毕业考试——爱沙尼亚语或爱沙尼亚语作为第二语言、数学和学生自主选择的科目以及完成一个有创造性的项目。

3. 中等教育

中等教育以基础教育为基础，分为普通中学提供的普通中等教育和职业教育学校提供的中等职业教育。在爱沙尼亚，中学教育不是强制性的。普通中等教育重在知识、技能和能力的培养，获得这些知识、技能和能力是在高等教育院校继续深造的先决条件。

普通中学旨在帮助学生成为有创造力、多才多艺、成熟可靠的公民，帮助其探索最适合个人兴趣和能力的学习领域。中学阶段的课程分为必修课和选修课。完成普通中等教育的学生有权继续在普通高等教育机构学习或接受职业高等教育。

年龄

29 28 27 26 25 24 23 22 21 20 19 18 17 16 15 14 13 12 11 10 9 8 7

年级

23 22 21 20 19 18 17 16 15 14 13 12 11 10 9 8 7 6 5 4 3 2 1

博士学位
Doktorikraad
3～4年

硕士学位
Magistrikraad
2年

学士学位
Bakalaureuskraad
4～5年
医学/兽医学6年

硕士学位
Magistri
kraad
6～7年

应用高等
教育文凭
Diplom
(a) 3年
Diplom
(b) 4年

职业技术证书
Tuunistus Keskhariduse Basil
Kutsheskhariduse Omandamise Kohta
1～3年

普通高中
普通中学毕业证书
Gumnaasiumi Loputunnistus
3年

职业高中
职业中学毕业证书
Tuunistus Pohihariduse
Basil Kutskeskhariduse
1～3年

基础教育
基础学校毕业证书
Pohikooli Loputunnistus
9年

图 1　爱沙尼亚教育体系

自2013年以来，选择职业教育的高中生比例有所下降。到2017年，只有25%的高中生就读职业课程，远低于经合组织38%的平均水平。

4. 高等教育

爱沙尼亚的高等教育计划中明确了实现终身学习的战略目标，为爱沙尼亚的所有人提供针对其需求和能力的终身学习机会，以便在社会、工作和生活中为其提供更多实现自我价值的机会。在爱沙尼亚，高等教育系统有2个分支，即普通高等教育和职业高等教育。

著名高等学府有塔林大学(Tallinn University)和塔尔图大学(University of Tartu)，其中塔尔图大学建于1632年瑞典国王阿道夫·古斯塔夫二世(Gustavus II Adoplphus)统治时期，1919年由古斯塔夫学院改称塔尔图大学。塔尔图大学设有神学、法律、医学、哲学、生物和地理、物理和化学、教育、体育、经商管理、数学和信息科学、社会学等11个学科，下属13个系和研究所，被尊为"爱沙尼亚的启蒙圣母"，爱沙尼亚许多政要和知名人士均毕业或曾任教于该校。塔林大学是爱沙尼亚首都塔林市中心的一所综合性大学，是由塔林市的多所知名大学和学院合并建立，也是该国发展最好、最快的大学。

(四) 考试、升级与证书制度

爱沙尼亚的基础教育为9年，属于义务教育，所有学生强制入学。根据国家考试、基于样本的国家测试和常规课堂评估来进行学生评价。在一年级之前，有一个为入学而进行的评估，用于测试儿童的发展情况，增加老师对学生学情的了解，并确定哪些儿童在低年级时需要额外支持和帮助。在三年级时，对爱沙尼亚语和数学进行抽样测试。在六年级时，对爱沙尼亚语、数学和一个额外科目进行测试，该额外科目每年轮换。抽测只对10%的学生进行，目的是评估学校和教育系统，但很多教师为了检查学生的发展情况，会让所有学生都参加测试。测试结果用于国家对教育的监测，对学生和学校没有影响。

在9年级基础教育结束时，会进行国家考试，有3门考试：爱沙尼亚语、数学和第三门科目，学生可以从外语、科学或社会科学领域中选择第三门考试科目。考试包括多项选择题和论述题，由老师打分。此外，要从基础学校毕业，所有的学生还必须完成一个学校安排的创新项目。如果学生通过所有科目的考试，就可以从基础学校毕业，进入高中。没有通过国家考试的学生，可以在老师的推荐下或通过学校考试进入10年级。

普通高中的学生在12年级毕业时要参加一系列的国家毕业考试。学生必须参加爱沙尼亚语、数学(根据学生的课程，可以是狭义或广义的数学)和外语(英语、法语、德语或俄语)的考试。12年级学生还必须通过学校基于国家课程的考试,并完成研究项目才能毕业。

高等教育采用申请制,申请要求与过程因申请的学习项目而异,但通常包括提交国家毕业考试证书(一般集中在与学生申请的项目最密切相关的学科上)、申请院校设计的学科考试或面试。高等职业教育机构授予专业学士学位和专业硕士学位,其录取标准因学校和项目而异,有些学校不将全国毕业考试纳入录取标准。

普通高等教育一般具有3个层次或周期:第一层次是本科学士学位项目,第二层次是硕士学位项目,第三层次是博士学位项目。高等教育课程的学分计算以欧洲学分转移系统(European Credit Transfer and Accumulation System,简称ECTS)的学分计算为依据,1个学分对应学生的学习时间为26学时。每年的学分数为60ECTS学分。学士学位对应的学业标准为180～240 ECTS学分,硕士学位对应的学业标准为60～120 ECTS学分。学士和硕士两个学位阶段对应的标准学分之和应至少达到300 ECTS学分。博士学位对应的学业标准为180～240 ECTS学分。

(五)成绩评价制度

爱沙尼亚采用统一的6级制评分标准评价学生学业,考试的最低及格分为总分的51%。5或A代表优秀(最好),0或F代表不及格(最差)。爱沙尼亚成绩评价制度见表1。

表1 爱沙尼亚成绩评价制度

字母等级评价	5分制	百分制	描述	对应中文意义
A	5	91～100	suurepärane	优秀
B	4	81～90	väga hea	良好
C	3	71～80	hea	中等
D	2	61～70	rahuldav	一般
E	1	51～60	kasin	及格
F	0	0～50	puudulik	不及格

(六)常见教育证书

爱沙尼亚常见教育证书见表2。

表 2　爱沙尼亚常见教育证书

序号	证书	证书描述
1	Pohikooli Loputunnistus	基础学校毕业证书，完成 9 年基础综合教育学业获得该证书
2	Gumnaasiumi Loputunnistus	普通中学毕业证书，完成 3 年中等教育学业后获得该证书，准入条件为获得基础学校毕业证书，毕业后可升入大学或进入高等职业教育
3	Tuunistus Pohihariduse Basil Kutskeskhariduse	职业中学毕业证书，一般在职业学校或应用艺术学校完成 1～3 年中等职业教育学业获得该证书，准入条件为获得基础学校毕业证书
4	Tuunistus Keskhariduse Basil Kutsheskhariduse Omandamise Kohta	职业技术证书，在职业教育学院(类似社区学院)完成 1～3 年学业后获得该证书，准入条件为获得普通中学毕业证书或职业中学毕业证书
5	Diplom (a)	应用高等教育文凭，在应用艺术或大学等高等教育机构完成 3 年高等教育学业后获得该文凭，准入条件为获得普通中学毕业证书
6	Diplom (b)	应用高等教育文凭，在应用艺术或大学等高等教育机构完成 4 年高等教育学业后获得该文凭，准入条件为获得普通中学毕业证书
7	Bakalaureuskraad	学士学位，在高等教育机构完成 4～5 年高等教育学业后获得该学位，准入条件为获得普通中学毕业证书，并成功通过国家入学考试
8	Diploma in Dentistry/Pharmacy/Architecture	口腔医学/药学/建筑学文凭，在高等教育机构完成 5 年相关专业学业获得该文凭，准入条件为获得中学毕业证书，并成功通过国家入学考试
9	Diploma in Medical Studies/Veterinary Medicine	医学/兽医学文凭，在高等教育机构完成 6 年医学/兽医学专业学业获得该文凭，准入条件为获得中学毕业证书，并成功通过国家入学考试
10	Magistrikraad	硕士学位，在获得学士学位的基础上再完成 2 年学业，或直接完成 6～7 年高等教育学业后获得该文凭，研究工作至少占硕士课程的 50%

（续表）

序号	证书	证书描述
11	Doktorikraad/Filosoofiadoktor	博士学位/哲学博士学位，在获得硕士学位后再完成3～4年学业，或完成10～11年高等教育学业授予该学位，博士学位要求原创性研究和论文，准入条件为获得硕士学位或专业文凭

白俄罗斯的教育证书评估研究

一、国家概况

白俄罗斯共和国，简称白俄罗斯。位于东欧平原西部，东邻俄罗斯，北、西北与拉脱维亚和立陶宛交界，西与波兰毗邻，南与乌克兰接壤，首都明斯克。面积 20.76 万平方千米，人口 945 万（2023 年）。白俄罗斯是一个多民族国家，有 100 多个民族，其中白俄罗斯族占 81.2%，俄罗斯族占 11.4%，波兰族占 3.9%，乌克兰族占 2.4%，犹太族占 0.3%，其他民族占 0.8%。白俄罗斯人主要信奉东正教（70%以上），西北部一些地区信奉天主教及东正教与天主教的合并教派。白俄罗斯语和俄语是其官方语言。白俄罗斯人是东斯拉夫族的一支。

白俄罗斯的工农业基础较好。机械制造业、冶金加工业、机床、电子及激光技术比较先进，农业和畜牧业较发达，马铃薯、甜菜和亚麻等产量在独联体国家中居于前列。苏联解体后，经济一度陷入危机。2002 年 3 月，卢卡申科提出“白俄罗斯发展模式”，推行渐进改革，摒弃全盘私有化和休克疗法，建立可调控的市场经济体系，加强社会保障。

二、教育

（一）教育概况

教育是白俄罗斯重要的国家战略资源。白俄罗斯属于人类发展指数较高的国家之一，在 2019 年社会进步指数的“基本知识习得”这一指标在全球 149 个国家中排名第 9。白俄罗斯的成人识字率一直位居世界前列，如今已达到 99.9%。从中小学入学率来看，白俄罗斯已达到世界上最发达国家水平。近年来，国家国内生产总值的 5%用于教育，与欧洲发达国家相持平。白俄罗斯的教育体系完善，包含普通教育、继续教育和特殊教育。如今白俄罗斯有超过 8 000 所教育机构提供各类教育，大约有 300 万名学生，40 多万教师，教师数量占白俄罗斯劳动力的十分之一。

（二）教育体系

白俄罗斯的教育体系继承了苏联时期教育的特点，实行 4—5—2 教育体系。在白俄罗斯，所有 6～15 岁的儿童都必须接受义务教育，所有公立教育机构从学前教育到高等教育都是免费的。一学年有 2 个学期，分别是秋季学期和春季学期。第一学期从 9 月开始，到次年 1 月结束。第二学期从 2 月开始，到 6 月底结束，7 月初到 8 月底有一个长假。白俄罗斯教育体系见图 1。

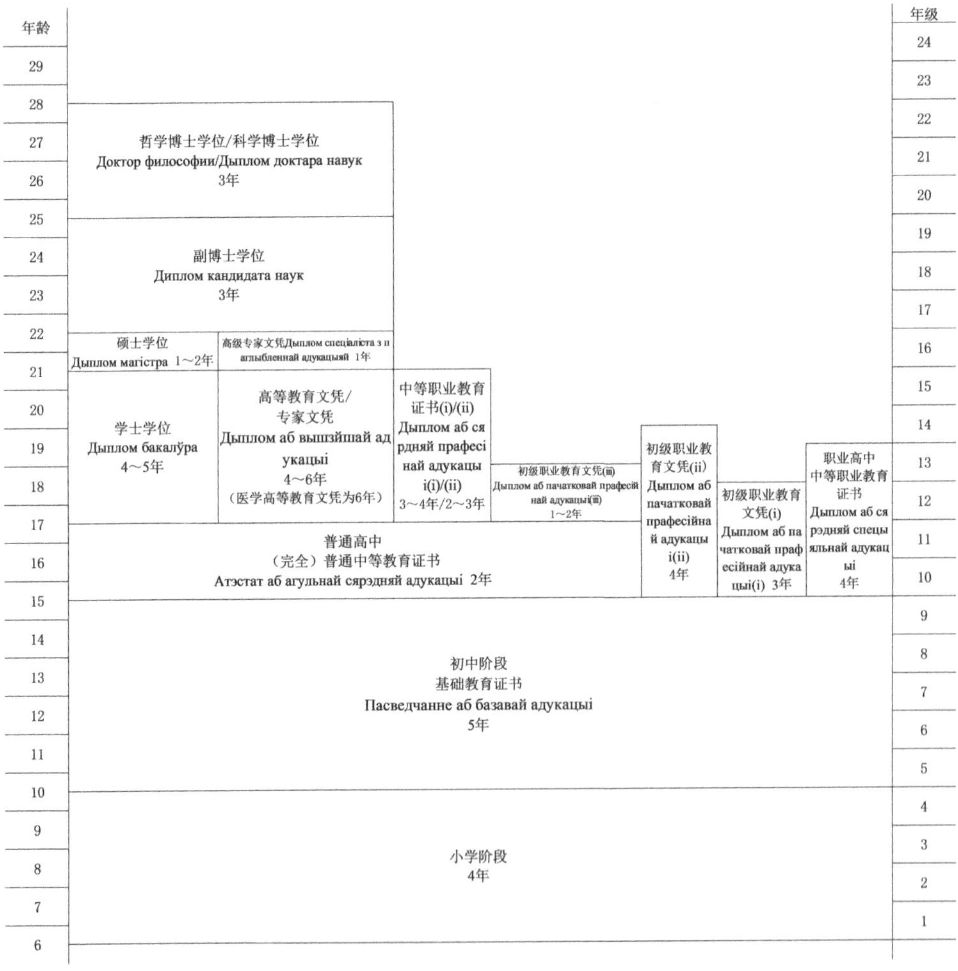

图 1 白俄罗斯教育体系

（三）详述

1. 初等教育

白俄罗斯的初等教育属于义务教育，儿童从 6 岁开始上小学。初等教育旨在培养儿童的个性，奠定学习基础，学校主要教授基本的阅读、写作和算术技能，以及有关自然、社会和人类的基础知识。主要课程包括白俄罗斯语和俄语基础知识（阅读和写作）、数学、自然研究、基础社会知识以及国家文化与历史，这些课程都由同一教师授课。其他课程包括劳动、音乐和体育训练。学校非常重视孩子的个性培养，致力于帮助其养成良好的个人卫生习惯，形成健康的生活方式。学生可参加的课外活动丰富多样，如学校音乐会、节日晚会、旅行和博物馆参观等。

2. 中等教育

基础中等教育即初中的学制为 5 年，仍属于义务教育。初中的主要课程包括白俄罗斯语和俄语、文学、数学、科学、白俄罗斯和世界历史、法律、现代文明基础、艺术、音乐、世界文化、劳动和体育训练。五年级时开设一门外语课程，通常是英语、德语或法语。

高中教育不是强制性的，学生在完成义务教育后，可以选择进入高中学习，学制为 2 年。高中教育为学生提供更加深入和专业的学科课程，为学生接受高等教育或参加工作做准备。

3. 职业教育

目前，约 6.34 万人接受高中职业教育，11.25 万人就读于中学后职业教育。高中职业教育由 127 所中学和职业学院以及其他 49 个教育机构提供，开设近 300 个专业，每年约有 3 万名毕业生。中学后职业教育由 111 所学院（包括 10 所私立学院）以及 84 所其他教育机构提供 158 个专业的培训，每年有超过 33 000 名毕业生。

4. 高等教育

在新的社会经济条件下，白俄罗斯的高等教育日益承担起调整课程结构、促进教育过程多样化、适应市场经济要求的责任，其中最受欢迎和最具竞争力的专业是管理、经济学、法律和外语等。高等教育由教育部监管，教育部负责高等院校的认证和许可，并制定和实施国家教育标准。高等教育由通过认证的公立或私立高等教育机构提供，在教学、管理、评估和研究过程中使用统一的官方标准和规则。公立高等院校为通过入学考试的学生提供免费教育。但在私立高等院校，所有学生都要缴纳学费。2005 年，白俄罗斯有 44 所公立高等院校，在校生 27.29 万人；私立高等教育机构 13 所，全日制学生 16.35 万人，接受远程教育学生 10.76 万人。最负盛名的是成立于 1921 年的白俄罗斯国立大学，下设 17 个学院，目前大约有 3.5 万名学生。

（四）考试、升级与证书制度

在基础教育阶段，学生免试升学。儿童从6岁开始进入小学，学制4年，4年后学生自动升入初中。完成5年初中学业后，学生可获得基础教育证书（Пасведчанне аб базавай адукацыі）。之后，学生可选择进入普通高中或中等职业技术学校。普通高中学制2年，完成高中学业后，学生可获得（完全）普通中等教育证书（Атэстат аб агульнай сярэдняй адукацыі）。中等职业教育学制为4年，学生完成学业后将被授予中等职业教育证书（Дыплом аб сярэдняй спецыяльнай адукацыі）。

高等教育机构的录取要求获得（完全）中等教育证书，并且通过全国入学考试。自2005年起，所有完成中学学业的学生都必须参加这一考试，以避免高等教育机构招生过程中的腐败现象。

（五）成绩评价制度

白俄罗斯采用10分成绩评价制度。10分为最高分，3分为最低及格分，1分和2分为不及格，但较少出现在成绩单上。除了分数，还会有Залик（及格）等级，用来表示一学期以上课程、选修课、实验课和实践课的及格成绩。成绩单上的Залик（及格）表示已达到课程要求，但没有期末考试。白俄罗斯成绩评价制度见表1。

表1　白俄罗斯成绩评价制度

成绩评价	白俄罗斯语描述	对应中文意义
10	выдатна	优秀
9		
8	добра	良好
7		
6		
5	здавальнаюча	中等
4		
3		
Pass	залик	及格
2	нездавальнаюча	不及格
1		

（六）常见教育证书

白俄罗斯常见教育证书见表 2。

表 2　白俄罗斯常见教育证书

序号	证书	证书描述
1	Пасведчанне аб базавай адукацыі	基础教育证书，学制 9 年，完成 4 年初等教育和 5 年初中教育后获得该证书
2	Атэстат аб агульнай сярэдняй адукацыі	（完全）普通中等教育证书，完成 2 年高中教育后获得该证书，准入条件为获得基础教育证书
3	Дыплом аб сярэдняй спецыяльнай адукацыі	中等职业教育证书，学制 4 年，准入条件为获得基础教育证书
4	Дыплом аб пачатковай прафесійнай адукацыі（i）	初级职业教育文凭（i），在职业技术教育学院完成 3 年学业后获得该证书，准入条件为获得基础教育证书
5	Дыплом аб пачатковай прафесійнай адукацыі（ii）	初级职业教育证书（ii），在职业技术教育学院完成 4 年学业后获得该证书，准入条件为获得基础教育证书
6	Дыплом аб пачатковай прафесіянальнай адукацыі（iii）	初级职业教育证书（iii），在职业技术教育学院完成 1～2 年学业后获得该证书，准入条件为获得（完全）普通中等教育证书
7	Дыплом аб сярдняй прафесінай адукацыі（i）	中等职业教育证书（i），在特殊中等教育机构或普通技术教育学校完成 3～4 年的学业后获得该证书，准入条件为获得（完全）普通中等教育证书
8	Дыплом аб сярдняй прафесінай адукацыі（ii）	中等职业教育证书（ii），在特殊中等教育机构或普通技术教育学校完成 2～3 年学业后获得该证书，准入条件为获得（完全）普通中等教育证书
9	Дыплом аб вышэйшай адукацыі	高等教育文凭，在高等教育机构、研究所、学院或大学完成 4～6 年学业后获得该证书，高等教育文凭通常也被称为专家文凭，准入条件为获得（完全）普通中等教育证书

（续表）

序号	证书	证书描述
10	Дыплом бакалŷра	学士学位，在高等教育机构、学院或大学完成 4～5 年学业后获得该证书，准入条件为获得(完全)普通中等教育证书
11	Дыплом спецiялiста з паглыбленнай адукацыяй	高级专家文凭，在高等教育机构、学院或大学完成 1 年学业后获得该证书，准入条件为获得高等教育文凭/专家文凭
12	Дыплом магiстра	硕士学位，完成 1～2 年学业后获得该证书，准入条件为获得学士学位
13	Дыплом кандыдата навук	副博士学位，在完成 3 年研究学业并通过论文答辩后获得该证书，准入条件为获得硕士学位或高级专家文凭
14	Дыплом доктор философии	哲学博士学位，在完成 3 年研究学业并通过论文答辩后授予获得该证书，准入条件为获得副博士学位
15	Дыплом доктара навук	科学博士学位，在研究领域有重大贡献，并通过论文答辩后获得该证书，准入条件为获得副博士学位

俄罗斯的教育证书评估研究

一、国家概况

俄罗斯联邦，亦称俄罗斯，首都莫斯科。国土面积为 1 709.82 万平方千米，居世界第一位，人口 1.46 亿(2024 年)。俄罗斯是一个多民族国家，民族多达 194 个，其中俄罗斯族占 77.7%，主要少数民族有鞑靼、乌克兰、巴什基尔、楚瓦什、车臣、亚美尼亚、阿瓦尔、摩尔多瓦、哈萨克、阿塞拜疆、白俄罗斯等族。俄罗斯横跨欧亚大陆，东西最长 9 000 千米，南北最宽 4 000 千米。邻国西北面有挪威、芬兰，西面有爱沙尼亚、拉脱维亚、立陶宛、波兰、白俄罗斯，西南面是乌克兰，南面有格鲁吉亚、阿塞拜疆、哈萨克斯坦，东南面有中国、蒙古和朝鲜，东面与日本和美国隔海相望。海岸线长 33 807 千米。大部分地区处于北温带。俄语是俄罗斯联邦全境内的官方语言，各共和国有权规定自己的国语，并在该共和国境内与俄语一起使用。主要宗教为东正教，其次为伊斯兰教。

俄罗斯自然资源十分丰富，种类多，储量大，自给程度高。森林覆盖面积 1 126 万平方千米，占国土面积 65.8%，居世界第一位。木材蓄积量居世界第一位。天然气已探明蕴藏量占世界探明储量的 25%，居世界第一位。石油探明储量占世界探明储量的 9%。煤蕴藏量居世界第五位。铁、镍、锡蕴藏量居世界第一位。黄金储量居世界第三位。铀蕴藏量居世界第七位。

二、教育

(一) 教育概况

俄罗斯教育由教育与科学部管理，是一种高度中央集权的教育行政制度。尽管近年来俄罗斯联邦公共教育支出占 GDP 的比重大幅波动，但在 2000 年至 2018 年期间呈上升趋势，公共教育支出从 2005 年占 GDP 的 2.7%增长到 2018 年的 4.7%。

2015年，俄罗斯的识字率为99.7%。根据2016年经合组织统计，俄罗斯54%的成年人(25～64岁)接受过高等教育，在35个经合组织成员国中，俄罗斯的高等教育学历位居第二。

（二）教育体系

俄罗斯继承了苏联教育体系的主要特点，苏联的学校教育是集中统一的，因此俄罗斯全国各地的教育模式基本相同。俄罗斯现行教育体系为4—5—2，即小学4年，初中5年，高中2年。一学年有2个学期。第一学期从9月1日开始，12月底为考试时间，1月1日至1月9日是新年年假和基督教圣诞节假期，考完最后一科后开始放寒假，直至2月7日第二学期开学。第二学期开学后，通常会在5月底或者6月初开始考试，考试时间大约会持续一个半月，最迟不超过7月15日。俄罗斯教育体系见图1。

（三）详述

1. 初等教育

俄罗斯初等教育的发展与其国家发展历史密切相关。小学的起源与修道院有关，最早出现于11世纪，为儿童提供道德和宗教教育。小学教育系统的基础是在17世纪初彼得大帝时期奠定的。1918年十月革命后颁布的《统一劳动学校章程》规定小学教育为5年，后来改为4年。1934年，苏联学制重建后，初等教育成为通识教育体系的第一阶段。

在接下来的几十年里，根据国家的政治和经济形势，俄罗斯对小学课程和教学大纲进行了系统修订。在20世纪70年代，小学学制减少为3年。20世纪80年代教育危机表明，充满共产主义意识形态的标准化学校课程已经不适应发展需要。1984年的学校改革将入学年龄降低到6岁，回到4年制小学。然而，大多数家长和教师并没有表现出向四年制小学教育过度的热情。由于社会经济原因，师资力量缺乏、教学设施设备不完善、心理和专业教师培训不充分等，改革未能顺利进行。20世纪90年代末，形成了双轨制小学教育体系。根据新方案，儿童可以在6岁开始上学，学习4年，然后再升入中学。另一种选择是在7岁时进入一年级，按照传统的、更密集的课程路线，在3年内完成相同的学业。在这种情况下，儿童跳过小学四年级，直接升入五年级。虽然这个过程有些混乱，但它保证了中学阶段的统一性。教育工作者希望两个轨道共存，这将使他们能够逐步过渡到4年制小学课程，以此来完成改革。

完成改革后，现行的小学学制为4年，教学科目包括俄语(或其他母语)、阅读、数学、自然研究、体育训练、音乐和艺术。虽然教学内容以国家教育标准为基础，但年龄 29 28 27 26 25 24 23 22 21 20 19 18 17 16 15 14 13 12 11 10 9 8 7 6

博士学位
Диплом доктора наук
3年

副博士学位
Диплом кандидата наук
3年

硕士学位
Диплом магистра
2年

学士学位
Диплом бакалавра
4年

专家文凭
Диплом специалиста
5～6年

不完全高等教育文凭
Диплом о неполном высшем образовании 2年

高等职业教育文凭
Диплом о среднем профессиональном образовании
2～4年

普通高中
普通中等教育证书
Аттестат о среднем (полном) общем образовании 2年

职业高中
中等职业教育文凭 2～3年
Диплом о начальном профессиональном образовании

初中阶段
基础中等教育证书
Аттестат об основном общем образовании
5年

小学阶段
4年

年级 24 23 22 21 20 19 18 17 16 15 14 13 12 11 10 9 8 7 6 5 4 3 2 1

图 1 俄罗斯教育体系

学校和教师个人在制定课程和选择教材方面有更多的自主权。

2. 中等教育

第一所中学创办于 17 世纪初，以俄语为教学语言，为学生接受高等教育做准备。1864 年俄罗斯立法设置了两种类型的中学：古典中学和现代中学。前者的课程包括古代历史和古典语言，而后者则偏重于科学。1871 年的宪章宣布古典中学是唯一能代表完整中等教育的教育机构类型。直到 1912 年，俄罗斯中学毕业生才真正获得了申请大学的权利。

20世纪80年代的社会经济危机危及俄罗斯中等教育，其集中性、统一性的特点，使学生缺少教育的自主选择权。20世纪90年代初期，学校设置了选修课程，教材种类更加丰富，教学过程更加多样，学生获得了较大的教育自主权。

中等教育的课程科目分为7个知识领域：语言和文学（俄语、其他母语和外语），数学（代数、几何、逻辑、统计学），科学（物理、化学、生物学），社会（俄罗斯和世界历史、法律、现代文明基础、世界经济学、国际关系和社会学），艺术（美术、音乐、世界文化和反映学校所在地区文化特色的课程），劳动（劳动教育、职业培训、技术制图），体能训练。

3. 职业教育

职业教育机构隶属于国家、州和地方行政机关，以满足特定地区发展需要。新型职业学校（职业学院和中学）将普通教育和职业培训相结合，旨在提高学生在经济、法律和工业领域的相关能力。1998年至1999年，俄罗斯共有2 649所国立和市立中等专业学校，学生人数达205.2万。

职业教育包括两个层次的教育：专业技术学校和继续专业教育中心，旨在培训技术工人和辅助专业人员。如果只进行专业技术培训，学制一般为1～2年，如果将职业教育和普通中等教育相结合，其学制一般为2～3年。

4. 高等教育

俄罗斯高等教育机构包括大学（университеты，提供各种专业的本科生和研究生教育，在不同知识领域开展基础学习和应用研究，是高等教育领域领先的学术中心）、专业学院（профессиональные колледжи，提供本科生和研究生教育，但在特定的学科领域内）、学院（академия，不一定有研究生课程，既可以独立运作，也可以作为大学的一部分存在）。俄罗斯第一所高等教育机构是彼得大帝在18世纪初改革的斯拉夫—希腊—拉丁学院。著名的莫斯科大学于1755年在罗蒙诺索夫的倡议下成立，现已成为欧洲领先的高等教育机构之一。

高等教育由科学与高等教育部进行统筹管理，其改革始于20世纪80年代后期的苏联。1991年俄罗斯联邦继续进行教育改革，其主要目的是推进高等教育民主化。尽管该教育改革在市场经济的过渡时期存在教育资金缺乏、毕业生就业难、薪资低等问题，但高等教育的普及率仍因改革而有效增长。如今，俄罗斯拥有高等教育学历的人已超半数。

（四）考试、升级与证书制度

所有适龄儿童都可以进入小学接受4年初等教育，学生必须通过四门笔试即俄语、数学和两门自选科目才能毕业，升入初中。初中学制为5年，5～8年级的初中学生在每个季度末参加评估。9 年级学年末，毕业生要通过两门国家统一组织的考试(俄语和数学)才能获得基础中等教育证书(Аттестат об основном общем образовании)。之后，学生或进入中等职业学校，或继续攻读普通中等教育的 10 年级和 11 年级。

10～11 年级的高中学生每年参加两次评估(第二和第四季度之后)。在学年结束时，中学生将在每个科目上都获得学科累积分数。学生能否进入下一个年级学习，取决于上一学年的综合学业成绩、2 门考试成绩(俄语和数学)以及选考科目的年度考试成绩(口头或书面)。仅 1 门科目不及格的学生在完成该科目学习的情况下可以进入下一个年级，但有 2 门及以上科目未通过的学生要么留级，要么转入收费的补习班。在 11 年级结束，学生参加由联邦当局统一管理并严格监督的普通中等教育证书(Аттестат о среднем общем образовании)考试。学校提供 5 门或 7 门考试，其中包括一篇关于俄罗斯文学的论文、数学笔试，其他科目可由学生自行选择。在过去四个学期和普通中等教育证书考试中均取得优秀等级的学生将获得一枚金奖章，2 门及以下科目良好但其他科目均获得优秀等级的学生将获得一枚银奖章。中等职业教育学制为 2～3 年，完成学业后，学生可以获得中等职业教育文凭(Диплом о начальном профессиональном образовании)。

获得金奖章和银奖章的学生，成绩优异，则可以免除(外国语学院的英语考试除外)所有入学考试，直接入学。在所有通过考试的学生中，学校将优先考虑录取孤儿、没有父母照顾的孩子、身体残疾、军队复员人员、曾参战人员，以及国内和国际奥林匹克竞赛获胜者。竞争激烈的学校，其入学考试难度更大，要求更高，而竞争较小的学校则用面试来代替考试。此外，由于农村学校的教学水平与城市学校存在差距，高等教育机构为农村学校毕业生设置了部分专项名额。高等教育机构男性和女性申请者的总数大致相等。在文科专业中，女性通常占多数，而技术专业则男性较多。

(五) 成绩评价制度

俄罗斯官方的评分标准是 5 分制：5—优秀，4—良好，3—及格，2—不及格，其中 3 分是及格线，而 1 分很少见，仅用于对学生极差表现的评价。俄罗斯成绩评价制度见表 1。

表 1　俄罗斯成绩评价制度

成绩评价	描述	对应中文意义
5	отлично	优秀
4	хорошо	良好
3	удовлетворительно	及格
2	неудовлетворительно	不及格

（六）常见教育证书

俄罗斯常见教育证书见表 2。

表 2　俄罗斯常见教育证书

序号	证书	证书描述
1	Аттестат об основном общем образовании	基础中等教育证书，完成 4 年小学和 5 年初中学业后获得该证书
2	Аттестат о среднем (полном) общем образовании	普通中等教育证书，完成 2 年高中学业获得该证书，准入条件为获得基础中等教育证书
3	Диплом о начальном профессиональном образовании	中等职业教育文凭，完成职业技术高中 2～3 年学业获得该证书，准入条件为获得基础中等教育证书
4	Диплом о среднем профессиональном образовании	高等职业教育文凭，学制为 2～4 年，由学院、技术学院或大学（护理、医生助理、学前/小学教师教育专业）授予，准入条件为获得普通中等教育证书或中等职业教育文凭
5	Диплом о неполном высшем образовании	不完全高等教育文凭，完成 2 年高等教育学业，由学院、研究所或大学授予
6	Диплом бакалавра	学士学位，学制为 4 年，由学院、研究所、大学与州认证委员会共同授予
7	Диплом магистра	硕士学位，学制为 2 年，由学院、研究所、大学与州认证委员会共同授予

（续表）

序号	证书	证书描述
8	Диплом специалиста	专家文凭，学制为 5～6 年，其中建筑学、法律、医学等专业，学制一般为 6 年，由学院、研究所、大学与州认证委员会共同授予
9	Диплом кандидата наук	副博士学位，完成 3 年或更长时间学业、通过论文答辩后，由高等教育或研究机构的论文委员会与教育与科学部共同授予，相当于博士学位
10	Диплом доктора наук	博士学位，学制通常为 3 年，由教育与科学部高等认证委员会授予，相当于博士后

拉脱维亚的教育证书评估研究

一、国家概况

拉脱维亚共和国位于波罗的海东岸，北与爱沙尼亚、南与立陶宛、东与俄罗斯、东南与白俄罗斯接壤，首都里加。面积 64 589 平方千米，其中陆地面积为 62 046 平方千米，内水面积为 2 543 平方千米。国界线总长 1 862 千米，平均海拔 87 米，地貌为丘陵和平原。气候属于海洋性气候过渡的中间类型。人口 188.2 万(2023 年)，拉脱维亚族占 62%，俄罗斯族占 25.4%，白俄罗斯族占 3.3%，乌克兰族占 2.2%，波兰族占 2.1%。此外，还有犹太、爱沙尼亚等民族。官方语言为拉脱维亚语，通用俄语。拉脱维亚国民主要信奉基督教路德教派和东正教。

1991 年恢复独立后，拉脱维亚按西方模式进行经济体制改革，推行私有化和自由市场经济。1998 年被正式接纳为世界贸易组织成员。2008 年遭国际金融危机重创，国内生产总值连续两年下降达 20%。2009 年接受国际货币基金组织和欧盟 75 亿欧元贷款援助，成功实施财政紧缩，2011 年起恢复经济增长。2014 年加入欧元区。

二、教育

（一）教育概况

在拉脱维亚，孩子 7 岁开始接受教育。完成初等教育之后，学生人数急剧下降。那些在 16 岁之前没有完成基础教育的学生，可以选择继续学到 18 岁，也可以选择职业教育。

拉脱维亚政府提供免费的中小学教育，全国 90% 以上的儿童就读于公立学校，国民义务教育为 9 年。除了公立学校外，也有私立中小学和大学。在基础和中等教育学校，教师的工资由国家支付，而学校的主要支出和其他教育支出由地方政府资助。高中教育的重点是大学预科和以劳动市场为目标的中等职业教育。传统上，两种教育的学生人数是平均分配的。

（二）教育体系

拉脱维亚教育体系为9(6—3)—3—3+学制。基础教育9年(包括小学6年，初中3年)，高中3年，其中基础教育阶段为义务教育。拉脱维亚公立学校实行免费教育，大部分学生就读于公立学校。学年从9月到次年6月，假期从7月到9月初。拉脱维亚教育体系见图1。

年龄
27
26
25
24
23
22
21
20
19
18
17
16
15
14
13
12
11
10
9
8
7

博士学位
Doktors
3～4年

硕士学位
Magistrs 1～2年

学士学位
Bakalaurs
3～4年
口腔医学5年
医学6年

专家文凭
4～5年
Diploms

专业中等学校
专业中等教育证书
文凭
Diploms par
Videjo Special
Izglitibu 2～3年

专业中等学校
专业中等教育证
书文凭
Diploms par
Videjo Special
Izglitibu
4～5年

普通中学/文理中学
普通中等教育证书
Atestats par Visparejo Videjo
Izglitibu
3年

职业中学/职业文
理中学
职业中等教育证书
Atestats par
Arodizglītību
2～4年

职业中学/职业文理中学
职业中等教育证书
Atestats par Arodizglītību
2～4年

初中
基础教育证书
Apliecibа par Pamatizglitibu
3年

(15岁前未取得小学阶段基础
教育证书)
基础职业教育文凭
Diploms par
Arodpamatizglitibu

小学
Primary School
6年

年级
21
20
19
18
17
16
15
14
13
12
11
10
9
8
7
6
5
4
3
2
1

图1　拉脱维亚教育体系

（三）详述

1. 基础教育

9 年单一制结构的基础教育是面向所有 7 岁儿童的义务教育，通常到 16 岁结束，但也可以延续到 18 岁。国家基础教育标准规定了基础教育的目标任务、必修课程以及考核的原则和程序。基础教育的目的是获得社会和个人生活所需要的基本知识和技能，为继续接受教育奠定基础，促进学习者和谐发展，培养对自己、家庭、社会、环境和国家负责任的态度。

2. 中等教育

拉脱维亚中等教育即高中教育，有 2 种类型：普通中等教育和职业中等教育。普通中等教育课程的主要任务是为大学深造做准备，而职业中等教育更多旨在获得职业资格，即进入劳动力市场或继续教育。

拉脱维亚高中分为人文与社会科学方向，数学、自然科学与技术方向，职业方向。所有方向都包含 11 门必修科目。此外，每个方向都有其特定的 2～3 个必修科目。高中也提供夜校和远程教育。夜校和远程教育提供 9 门必修科目和 4 门自由选修科目，“第三外语”和“体育”科目从必修科目改为自由选修科目。

3. 职业教育

职业教育的任务是让学习者为从事特定职业工作而做好准备，促进个人发展，促进知识、技能提升，从而获得职业资格，使学习者在不断变化的社会经济条件下具有一定的竞争力，并为学习者继续更高的职业教育做好准备。

良好的沟通技巧、数学、科学和社会科学知识、外语沟通能力、现代 IT 应用技能都是当今劳动市场的基本要求。因此，这些学科领域和技能课程都在职业中等教育的课程设置中有所体现。此外，重点关注培养青年人的主动性、对环境保护的理解、跨文化问题和自我发展，以帮助他们能够成功进入职场和更好地生活。对学生的培养一般通过理论与专题讨论、实验室和企业的实践培训交叉进行。

4. 高等教育

以往高等教育的录取程序不是统一的，每所高等教育机构都有自己的录取委员会和标准。学术高等院校以基础科学和应用科学为基础，通常要求学生在每一阶段结束时撰写毕业论文，授予相关学科领域学位，具体领域包括：教育科学，人文与艺术，社会科学、商业与法律，自然科学、数学与信息技术，工程科学、制造与建筑，农业，卫生保健与社会福利，服务等。

《高等教育机构法》和《职业教育和培训法》规定了职业高等教育有 2 个周期：第一个周期的职业高等教育，也称为大学教育（3～4 年），最终取得职业资格 4 级证书;第二周期的职业高等教育,取得职业资格5级证书(第一周期课程后1～2年,或高中教育后不少于4年)。第一周期职业高等教育课程或大学课程为学生进入各行业(如银行职员、商业专家、IT专家、法律助理、工程技术人员)做好准备。取得职业资格4级证书的毕业生,一般可以在不断变化的条件下执行复杂的任务,能够组织和管理其他专家和/或工人工作,毕业生可以直接进入劳动力市场竞争,也可以继续接受教育,以获得更高的专业资格。这些课程被视为"非大学"高等教育课程。

(四)考试、升级与证书制度

在小学一年级,学生所掌握的所有科目的知识和技能都以描述性的方式进行评估,没有分数。从二年级开始,拉脱维亚语、少数民族语言和数学开始用分数进行评价。三年级开始,外语加入评估行列。四年级开始,所有学科都需要接受评估。

在基础学校结束时,学生参加国家集中考试,考试的题目数量和内容由教育科学部确定。接受基础义务教育课程,并参加国家集中考试的学生将获得基础教育证书(Apliecība par Pamatizglītību)和成绩单。国家集中考试成绩以总分数的百分比来体现,评估结果会记录在基础教育证书中。基础教育被用作衡量学生是否有资格继续接受高中教育的选拔标准。如果学生没有参加任何基础教育科目或国家集中考试,会收到一份学校报告,为学生继续接受基础职业教育和培训提供机会。高中在招收学生时,除了基础教育证书中反映的科目外,学校还可以根据基本义务教育标准举行入学考试。

学生完成中等教育学业后,参加国家集中考试,其内容和程序由教育科学部确定,并由内阁批准。毕业生必须参加至少4门必修科目的集中考试,其中3门由教育科学部决定,剩下的1门由学生自选。通过考试的学生会获得普通中等教育证书(Atestāts par Vispārējo Vidējo Izglītību)以及成绩证明。如果学生没有参加国家集中考试,会收到一份学校报告。只有通过国家集中考试并获得中等教育证书的学生才拥有继续接受普通高等教育的权利。

从2004年起,高等院校入学考试由国家中等教育集中考试所代替。拥有普通中等教育证书或职业中等教育证书(Diploms par Videjo Arodizglitibu)是继续接受高等教育的前提。基于集中考试成绩的高等教育机构招生录取,竞争是非常激烈的。高等教育机构至少在入学程序开始前五个月通知学生相应项目必须参加哪些科目的集中考试,以及附加要求是什么。不同高等教育机构和不同课程的选拔程序会有所不同,有的高等教育机构还会安排招生委员会面试。学士学位课程在不同院校的学制不同，一般为3～4年。硕士学位是第二阶段学术教育，学制一般为1～2年。

（五）成绩评价制度

拉脱维亚各级教育使用相同的评价制度，均采用10级制。10分代表最高等级，4分是最低及格等级，1分是最低等级。10分和9分意味着知识和技能完全达到预期的最高水平。拉脱维亚成绩评价制度见表1。

表1　拉脱维亚成绩评价制度

成绩评价	描述	对应中文意义
10	izcili	卓越
9	teicami	杰出
8	loti labi	优秀
7	labi	良好
6	gandriz labi	中等
5	viduveji	一般
4	gandriz viduveji	及格
1～3	neapmierinosi	不及格

（六）常见教育证书

拉脱维亚常见教育证书见表2。

表2　拉脱维亚常见教育证书

序号	证书	证书描述
1	Aplieciba par Pamatizglitibu	基础教育证书，在基础学校完成9年义务教育后获得该证书
2	Diploms par Arodpamatizglitibu	基础职业教育文凭，在基础职业学校完成基础职业教育后获得该证书，一般颁发给那些在15岁前无法获得基础教育证书的学生，持该文凭证书的学生或就业，或继续更高层次职业教育

（续表）

序号	证书	证书描述
3	Atestats par Visparejo Videjo Izglitibu	普通中等教育证书，完成普通中学或文理中学3年学业后获得该证书，持有该证书的学生可以进入高等院校学习，准入条件为获得基础教育证书
4	Diploms par Videjo Arodizglitibu	职业中等教育证书，在职业中学或职业文理中学完成2年、3年或4年职业课程后获得该证书，持有该证书的学生或就业，或进入应用职业教育继续学业
5	Diploms par Videjo Special Izglitibu	专业中等教育证书，获得基础教育证书后在专业中等学校再完成4～5年学业，或在获得职业中等教育证书的基础上在专业中等学校再完成2～3年学业后获得该文凭，可以是技术领域，也可以是艺术、商业、音乐、护理或药学等领域，毕业后学生可直接就业或继续高等职业教育
6	Bakalaurs	学士学位，在大学或学院完成3～4年高等教育学业后获得该学位，获得学士学位的学生直接就业，或继续攻读硕士学位，准入条件为获得中等教育证书
7	Diploms	专家文凭，学制4～5年，完成学业后从事经济师、工程师、护士、社会工作者、翻译等工作，获得该文凭的学生直接就业，或继续攻读博士学位，准入条件为获得中等教育证书
8	Magistrs	硕士学位，完成1～2年研究生学业后获得该学位，准入条件为获得学士学位或专家文凭，毕业后可继续攻读博士学位
9	Zobarsta Grads	口腔医学学士学位，学制5年，准入条件为获得普通中等教育证书
10	Arsts Grads	医学学士学位，学制6年，准入条件为获得普通中等教育证书
11	Doktors	博士学位，在硕士学位的基础再完成3～4年学业并完成论文撰写后获得该学位，准入条件为获得硕士学位或专家文凭专业学位

立陶宛的教育证书评估研究

一、国家概况

立陶宛共和国简称立陶宛，位于波罗的海东岸，北接拉脱维亚，东连白俄罗斯，南邻波兰，西濒波罗的海和俄罗斯加里宁格勒州，首都维尔纽斯。国境线总长 1 644 千米，海岸线长 90 千米。面积 6.53 万平方千米。人口 288.9 万(2024 年 4 月)。立陶宛族占 84.2%，波兰族占 6.6%，俄罗斯族占 5.8%。此外还有白俄罗斯、乌克兰、犹太等民族。官方语言为立陶宛语，多数居民懂俄语。主要信奉罗马天主教，此外还有东正教、新教路德宗等。

2021 年，立陶宛国内生产总值 554 亿欧元，人均国内生产总值 19 759.5 欧元。森林和水资源丰富。森林面积 217.7 万公顷，覆盖率为 33.4%。有 722 条河流，最长的涅穆纳斯河全长 937 千米，境内湖泊众多，水域面积超过 880 平方千米，其中最大的德鲁克夏伊湖面积 4 479 公顷(42.26 平方千米)。此外还有泥炭、矿物建筑材料等资源。

二、教育

(一) 教育概况

立陶宛教育管理机构主要是教育和科学部、议会教科文委员会和国家科学委员会。重大教育问题由议会或政府与国家科学委员会协商决定。2019/2020 学年，立陶宛共有各类学校 1 056 所，注册学生总数为 459 443 人，教师总数 41 614 人。全国共有大学 19 所，在校大学生 105 942 名，教师 7 536 名。主要高等院校有维尔纽斯大学、维尔纽斯师范大学、盖迪米纳斯理工大学、考纳斯维陶塔斯大学、考纳斯理工大学、考纳斯医学院和立陶宛军事学院等。维尔纽斯大学创建于 1579 年，是立陶宛最著名的综合性大学，也是欧洲最古老的高等学府之一，现有学生 2.2 万名。

年龄

29 28 27 26 25 24 23 22 21 20 19 18 17 16 15 14 13 12 11 10 9 8 7 6

年级

23 22 21 20 19 18 17 16 15 14 13 12 11 10 9 8 7 6 5 4 3 2 1

博士学位
Daktauro Mokslo Laipsnio
Diplomas
3～5年

硕士学位
Magistro Diplomas
1～3年

学士学位
Bakalauro
Diplomas
4～5年

高等教育文凭
Aukštojo
Mokslo
4年
医学、口腔医学、兽医学或药学专业
5～6年

大专文凭
Junior College
Diploma
2～4年

职业高中教育
基础职业资格证书
Vocational
Qualification
Diploma
2～3年

普通高中
高中毕业证书
Brandos Atestatas
2年

初中
初中毕业证书
Pagrindinės Mokyklos baigimo
Pažymėjimas(PMP)
6年

博士学位
Daktauro Mokslo Laipsnio
Diplomas
3～5年

硕士学位
Magistro Diplomas
1～3年

学士学位
Bakalauro
Diplomas
4～5年

高等教育文凭
Aukštojo Mokslo
4年
医学、口腔医学、兽医学或药学专业
5～6年

文理学校
高中毕业证书
Brandos Atestatas
3～4年

初中
4～5年

小学
4年

图 1　立陶宛教育体系

（二）教育体系

现行教育体系为 4—6—2—4＋。立陶宛全国实行 10 年基础教育制度，包括 4 年初等小学和 6 年基础中学（以下也称“初中”）。基础中学毕业后，学生可选择进入高级中学（2 年）、职业学校（3～4 年）、音乐学院（6 年）或职业教育中心。高级中学毕业后可进入高校进行为期 4～5 年的本科学习。此外，立陶宛还设有 4 年制强化高中（通常为私立中学）、特殊教育学校（为残疾儿童而设）和青年学校等。学年为期 10 个月，从 9 月开始到次年 6 月，7～8 月是暑假。立陶宛教育体系见图 1。

（三）详述

1. 初等教育

立陶宛小学入学年龄为 6 岁，实行 10 年基础义务教育制度。初等教育是正规教育的第一阶段。孩子们可以选择非传统教育学校，也可以选择市政学校。立陶宛有多种可供选择的教学体系，如蒙特梭利（Montessori）、华德福（Waldorf）和铃木（Suzuki）等教学体系。在少数民族学校上学的孩子从一年级开始学习立陶宛语。

立陶宛重视学生综合素质的培养，对学生的课外兴趣活动十分重视。从 2013 年起，立陶宛全面推行小学生免费课外兴趣班项目。每位小学生每月都会领到一定补贴（加入欧盟前为 100 立特），用于参加艺术、体育等课外活动。

2. 中等教育

中等教育包括两个阶段，第一阶段为初中教育，从 5 年级开始到 10 年级，学制 6 年。初中教育仍属于义务教育阶段，主要由基础学校（foundation，类似于英国的 pre-A-level 学校）、中学、职业学校以及文理中学（gymnasiums）实施。由两个阶段组成，第一阶段为 5～8 年级实施的 4 年教育计划，第二阶段为 9～10 年级（文理中学的 1～2 年级）实施的 2 年教育计划。

学生可以选择在 5 年级开始学习第二外语，6 年级时第二外语成为必修课。近年来，大多数立陶宛学生会选择德语或法语作为第二外语科目，俄语的受欢迎程度有所下降。学校鼓励初中学生参与各种社会活动，例如志愿服务、组织活动、为慈善事业筹集资金等。

初中教育课程的实施由教育和科学部部长批准，包含课程实施的范围、时间和主要原则等。初中教育主要科目有 8 门：道德教育、语言、数学、技术、艺术、自然科学、社会科学、健康和体育。立陶宛语是大多数学校的教学语言，少数民族学校的教学语言可以是少数民族语言，比如白俄罗斯语、波兰语、俄语或德语，也有一些少数民族学校会实施双语教学。

中等教育的第二阶段为高中教育。高中教育属于非义务教育阶段，学制 2 年，包括第 11～12 年级，也是文理中学的 3～4 年级，通常由普通中学、文理中学、职业教育和培训学校提供。高中教育不是强制性的，为学生接受高等教育做准备。绝大多数立陶宛青少年在初中毕业后选择继续在免费的公立学校就读。超过半数的立陶宛人最终步入大学殿堂，并获得高等教育学位。

立陶宛的高中大多实施公开招生。立陶宛最负盛名的学校，如著名的维尔纽斯学园、考纳斯科技大学文理中学和维尔纽斯比尔齐斯卡文理中学，都设有入学考试。没有入学考试的学校，如克莱佩达学园，竞争也十分激烈。少数民族的学生可以进入专门的少数民族中学，用自己的母语接受教育。此外，立陶宛还有许多私立中学，这些学校多采用立陶宛语、英语和法语进行教学。

3. 职业教育

立陶宛职业教育与培训系统由初级职业教育（可取得初级职业资格）、继续职业教育（更新或升级现有的教育资历，获得新职位或履行工作职责所需的一些能力）和职业指导组成。职业教育与培训系统的目标是帮助个人获得相应的资格和能力，以便其在不断变化的劳动力市场中找到工作；创造终身学习的机会，提高资历和资格；提供优质教育和培训以及职业指导。

初级职业教育从初中教育的第 5 年开始，即 9 年级开始，职业学校可以结合职业培训计划来实施教学。10 年级时，学生可以根据自己的喜好和能力选择科目模块和选修科目学习。学制为 2～3 年，具体取决于学生水平。已完成初中教育的学生可以继续接受 2～3 年的高中职业教育，并以高中毕业考试（Matura）结束。如果要接受第三级高等教育，职业教育学生必须额外参加 1～2 年的中学后教育项目。继续职业教育针对的是 18 岁以上学习者，以一年及以下的短期课程为主，主要致力于实践培训，实践课程占总课程的 60%～80%。接受继续职业教育的学生可以获得职业资格。

正式的职业教育与培训课程由国立职业院校、劳动力市场培训中心、私立职业院校和获得执照的其他机构提供。在立陶宛，大部分中学毕业生进入大学，约 1/3 的中学毕业生进入职业院校。在所有职业院校的学生中，有 56%的学生是高中毕业，44%的学生是初中毕业。尽管过去几年人们对职业教育与培训的负面看法较多，但是职业院校入学人数却有所增加，近几年稳定在 2 万～2.2 万名。

4. 高等教育

在巩固基础教育阶段教育资源的基础上，为适应全球化发展和欧盟对于人才培养的需要，立陶宛大力发展高等教育，学校数量不断提升。随着国家稳定和社会发展,立陶宛高等教育毛入学率持续增长,高等教育已达到普及化阶段。

立陶宛高等教育有全日制和非全日制,包括以下两种类型:第一种是大学高等教育,由大学、学院和神学院提供;第二种是非大学高等教育机构,由高等教育学院提供。大学高等教育主要提供学业和学术方面的课程学习,授予学士学位、硕士学位和博士学位,培养学术型人才;非大学高等教育机构专注于为特定行业提供实践培训,培养实践型人才。

在立陶宛的高等教育机构中,共有 14 所公立大学,8 所私立大学及 1 所波兰大学分校。其中,维尔纽斯大学(Vilnius University)在 2018—2019 年 QS 世界大学排行榜中位列第 488 位,是立陶宛规模最大的大学,同时也是立陶宛、拉脱维亚、爱沙尼亚三个波罗的海国家最古老的大学。此外,维尔纽斯格迪米纳斯技术大学(Vilnius Gediminas Technical University)、考纳斯理工大学(Kaunas University of Technology)、维陶塔斯马格纳斯大学(Vytautas Magnus University)三所大学上榜 2018—2019 年 QS 新兴欧洲和中亚地区大学排行榜。

(四) 考试、升级与证书制度

立陶宛教育与科学部规定,完成 10 年级学业后,学生可以选择接受基础教育评估测试。基础教育评估测试评估 2～3 门学科技能:立陶宛语、数学和非立陶宛语的母语(例如波兰语、俄语等)。学生通过考试后,可选择进入以学术为主的中学学习,或接受职业培训。

完成 2 年高中学业后,要获得毕业证书,必须通过高中毕业考试(Matura)中的 2 个科目:立陶宛语和另一门可选科目。高中毕业考试有学校级和国家级两种类型。希望进入高等院校并获得国家资助(艺术研究除外)的毕业生必须通过考试中的至少 3 个科目。通常来说,一个学生最多可以参加 6 个科目的考试。

中学毕业后,学生可以申请大学并参加入学考试。通常,学生可以自选科目来参加考试,但立陶宛语为必选科目,这是申请大学的重要依据。在其他国家留学获得的中等和高等教育学历由立陶宛高等教育质量评估中心统一审核。

在立陶宛接受高等教育的学生其入学要求和程序因学习层次(本科、硕士或博士)而异。要进入立陶宛大学攻读本科学位,学生必须持有高中毕业证书或同等学历证书。进入大学后攻读专业学士学位的学生要获得 180～210 个学分并需满足一定的额外条件,如补读完必修课程或者获得相应的实践经验才可以毕业,而学术学士学位对学分要求更高,学生需在毕业前获得 210～240 个学分。申请硕士项目的学生必须持有学士学位或同等学历,毕业要求是获得 90～120 个学分并发表论文。申请博士学位项目的学生必须获得硕士学位,毕业要求比本科和硕士更高,一般学制也更长。

立陶宛颁发以下高等教育学历证书。

第1级：专业学士学位或学士学位，对应欧洲资格框架（European Qualification Framework）6级；学士学位课程长达4～5年，包括基础理论、专业理论和实践学科模块。

第2级：硕士学位，对应欧洲资格框架7级；硕士学位学制为1～3年，包括更深入的理论和特殊学科模块，以及跨学科课程。经过专业研究后，毕业时需提交论文。

第3级：理学博士学位或文学博士学位，对应欧洲资格框架8级。博士课程通常在5年内完成，其中前3年主要修读学分课程，并完成相应作业。

（五）成绩评价制度

立陶宛中学主要有2种成绩评价制度，具体见表1和表2。

表1　立陶宛中学成绩评价制度1

字母评价	数字评价	描述	对应中文意义
A	9～10	excellent	优秀
B	7～8	good	良好
C	4～6	satisfactory	及格
F	1～3	fail	不及格

表2　立陶宛中学成绩评价制度2

字母评价	百分制	描述	对应中文意义
A+	92～100	excellent	优秀
A	82～91	very good	极好
B+	74～81	good	良好
B	66～73	highly satisfactory	中上等
C+	58～65	satisfactory	中等
C	50～57	sufficient	及格
F	40～49	fail	不及格
F	30～39	fail	不及格

（续表）

字母评价	百分制	描述	对应中文意义
F	20～29	fail	不及格
F	0～19	fail	不及格

（六）常见教育证书

立陶宛常见教育证书见表3。

表3　立陶宛常见教育证书

序号	证书	证书描述
1	Pagrindinės Mokyklos baigimo Pažymėjimas/PMP	初中毕业证书，完成10年小学和初中义务教育阶段学业后获得该证书
2	Brandos Atestatas	高中毕业证书，学生完成高中或职业高中学业通过考试后获得该证书
3	Basic Vocational Qualification Certificate	基础职业资格证书，学生在职业中学完成第11或12或13年学业后获得该证书
4	Vocational Qualification Diploma	职业资格文凭，完成职业高中学业获得该证书，1999年起完成该级职业教育的学生还可以获得高中毕业证书，准入条件为获得初中毕业证书
5	Junior College Diploma	大专文凭，学制一般为2～4年，准入条件为获得高中毕业证书
6	Bakalauro Diplomas	学士学位，学制一般为4～5年，准入条件为获得高中毕业证书
7	Aukštojo Mokslo	高等教育文凭，学制4年，医学、牙科、兽医学或药学专业的学制一般为5～6年，准入条件为获得高中毕业证书
8	Magistro Diplomas	硕士学位，学制一般为1～3年，准入条件为获得学士学位，为独立研究做准备
9	Daktauro Mokslo Laipsnio Diplomas	博士学位，学制一般为3～5年，准入条件为获得硕士学位
10	Habilituotas Daktaras	博士后，从事特别重要科学研究的科研工作者

摩尔多瓦的教育证书评估研究

一、国家概况

摩尔多瓦共和国简称摩尔多瓦。位于东南欧北部的内陆国，与罗马尼亚和乌克兰接壤，东、南、北被乌克兰环绕，西与罗马尼亚为邻，首都基希讷乌。面积3.38万平方千米，人口354万，常住人口251.28万（2023年1月）。摩尔多瓦族占75.8%，其他民族有乌克兰族、俄罗斯族、加告兹族、罗马尼亚族、保加利亚族等。官方语言为摩尔多瓦语，俄语为通用语。主要信仰东正教。

摩尔多瓦是传统农业国家，葡萄种植和葡萄酒酿造业发达。摩尔多瓦国土面积的80%是黑土高产田，适宜农作物生长，盛产葡萄、食糖、食油和烟草等，曾是苏联水果、浆果、玉米、向日葵和蔬菜等农作物的生产基地之一。葡萄种植业和园艺业在农业中占有重要地位。5 000多年的酿酒历史，凝聚了深厚的葡萄酒文化底蕴。目前，该国葡萄酒年产量在50～60万吨，是法国波尔多产区的2.5倍，是世界公认的葡萄酒王国。另外，摩尔多瓦的草药、香精、玫瑰油、母菊油、薰衣草油、鼠尾草油等享誉国际市场。畜牧业在农业产值中约占34.3%。

二、教育

（一）教育概况

《摩尔多瓦共和国教育法》规定，摩尔多瓦教育阶段分为学前教育、初等教育、中等教育和高等教育，并实行9年制义务教育。联合国教科文组织相关数据显示，2017年摩尔多瓦有15 706名儿童（包括7 668名女童以及8 038名男童）和27 441名青少年（包括13 594名女生和13 847名男生）失学。

摩尔多瓦在教育方面没有严重的性别歧视现象，学前教育、初等教育、中等教育阶段男性的入学率稍高于女性，但均不超过1个百分点。高等教育阶段，2017

年摩尔多瓦女性高等教育入学率为46.66%，男性为35.71%。联合国教科文组织全球教育监测报告数据表明，摩尔多瓦高等教育领域中女性接受高等教育的人数要多于男性。教育支出方面，2009～2017年，摩尔多瓦政府教育支出占国内生产总值的比例逐渐下降（由2009年的9.50%下降至2017年的6.68%），但仍高于欧美各国公共教育支出占国内生产总值的百分比。

（二）教育体系

摩尔多瓦现行教育体系4—5—3—4+。根据《摩尔多瓦共和国教育法》，摩尔多瓦的教育体系可划分学前教育、初等教育、初中教育、高中教育、职业技术教育和高等教育（包含本科、硕士和博士三个阶段）。普通教育学年从9月1日开始，持续34周，分在时间相对平均的学期来进行，每个学期由节假日隔开。摩尔多瓦教育体系见图1。

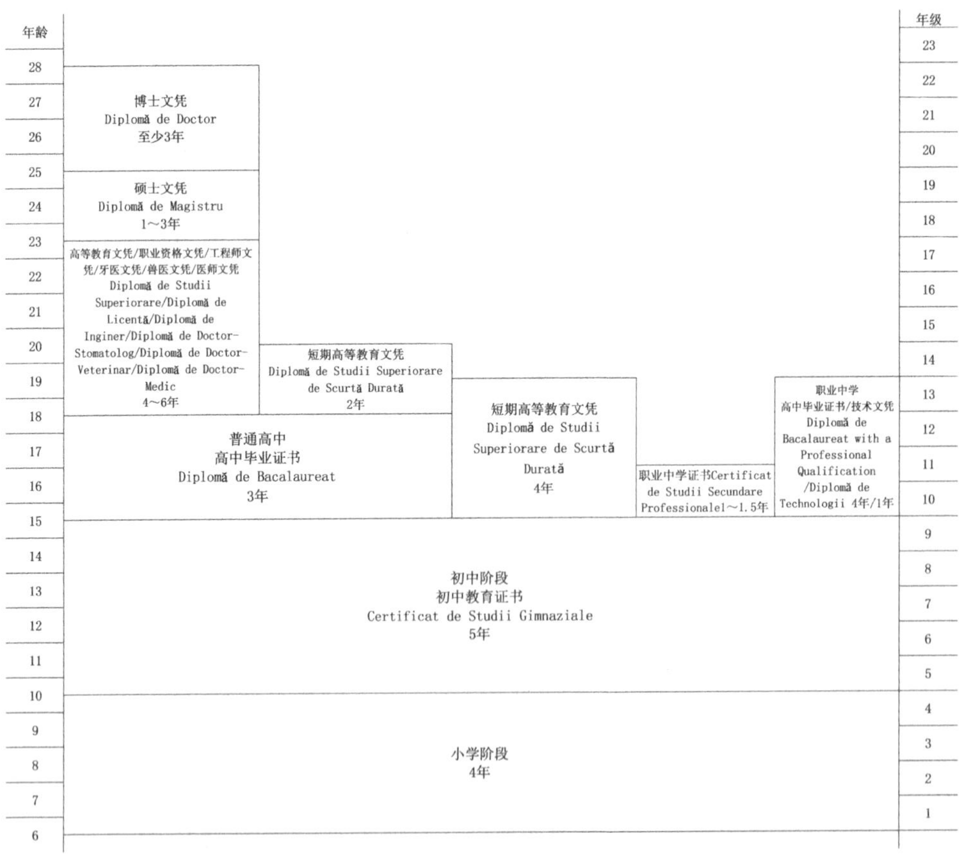

图1 摩尔多瓦教育体系

（三）详述

1. 学前教育

在摩尔多瓦，3～6(7)岁的儿童接受学前教育。学前教育由托儿所、幼儿园、社区早教中心或者其他符合国家教育标准的服务机构提供，旨在促进儿童的多方面发展，并为其融入学校教育活动做准备。

2. 初等教育

初等教育属于义务教育，有助于培养学生形成具有创造性且独立的人格，培养其智力、阅读能力、写作能力和计算能力，确保其具备必要的沟通能力以及在初中继续接受教育所需要的基本技能。摩尔多瓦的初等教育包括 1～4 年级，班级由 20～25名学生组成，年满 6 岁的儿童每年 9 月 1 日起即可入学接受教育，7 岁必须入学接受教育。由于法律规定了年满 7 岁的孩子必须接受教育，与其他低收入国家相比，摩尔多瓦的小学入学率仍然很高。

3. 中等教育

在摩尔多瓦，初中教育属于义务教育，包括 5～9 年级，班级由 20～25 名学生组成。设有为孤儿提供的寄宿制学校、为慢性心血管疾病和神经心理疾病学生提供的康复学校以及为违法的学生所提供的专门学校。经教育部批准，初中教育可组织小组或班级进行课外延长辅导。

高中教育有全日制和非全日制两种形式，全日制高中教育包括 10～12 年级，班级由 20～25 名学生组成。非全日制高中教育或远程学习，学习期限为 4 年，包括 10～13 年级。

4. 职业教育

职业技术教育分为两个层级，分别是中等职业教育和高等职业教育。中等职业教育在职业技术学校和职业高中开展，而高等职业教育由专科院校组织开展。

职业技术学校通过组织资格考试，发放资格考试合格证书。凭借所颁发的资格证书，学生可应聘入职，也可按照教育部制定的程序继续学习。

职业高中根据学生现有资质类别对学生进行培训，为期 4 年。职业高中的招生根据教育部制定的程序在初中学历的基础上，通过选拔考试来进行。职业技术学校和职业高中可以依法建立教育联营组织，共同培养专业领域的合格员工。

专科院校根据国际标准教育等级的要求，培养专家、技术人员和其他专业人员。在专科院校，持中学毕业文凭的学生学习期限为 2 年，其中学习医药学专业的学生学习期限较长，为 3 年。

5. 高等教育

高等教育主要包含学士学位阶段、硕士学位阶段和博士学位阶段。学士和硕士学位高等教育分为全日制、非全日制、远程学习和混合式教育四种形式，其中心理学、临床医学、药学及外语专业的学习形式只能为全日制教育。博士学位教育分为全日制和远程学习/非全日制两种形式进行。

摩尔多瓦的高等教育历经罗马尼亚占领时期（1918—1940 年）、苏联占领时期（1940—1990 年）、独立后的过渡时期（1991—2000 年）、快速发展的新时期（21 世纪）四个阶段，高等教育发展从苏联模式转向以欧盟博洛尼亚进程为标准。摩尔多瓦的高等教育发展呈现出三大特点：与欧盟之间联系密切，重视高等教育质量保障，重视信息通信技术的高效运用。摩尔多瓦高等教育发展起步较晚，国家独立之前其教育体制受苏联教育模式影响较大，1991 年国家独立后，开始结合国情对国家教育体制等领域进行调整，与欧洲教育发展的新变革新趋势相适应。

目前，摩尔多瓦共有 19 所公立大学和 12 所私立大学，公立大学主要有摩尔多瓦国立大学、摩尔多瓦经济学院、摩尔多瓦国立农业大学、摩尔多瓦科技大学、摩尔多瓦理工大学等，私立大学主要有摩尔多瓦自由国际大学等。

（四）考试、升级与证书制度

在摩尔多瓦，6～7 岁的儿童进入小学接受初等教育。除了戏剧、音乐、舞蹈和体育等学校外，儿童进入小学接受初等教育不用参加任何考试。从小学毕业的学生，可以免试入学接受初中教育。初中教育的期末考试根据教育部批准的条例组织进行，完成初中教育可获得初中教育证书（Certificat de Studii Gimnaziale）。初中毕业生可进入普通高中或者职业高中继续接受教育，职业高中的招生根据教育部制定的程序在学生具有初中学历的基础上，通过组织选拔考试来进行。完成 3 年高中教育后可获得高中毕业证书（Diplomă de Bacalaureat）。

中学教育的下一阶段为高等教育，包含本科、硕士、博士和博士后等。根据欧洲学分转换制度，完成本科学业获得高等教育学士学位需要获得 180～240 个可转换学习学分。本科生通过考试和论文答辩后才可以毕业。毕业考试中小考的形式和次数由教育机构理事会制定。获得学士学位的毕业生有资格按照职业体系直接就业，也可以继续学习深造攻读硕士学位。完成硕士阶段学业并获得硕士学位高等教育需要获得 90～120 个可转换学习学分，每学期 30 学分。硕士生获得相应学分并通过论文公开答辩后，将被授予硕士学位证书。硕士学位证书持有者以及经有关国家主管部门认可的同等学历持有者可以参加博士学位高等教育招生选拔考试。学生完成博士论文公开答辩，并被授予科学博士职称方可获得博士学位。取得博士学位的学生可继续攻读博士后，选择新的研究方向，开展先进的基础性科学研究。

毕业证书由摩尔多瓦共和国官方监测机构颁发，由其他法律实体颁发的证书不予承认。普通教育和中等职业技术教育的毕业证书以罗马尼亚语发放，专科、高等教育、博士及博士后教育的毕业证书以国际外语发放。

（五）成绩评价制度

授课教师在学习活动的评估过程中，根据学生所达到课程目标的程度和方式，进行定量评估和定性评估。摩尔多瓦的教育体系中评分常采用 10 分制。初等教育中，学生的技能评估使用“优秀”“良好”“中等”“不合格”等来评定。初中和高中教育体系中，使用从“10”到“1”的分数来评定。摩尔多瓦中学成绩评价制度见表 1。

表 1　摩尔多瓦中学成绩评价制度

字母评价	数字评价	描述	对应中文意义
A	10	excellent	优秀
B+	9	foarte Bun	良好
B	7～8	bine	中等
C	5～6	satisfăcător	合格
F	1～4	nesatisfăcător	不合格（1～4 分通常不显示在成绩单上）

（六）常见教育证书

摩尔多瓦常见教育证书见表 2。

表 2　摩尔多瓦常见教育证书

序号	证书	证书描述
1	Certificat de Studii Gimnaziale	初中教育证书，完成 9 年小学和初中教育后获得该证书
2	Adeverință	职业资格证书，完成 1～1.5 年职业学校学业后获得该证书，准入条件为获得初中教育证书
3	Certificat de Studii Secundare Professionale (i)	职业中学证书(i)，完成 1～1.5 年职业学校学业后获得该证书，准入条件为获得初中教育证书

（续表）

序号	证书	证书描述
4	Certificat de Studii Secundare Professionale (ii)	职业中学证书(ii)，完成1年职业学校学业后获得该证书，准入条件为获得初中教育证书
5	Diplomă de Bacalaureat	高中毕业证书，完成3年普通高中学业后获得该证书，准入条件为获得初中教育证书
6	Diplomă de Bacalaureat with a Professional Qualification	职业高中毕业证书，在初中教育证书的基础上再完成4年学业获得该证书；或者在高中毕业证书的基础上再完成2年学业后获得该证书
7	Diplomă de Technologii	技术文凭，在职业高中完成1年学业后获得该证书，准入条件为获得初中教育证书
8	Diplomă de Studii Superiorare de Scurtă Durată	短期高等教育文凭，在获得高中毕业证书的基础上再完成2年学业或在获得初中教育证书的基础上再完成4年学业
9	Diplomă de Studii Superiorare	高等教育文凭，完成4～5年的高等教育学业后获得该证书，准入条件为获得高中毕业证书
10	Diplomă de Licență	职业资格文凭，完成4～5年高等教育学业后获得该证书，准入条件为获得高中毕业证书
11	Diplomă de Inginer	工程师文凭，完成5～6年的高等教育学业后获得该证书，准入条件为获得高中毕业证书
12	Diplomă de Doctor-Stomatolog	牙医文凭，完成5年牙科高等教育学业后获得该证书，准入条件为获得高中毕业证书
13	Diplomă de Doctor-Veterinar	兽医文凭，完成5年兽医医学高等教育学业后获得该证书，准入条件为获得高中毕业证书
14	Diplomă de Doctor-Medic	医师文凭，完成6年医学高等教育学业后获得该证书，准入条件为获得高中毕业证书
15	Diplomă de Magistru	硕士文凭，完成1～3年的研究生学业并通过论文公开答辩后获得该证书，准入条件为获得高等教育文凭和职业资格文凭
16	Diplomă de Doctor	博士文凭，完成3年及以上学业并通过博士论文公开答辩后获得该证书，准入条件为获得硕士文凭

乌克兰的教育证书研究

一、国家概况

乌克兰位于欧洲东部，北邻白俄罗斯，东北接俄罗斯，西连波兰、斯洛伐克、匈牙利，西南同罗马尼亚、摩尔多瓦毗邻，南面是黑海、亚速海，隔海同土耳其相望，首都基辅。乌克兰地理位置重要，是欧洲联盟与独联体特别是与俄罗斯地缘政治的交叉点。人口 4 113 万(2022 年 2 月 1 日起乌统计局官网暂停更新，不含克里米亚地区)。110 多个民族，乌克兰族占 77%，俄罗斯族占 17%。

乌克兰是世界上第三大粮食出口国，有着“欧洲粮仓”的美誉，其农业产值占国内生产总值 20%。乌克兰工农业较为发达，重工业在工业中占据主要地位。

二、教育

(一) 教育概况

乌克兰的教育体系和其他后苏联国家一样，是在苏联 70 多年的统治下形成的。然而，乌克兰自 1991 年苏联解体以来实施了许多改革，包括引入私立教育。2005 年，乌克兰签署欧洲博洛尼亚改革协议。

乌克兰虽然只有 4 000 多万人口，却有 1 037 所高校，大约是我国高校数量(中国人口逾 14 亿，高校约有 3 000 所)的三分之一。其中许多大学具有百年以上的历史，如在世界航空类大学中名列前三的基辅国际民航大学，该校培养过上百个国家的留学生；建于 1804 年的原苏联建校最早的第二所大学哈尔科夫大学；培养了我国原国家科技部部长朱丽兰的敖德萨国立理工大学；乌克兰著名的国立经济类四级大学(最高等级)哈尔科夫国立经济大学；油画艺术在苏联领导潮流的乌克兰国立艺术学院；蜚声世界的基辅音乐学院(柴可夫斯基音乐学院)；驰名中外的乌克兰国立造船大学等。

（二）教育体系

2001 年乌克兰教育体系为 4—5—3 制度。义务教育为 11 年，包含小学教育 4 年，初中教育 5 年和高中教育 2 年。自 2018 年起，乌克兰的学校教育从 11 年延长至 12 年，即包括 4 年小学教育、5 年中学教育和 3 年高中教育。在新的制度下，义务教育包括 12 年。然而，在旧制度下学习的学生仍然可以在接受 11 年教育后高中毕业。乌克兰将于 2027 年彻底完成高中教育由 2 年(9～11 年级)向 3 年(9～12 年级)的转变。这将使乌克兰的教育体系与世界上大多数国家的 12 年教育体系保持一致。乌克兰一学年有两个学期，第一学期从 9 月开始，第二学期通常始于 1 月中旬。每学期包括两个学季。教学语言为乌克兰语和俄语。

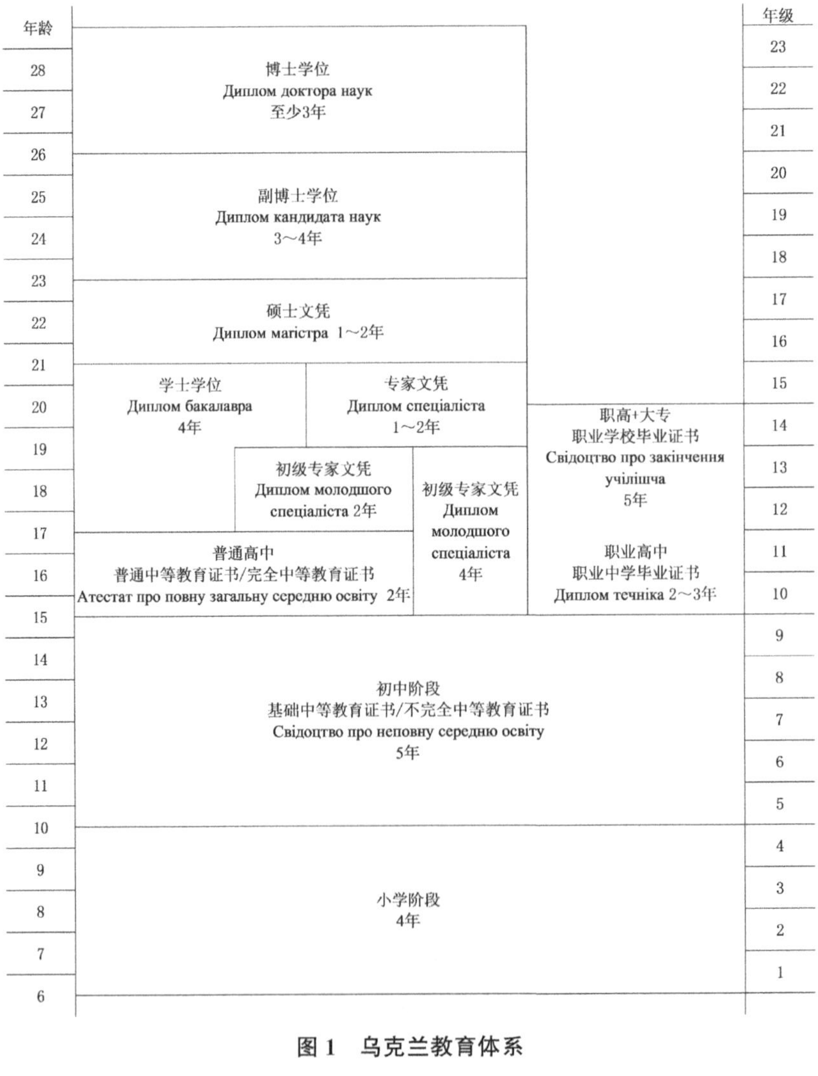

年龄
28
27
26
25
24
23
22
21
20
19
18
17
16
15
14
13
12
11
10
9
8
7
6

博士学位
Диплом доктора наук
至少3年

副博士学位
Диплом кандидата наук
3～4年

硕士文凭
Диплом магістра 1～2年

学士学位
Диплом бакалавра
4年

专家文凭
Диплом спеціаліста
1～2年

初级专家文凭
Диплом молодшого
спеціаліста 2年

初级专家文凭
Диплом
молодшого
спеціаліста
4年

职高+大专
职业学校毕业证书
Свідоцтво про закінчення
училіщча
5年

普通高中
普通中等教育证书/完全中等教育证书
Атестат про повну загальну середню освіту 2年

职业高中
职业中学毕业证书
Диплом техніка 2～3年

初中阶段
基础中等教育证书/不完全中等教育证书
Свідоцтво про неповну середню освіту
5年

小学阶段
4年

年级
23
22
21
20
19
18
17
16
15
14
13
12
11
10
9
8
7
6
5
4
3
2
1

图 1　乌克兰教育体系

（三）详述

1. 初等教育

在乌克兰，初等教育是孩子学业生涯的基础。乌克兰的《教育法》规定，只要有学生，就必须设立小学。小学教育注重儿童人格、才能、道德的培养，以及对人体、自然、工业和社会等知识的掌握。学校以实用为导向教授艺术和科学。

初等教育进一步细分为两个阶段：初等教育第一阶段（1～2 年级），重点是通过游戏使学生适应学校，初等教育第二阶段（3～4 年级），重点培养责任感和独立性。儿童根据其居住地入学。每所学校都服务于特定的地理区域，并保证居住在该地区的所有学龄儿童都能入学。

2. 中等教育

初中学制 5 年（5～9 年级），向所有成功完成初等教育的学生开放。普通核心课程包括乌克兰语言文学、外语、历史、数学、生物、化学、物理、体育、音乐和艺术等科目。所有初中毕业生都有资格进入高中，目前高中学制为 2 年。根据 2018 年实施的新规定，从 2027 年入学高中的学生开始，高中教育的学制将从 2 年（10～11 年级）改为 3 年（10～12 年级）。

根据联合国教科文组织的数据，超过 99%的高中学生就读于公立学校。私立教育在乌克兰的教育体系中并没有扮演重要角色。2017 年，乌克兰有 591 448 名高中生（根据联合国教科文组织的数据，相比 2012 年的 909 924 人大幅下降）。

3. 职业教育

近年来，由于人口流失、对技术与职业教育培训的重视程度低，以及许多技术和职业院校基础设施和设备破旧，技术与职业教育行业迅速衰落。乌克兰的职业教育包含三级：第一级职业教育是短期培训，这些培训旨在快速传授特定的实践技能。这类项目没有正式的学术入学要求，向适当年龄范围内的任何人开放；第二级职业教育要求学生至少需要完成初中教育才能入学，学生以前的教育程度和课程类型不同，则学习期限不同；第三级职业教育属于高等教育，通常由学院和职业学校或大学提供，学生入学通常需要完成高中教育。

4. 高等教育

教育部管理高等教育，包括职业学校、学院和大学。这些学校有民办的，也有国家资助的，都收取费用。许多乌克兰大学在世界上享有盛誉，基辅大学、柴可夫斯基音乐学院、哈尔科夫国立大学都是百年名校。世界上著名科学家德米特里·门捷列夫（发明元素周期表的著名化学家）、伊格尔·西科尔斯基（直升飞机的发明者）、谢尔盖·科罗廖夫（著名导弹、火箭工程师、人类探索宇宙的先驱）等都曾就读或任教于乌克兰的高等院校。

5. 考试、升级与证书制度

适龄儿童根据其居住地就读相应小学，没有单独的入学考试。小学教育从6岁开始，为期4年，班级仅有一名教师授课。课程包括阅读、写作、数学、体育、自然、艺术和音乐。不是所有这一级别的课程都有评分，4年级期末会有国家考试，旨在测试学生在乌克兰语(或另一种母语)、阅读和数学等方面的表现。

基础中等教育持续5年(5～9年级)，向所有顺利完成初等教育的学生开放。通用核心课程包括乌克兰语和文学、外语、历史、数学、生物、化学、物理、体育、音乐和艺术等科目。考核和晋升主要以考试为基础。在9年级结束时，学生们要参加州考试。通过的学生将获得基础中等教育证书或不完全中等教育证书(Свідоцтво про неповну середню освіту)。所有获得基础中等教育证书的学生都有资格进入高中，在11年级(新制度下为12年级)结束时，学生参加考试，通过的学生将获得普通中等教育证书或完全中等教育证书(Атестат про повну загальну середню освіту)。

高等教育包含初级学士、学士、硕士和博士4个阶段。初级学士阶段的入学要求是至少获得普通中等教育证书，完成这一阶段需要90～120个ECTS学分。学士阶段的入学要求是获得普通中等教育证书，并根据相应高校的要求参加入学考试、专业测试或者面试。获得学士学位需要3～4年，获得180～240个ECTS学分，其中4年制更普遍。硕士课程的入学要求为至少获得学士学位或专家文凭，但个别高校也可能要求入学考试或面试，学制通常为1～2年，要求获得60～120个ECTS学分，通过硕士论文答辩和国家考试可获得硕士学位。硕士学位或专家文凭持有者可以继续攻读副博士和博士学位，学制至少3年。

(五) 成绩评价体系

乌克兰中小学实施12分制成绩评价制度，具体见表1。

表1 乌克兰成绩评价制度

成绩评价	俄语描述	乌克兰语描述	对应中文意义
10～12	отлично	відмінно	优秀
7～9	хорошо	добре	良好
4～6	удовлетворительно	задовільно	及格
1～3	неудовлетворительно	незадовільно	不及格

（六）常见教育证书

乌克兰常见教育证书见表2。

表2　乌克兰常见教育证书

序号	证书	证书描述
1	Свідоцтво про неповну середню освіту	基础中等教育证书或不完全中等教育证书，完成初中学业后获得该证书
2	Атестат про повну загальну середню освіту	普通中等教育证书或完全中等教育证书，完成高中学业后获得该证书，准入条件为获得不完全中等教育证书
3	Диплом течніка	职业中学毕业证书，在专门的中等技术职业教育机构完成2～3年学业后获得该证书，涉及高端技术、工业、工程研究、农业、商业、应用艺术、学前教师培训、护理、医疗技术和图书管理等
4	Свідоцтво про закінчення учіліщча	职业学校毕业证书，在专门的技术职业教育机构完成5年学业后获得该证书，包含高中和大专，涉及高端技术、工业、工程研究、农业、商业、应用艺术、学前教师培训、护理、医疗技术和图书管理等
5	Диплом молодшого спеціаліста	初级专家文凭，一般在普通中学毕业证书（完全中等教育证书）的基础上完成2年学业，或在基础中等教育证书（不完全中学教育证书）的基础上完成4年学业，或完成大学4年课程的前2年课程后获得该文凭，护理、助产、医师助理、药剂学等专业的毕业生凭该文凭可直接就业或接受进一步教育
6	Диплом бакалавра	学士学位，一般学制3～4年，其中4年制更为普遍，准入条件为获得普通中等教育证书或完全中等教育证书
7	Диплом спеціаліста	专家文凭，学制一般5～6年，主要与学校有关，属于工程师学位，相当于中国的硕士学位
8	Диплом лікар/veterynár	医师/兽医文凭，医师文凭学制6年，兽医文凭学制5年

（续表）

序号	证书	证书描述
9	Диплом магістра	硕士学位，学制 1～2 年，通过期末考试并进行论文答辩后获得该文凭，准入条件为获得学士学位或专家文凭
10	Диплом кандидата наук	科学副博士学位，学制 3～4 年，进行论文公开答辩并通过考试后获得该学位，准入条件为获得硕士学位
11	Диплом доктора наук	科学博士学位，持有副科学博士学位者经过长期研究并获得大量原创成果后获得该学位

南欧国家

阿尔巴尼亚的教育证书评估研究

一、国家概况

阿尔巴尼亚共和国，简称阿尔巴尼亚，首都地拉那。位于东南欧巴尔干半岛西部，北部和东北部分别同黑山、塞尔维亚、北马其顿接壤，南部同希腊为邻，西临亚得里亚海，隔奥特朗托海峡同意大利相望。面积 2.87 万平方千米，人口 276 万人(2023 年 1 月)，其中阿尔巴尼亚族占 98%。少数民族主要有希腊族、罗马尼亚族、马其顿族、罗姆族等。官方语言为阿尔巴尼亚语。56.7%的居民信奉伊斯兰教，6.6%信奉东正教，10.1%信奉天主教。

阿尔巴尼亚国旗上绘有一只黑色的双头鹰，沿自 15 世纪抵抗奥斯曼帝国入侵的领袖乔治·卡斯特里奥蒂·斯坎德培的印章。雄鹰是民族英雄乔治·卡斯特里奥蒂·斯坎德培的象征。因此，阿尔巴尼亚也有“山鹰之国”之称。

阿尔巴尼亚人的祖先是伊利里亚人，是巴尔干半岛上古老的民族之一。1991 年东欧剧变后，确立资本主义政治制度。20 世纪 90 年代初，阿尔巴尼亚开始由计划经济向市场经济过渡。近年来，阿尔巴尼亚以发展有机农业为目标，将旅游业作为优先发展产业，经济保持稳定增长。阿尔巴尼亚于 2009 年 4 月 1 日，加入北大西洋公约组织。2014 年 6 月，欧洲联盟接纳阿尔巴尼亚为欧洲联盟候选国。

二、教育

(一) 教育概况

1990 年阿尔巴尼亚宣布重大教育改组计划。然而，第二年的政治和经济危机对教育产生了严重的负面影响。1991 年 9 月，该国教育部部长在报告中称，大学级别以下的 2 500 所学校，近三分之一被洗劫，15 座学校建筑被夷为平地。许多教师从农村迁移到城市地区，导致乡村学校人手不足，大约 2 000 名教师逃离了国家。原政权40多年时间里培育的高度组织化的教育环境遭到严重破坏。在新的民主体制中，教育改革是国家发展的首要任务，但一直面临许多挑战。

阿尔巴尼亚实行9年制义务教育，教育较为普及。全国有超过5 000所学校，2020/2021学年学前教育注册学生71 332人，9年制基础教育注册学生158 528人，注册初中生127 958人，注册高中生88 965人，中专生19 024人，高等教育注册学生123 797人。公立高校15所，私立高校26所，地拉那大学是阿尔巴尼亚著名综合性大学。

（二）教育体系

2008年开始，阿尔巴尼亚采用5—4—3—3＋教育体系，小学5年，初中4年，高中3年。阿尔巴尼亚将学前教育、小学教育、中学教育合称为大学前教育。学前教育是大学前教育的第一阶段，小学教育是大学前教育的第二阶段，中学教育是大学前教育的第三阶段。每学年有2个学期，第一学期从9月开始到12月结束，第二学期次年1月中旬开始，高等教育机构于5月结束，其他学校6月结束。阿尔巴尼亚教育体系见图1。

（三）详述

1. 基础教育

阿尔巴尼亚的基础教育是大学前教育的第二阶段。学生6岁开始上学，小学学制5年，初中教育4年。在20世纪90年代早期之前的共产主义统治下，阿尔巴尼亚基础教育入学是普遍的。2000年开始显著下降，自2009年以来总体上升。截至2010年，阿尔巴尼亚的学前和初等教育入学率高于中欧和东欧平均水平。2017年，阿尔巴尼亚基础低段教育净入学率约为96%，基础高段教育净入学率为86%。

2. 中等教育

中等教育学制为3年，这里的中等教育相当于中国的高中，重点为大学做准备，包括10～12年级。近年来，尽管阿尔巴尼亚接受初等教育的人数已增加到欧盟和经济合作及发展组织的水平，但接受中等教育的人数仍然较低，许多学生辍学。在性别、族裔群体和地理分布的基础上，获得机会与公平仍然是一项挑战。在中学阶段，阿尔巴尼亚的净入学率为75%，明显低于塞尔维亚（86%）、黑山（84%）、经合组织（83%）和欧盟（82%）的平均水平。

3. 职业教育

职业教育学制一般为2～5年，主要取决于学生是想要一个简单的文凭，还是一个全面的行业资格。政府在职业教育上付出了相当大的努力，为经济增长助力。

年龄

26 25 24 23 22 21 20 19 18 17 16 15 14 13 12 11 10 9 8 7 6

博士学位
Doktor
3～5年

硕士研究文凭
Diplome Studimeve te Thelluara
1～2年

大学文凭
Diplomë with titull
3～6年

普通高中
普通中学毕业证书
B2-Deftese Pjekurie
3年

职业/技术/艺术高中
职业/技术/艺术中学毕业证书
B1-Deftese Pjekurie
3年

初中
基础教育毕业证书
Dëftesë Lirimi
4年

小学
5年

年级

20 19 18 17 16 15 14 13 12 11 10 9 8 7 6 5 4 3 2 1

图 1　阿尔巴尼亚教育体系

4. 高等教育

阿尔巴尼亚的高等教育系统由 8 所大学、2 所学院和 6 所非公立高等学校组成。公立高等教育收取适度费用，而私立教育的学费则根据学校的不同而不同。阿尔巴尼亚政府的教育支出很少，2016 年仅占 GDP 的 3.96%，其中不到四分之一的资金用于高等教育。高等教育的毛入学率从 2014 年的 66%下降到 2018 年的

55%。这在一定程度上与私立大学授予了大量低质量的学位而关闭，以及为了追求海外教育和就业机会而导致的移民外流等紧密相关。

阿尔巴尼亚的大学分布在各大城市。地拉那大学（Tirana University）是1957年建立的第一所大学，现拥有近35 000名学生和近900名教师。目前拥有6个学院：社会科学、自然科学、历史和语言学、法律、经济科学和外语学院。大多数课程以阿尔巴尼亚语授课，但也有课程以英语、法语、意大利语、德语、汉语和其他语言进行。

（四）考试、升级与证书制度

在初等教育阶段，学生学习2种语言，他们可以选择英语、法语、意大利语和西班牙语。阿尔巴尼亚学生以他们的多语言能力而闻名。英语和意大利语是阿尔巴尼亚学生最常用的语言。英语是阿尔巴尼亚教育系统的第一外语，从3年级开始教英语。第二外语从6年级开始，一直持续到12年级。高中生的第二语言选择各不相同，但主要集中在意大利语、法语、德语和西班牙语。这种语言能力给阿尔巴尼亚学生带来很大的竞争优势。

高中毕业时，学生参加中学毕业证书考试。毕业证书考试包括阿尔巴尼亚语、英语、数学和2门选修课，如历史、地理、经济、外语和视觉教育等。

政府每年制定高等院校入学标准，达到平均分数和入学标准的高中生有权继续接受高等教育。教育机构也可能会根据具体情况而发布其入学标准。在阿尔巴尼亚接受高等教育需要中学毕业证书。为了进入大学，学生必须提交过去几年的所有成绩，如果表现良好，通常可以进入大学，否则他们将被拒绝。

大学教育包含三个阶段，第一阶段为大学文凭（Diplomë with titull），通常需要6～12个学期（3～6年），大多数学科6个学期（3年），医学12个学期（6年）；第二阶段为硕士研究文凭（Diplome Studimeve te Thelluara），学习持续2～4个学期（1～2年），学生必须通过论文答辩；第三阶段为博士学位（Doktor），在硕士研究文凭的基础上再完成6～10个学期（3～5年）的学业，包括个人学习和研究，期间通过答辩论文。

（五）成绩评价制度

阿尔巴尼亚所有层次的教育都采用相同的成绩评价制度。目前采用10分制成绩评价制度，10分为优秀，5分为最低及格分。不及格成绩不会出现在成绩报告上。阿尔巴尼亚成绩评价制度见表1。

表 1　阿尔巴尼亚成绩评价制度

成绩评价	描述	对应中文意义
10	dhjete	优秀
9	nente	优秀
8	tete	良好
7	shtate	良好
6	gja shte	中等
5	pese	及格

（六）常见教育证书

阿尔巴尼亚常见教育证书见表 2。

表 2　阿尔巴尼亚常见教育证书

序号	证书	证书描述
1	Dëftesë Lirimi	基础教育毕业证书，2008/2009 学年起，完成 9 年教育学业后获得该证书
2	Title of punetor i kualifikuar	合格工人，完成初等职业学校 2～3 年技术工人培训后获得该就业证书，准入条件为获得基础教育毕业证书
3	B2-Deftese Pjekurie	普通中学毕业证书，完成 3 年普通高中学业后获得该证书，准入条件为获得基础教育毕业证书
4	B1-Deftese Pjekurie	职业/技术/艺术中学毕业证书，在职业、技术、艺术等中学完成 3 年高中学业后获得该证书，准入条件为获得基础教育毕业证书
5	Diplomë e Maturës Shtetërore	国家毕业考试证书，在各类中学高中教育的最后一年(第 12 年)通过国家考试后获得，该证书既是中学毕业证书，也是高等教育入学的要求之一
6	Diplome with titull	大学文凭，完成高等教育学业后获得该证书，根据研究领域的不同，修业年限也有所不同，一般护理专业为 3 年，文学、社会科学、理学的大部分项目为 4 年，农业项目 4.5 年，物理、数学、药学、口腔医学为 5 年，医学为 6 年

（续表）

序号	证书	证书描述
7	Diplome Studimeve te Thelluara	硕士研究文凭，完成 1～2 年学业和研究并完成论文答辩后获得该证书
8	Doktor	博士学位，完成具有一定创新性的研究并发表论文后获得该证书

安道尔的教育证书评估研究

一、国家概况

安道尔公国，简称安道尔，首都安道尔城。地处西班牙和法国之间，比利牛斯山脉中部，全部为山地，平均海拔 1 996 米。属山地气候，年平均气温 9.9℃。国土总面积 468 平方千米，2023 年总人口 85 330 人。其中安道尔人占 48.7%，属加泰罗尼亚族。西班牙人占 24.6%，其次为葡萄牙人（11.6%）和法国人（4.4%）。官方语言为加泰罗尼亚语，通用西班牙语、法语和葡萄牙语。居民多信奉天主教。

安道尔 2023 年国内生产总值 28.6 亿欧元，主要进口建筑材料、香烟、电器、化妆品、汽油燃料、服装、光学产品、各种加工食品及生活日用品；出口羊毛、牲畜、皮革、香烟、木材、黄油、奶酪等。旅游业为安道尔经济支柱产业，占 GDP 的 80%。

二、教育

（一）教育概况

小学至初中实行义务教育。全国实行三种教育体制：一是安道尔教育，占 38%，由安道尔政府负责；二是西班牙教育，占 30%，由西班牙教育部负责发放西班牙语教材；三是法国教育，占 32%，实施法国教育部计划，用法语教学。现有 2 所大学。中学生毕业后可选择在国内或到西班牙、法国接受高等教育。

（二）教育体系

安道尔教育体制为 6—4—2—3+学制。小学 6 年，初中 4 年，高中 2 年。学年一般为 9 月到次年 6 月，安道尔教育体系见图 1。

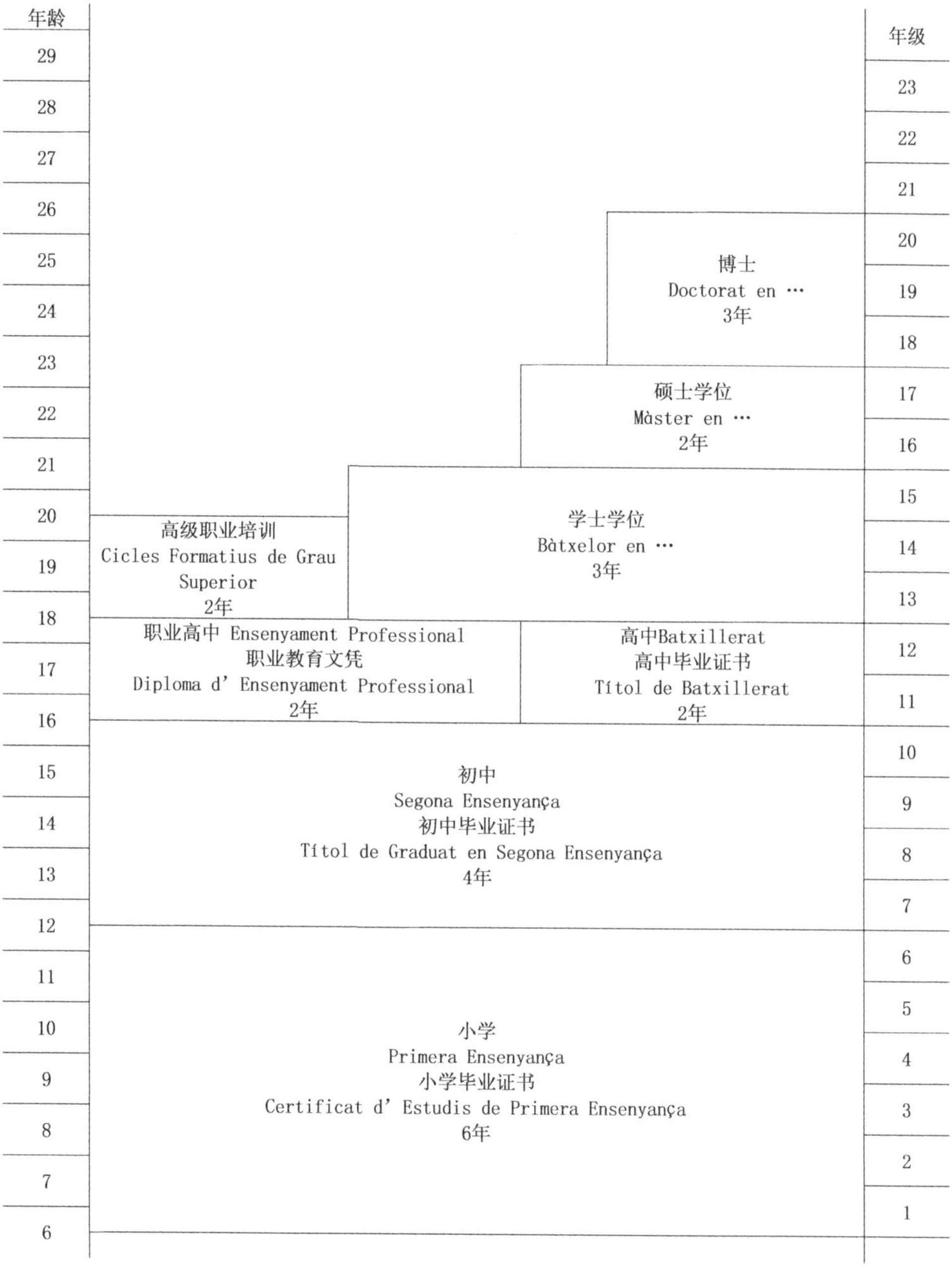

年龄：29 28 27 26 25 24 23 22 21 20 19 18 17 16 15 14 13 12 11 10 9 8 7 6

年级：23 22 21 20 19 18 17 16 15 14 13 12 11 10 9 8 7 6 5 4 3 2 1

博士
Doctorat en …
3年

硕士学位
Màster en …
2年

高级职业培训
Cicles Formatius de Grau Superior
2年

学士学位
Bàtxelor en …
3年

职业高中 Ensenyament Professional
职业教育文凭
Diploma d' Ensenyament Professional
2年

高中Batxillerat
高中毕业证书
Títol de Batxillerat
2年

初中
Segona Ensenyança
初中毕业证书
Títol de Graduat en Segona Ensenyança
4年

小学
Primera Ensenyança
小学毕业证书
Certificat d' Estudis de Primera Ensenyança
6年

图 1　安道尔教育体系

（三）详述

1. 基础教育

根据安道尔政府的教育部门和统计部门统计，2018/2019 学年～2022/2023 学年，初等教育的学生人数从 4 322 人减少到 4 271 人，呈现出略微下降的趋势。小学教育是义务教育的第一阶段，通常接纳 6～12 岁儿童，分为三个周期，每个周期为两学年。小学教育的班级通常有 2 名班主任教师。在小学教育中，主要语言是加泰罗尼亚语和法语，每个班级都有一位加泰罗尼亚语和一位法语的班主任教师。英语活动由英语专业教师负责，主要在第二和第三学年周期进行。西班牙语在第三学年引入，并由一位西班牙语专业教师负责。完成小学教育的学生将获得小学毕业证书，并晋级到第二教育阶段，即中等教育。

2. 中等教育

初中教育阶段学生的年龄一般在 12～16 岁。2003 年，中学入学率约为 71%，生师比例约为 7：1。从 2018/2019～2022/2023 学年，中等教育的学生人数从 3 016 人增加到 3 422 人，呈现出稳步增长趋势。在中等教育阶段，学生对加泰罗尼亚语、西班牙语、法语和英语进行系统学习，每种语言都有专门的教师进行教授。数学、人文社会科学、物理与自然科学、技术、音乐与艺术教育以及体育与运动教育等领域的教学都用加泰罗尼亚语、西班牙语或法语进行授课。在完成中等教育阶段学业后，学生将获得中学毕业证书。

在高中阶段，学生根据自身兴趣、动机和个人导向来构建课程，包括一系列科目和项目（研究项目、参与、行动和服务项目）。高中科目主要围绕以下五个区块开设：个人发展与创新、语言与文学、个体与社会、科学与数学、艺术。

3. 职业教育

职业教育属于义务教育后的继续教育阶段。职业教育文凭用于证明持有者具有从事职业工作所需的能力。实施法国教育体系的学校为 13 岁的学生提供技术性的预备职业教育，为 15 岁和 16 岁的学生提供酒店管理、商业管理、会计和文秘的专业职业教育，这些课程持续 2 年，此外还提供技术高中的选择。实施西班牙教育体系的学校从 14 岁开始提供行政类学习。针对学徒的职业培训包括在企业中的实习培训，由安道尔学徒培训中心组织，该中心隶属于安道尔政府，并与安道尔商会、工业和服务部门紧密合作。

4. 高等教育

安道尔的大学生可以选择在安道尔、西班牙或者法国接受高等教育。安道尔高等教育始于 1988 年成立的护理学院和计算机科学学院，后来二者合并为现在的安道尔大学(Universitat d'Andorra)。安道尔大学招生规模较小,主要提供远程课程。最受欢迎的课程是工商管理、护理和教育科学。提供3年制学士学位、2年制硕士学位及博士学位课程。此外,学生还可以选择入读拉塞尔开放大学(Universitat Oberta la Salle)。作为一所远程教育大学,拉塞尔开放大学提供商业和计算机科学领域的硕士学位。

(四) 考试、升级与证书制度

在安道尔,6～16岁儿童接受义务教育。学生6岁上小学,学制6年,完成小学学业的学生可获得小学毕业证书。安道尔的小学课程包含数学、语言、社会科学、科学、技术、体育和音乐。

初中学制4年,完成学业后需参加中学毕业考试,考试每年举行2次,分别在3月和10月。考试科目包括加泰罗尼亚语、西班牙语、法语、数学、物理和自然科学、社会科学和计算机。每次考试中,考生可以报名一门或多门科目考试。考生最多用3年时间通过所有考试。如果3年内连续考试的机会用尽,但没有通过考试,则所有获得的成绩都将被取消,考生需要重新报名参加所有科目考试。获得毕业证书的条件:①平均分不低于5/10;②任何科目的成绩不能为0。获得中学毕业证书的学生将继续高中课程、职业培训,或直接就业。初中毕业证书为学生在未来的学习和职业发展中打下基础。

进入安道尔高中学习的要求:①必须持有安道尔国籍或合法居住在该国;②年龄必须在19岁以下;③必须持有初中毕业证书或安道尔政府认可的同等学历;④对于来自安道尔以外的教育体系的学生,需要通过考试或提供欧洲共同语言参考框架(The Common European Framework of Reference for Languages,简称CEFR)中的语言水平证明,以证明对高中学习所使用的语言达到足够的水平(加泰罗尼亚语、西班牙语和法语需达到B1水平,英语需达到A2水平)。高中学制2年,通过毕业考试后可获得高中毕业证书(Batxillerat)。中学课程为数学、体育、社会科学、人文、技术、艺术、音乐、自然和物理科学、体育、语言和文学语言(加泰罗尼亚语、英语、法语、西班牙语)。非必修专业课程有艺术与交流、语言与人文、科学与技术、社会科学和经济学。

大学生可以选择在安道尔的大学学习,也可以选择在西班牙或法国学习。有些项目是与西班牙和法国的大学合作提供的,学生可以同时获得安道尔大学和西班牙或法国大学的文凭。

(五) 成绩评价体系

安道尔义务教育阶段和高中阶段的学习均采用10分制,成绩评价制度见表1。

表 1　安道尔成绩评价制度

数字评价	百分制	学分绩点	对应中文意义
10	90～100	4.0	卓越
9	80～89	3.7	优秀
8	70～79	3.3	良好
7	60～69	3.0	中等
6	50～59	2.7	一般
5	40～49	2.0	及格
4 及以下	低于 40	低于 2.0	不及格

（六）常见教育证书

安道尔常见教育证书见表 2。

表 2　安道尔常见教育证书

序号	证书	证书描述
1	Certificat d'Estudis de Primera Ensenyança	小学毕业证书，完成 6 年小学教育学业后获得该证书
2	Títol de Graduat en Segona Ensenyança	初中毕业证书，完成 4 年初中学业后获得该证书，准入条件为获得小学毕业证书
3	Títol de Batxillerat	高中毕业证书，完成 2 年高中学业后获得该证书，准入条件为获得初中毕业证书，持有该证书的学生具备进入大学或其他高等教育机构深造的资格
4	Diploma d'Ensenyament Professional	职业教育文凭，完成特定领域职业教育课程获得该证书，持有该证书的毕业生可进入职场或接受更高一级的专业培训
5	Bàtxelor en …	学士学位，完成 3 年本科学业后获得该证书，准入条件为获得高中毕业证书
6	Màster en …	硕士学位，完成 2 年硕士学位学业后获得该证书，准入条件为获得学士学位
7	Doctorat en …	博士学位，学制至少为 3 年，准入条件为获得硕士学位

保加利亚的教育证书评估研究

一、国家概况

保加利亚共和国，简称保加利亚，首都是索非亚。位于东南欧、巴尔干半岛东部，北部与罗马尼亚隔多瑙河相望，西部与塞尔维亚、北马其顿相邻，南部与希腊、土耳其接壤，东部临接黑海，海岸线总长 378 千米。北部属大陆性气候，南部属地中海式气候。面积 11.1 万平方千米。人口 644 万(2022 年)，保加利亚族占 84%、土耳其族占 9%，罗姆族占 5%，马其顿族、亚美尼亚族等占 2%。保加利亚语为官方语言，土耳其语为主要少数民族语言。居民中 85%信奉东正教，13%信奉伊斯兰教，其他信奉天主教和新教等。

保加利亚自然资源较贫乏，原料和能源供应很大程度依赖进口。主要矿藏有煤、铅、锌、铜、铁、铀、锰、铬、矿盐和少量石油。森林面积 412 万公顷，占国土面积的 34%。但是农业资源丰富，农业传统历史悠久。主要农产品有小麦、葵花籽、玉米、烟草等。20 世纪 90 年代以来，保加利亚服务业保持快速发展，其中旅游业是重要产业之一。

二、教育

（一）教育概况

全国普及 12 年制义务教育，小学、初中、高中均为 4 年。2011 年，保加利亚的成人识字率为 98.4%。2019 年，教育支出占国民总收入的比例为 4%，与上一年持平。2018/2019 学年有各类教学单位 4 699 所，在校生 1 186 933 人，教师 106 244 人。中小学校 1 964 所，中等专业技术学校及职业技术培训中心 847 所，高等学校 54 所。著名高等学府有索非亚大学、普洛夫迪夫大学、大特尔诺沃大学、新保加利亚大学、国民和世界经济大学等。

（二）教育体系

保加利亚的教育体系为 4—4—4—4＋学制。其中，小学 4 年，初中 4 年，高中 4 年。保加利亚对 7～16 岁的孩子施行义务教育。一学年分为 2 个学期，第一个学期从 9 月中旬到 1 月底，第二个学期从 2 月初到 6 月底。保加利亚教育体系见图 1。

年龄

28 27 26 25 24 23 22 21 20 19 18 17 16 15 14 13 12 11 10 9 8 7

年级

22 21 20 19 18 17 16 15 14 13 12 11 10 9 8 7 6 5 4 3 2 1

博士学位
Доктор
至少3年

硕士学位
Магистър
1～2年

学士学位
Бакалавър
4～5年

硕士学位
Магистър
5～6年

...专家文凭
Специалист по...
3年

普通高中
中等教育文凭
Диплома за средно
образование
4年

中等职业技术学校
高中文凭/职业资格证书
Диплома за завършено средн
о образование/Свидетелство
за професионална
квалификация
2～4年

初中
基础教育证书
Свидетелство за
основно образование
4年

小学
初等教育毕业证书
Удостоверение за завършен начален етап
на основно образование
4年

图 1　保加利亚教育体系

（三）详述

1. 基础教育

基础教育属于义务教育。根据1998年的《公共教育法》修正案，儿童年满7岁或入学那年将满7岁，则需要开始上学；如果6岁儿童的身体和心理发育健康，也可以入学，这一决定由他们的父母或监护人自行决定。儿童必须完成满1年的学前教育课程，才能开始上小学。

基础教育第一阶段：1～4年级的小学教育。小学期间有8门必修科目：保加利亚语、数学、保加利亚历史、地理入门、自然科学、美术、音乐和体育。小学教育期间无需考试即可毕业。学校每周提供最低22～25小时综合教学，以及3～4小时的选修课程。

基础教育第二阶段：5～8年级的初中教育。该阶段课程包括12门必修科目：保加利亚语和文学、数学、历史、地理、物理、化学、生物、美术、音乐、技术教育、体育和一门外语。七年级可以学习第二外语。学生每周至少完成27～30小时的课程学习。

2. 中等教育

中等教育通常涵盖9～12年级，为高等教育做准备。有几种类型的高中，其中最常见的是中等综合学校。但在社会上更有声望和更受欢迎的是另外2种：第一种是用外语（通常是英语，但也有法语、德语、西班牙语和意大利语）进行强化教学的中学。这种外语学校的特点是在读完7年级后入学，并且会有基于数学和保加利亚语的竞争性入学考试。第一年的教学，被称为预科班，主要是深耕外语。接下来的年级里，学习普通课程。第二种是8年级后入学的专业中学，是以数学和科学、人文、体育和艺术专业为主的中学。

3. 职业教育

中等职业教育学校有以下几种类型：8年级后入学的技术学校，学制4年；7年级后入学的技术学校，强化外语学习和教学课程；8年级后入学的中等职业技术学校，学制为3年；6年级、7年级或8年级后入学的职业学校。

教学形式包括全日制、夜校、校外、函授、个人和自学。这种灵活性允许成年人接受职业教育。在完成学业后获得文凭，毕业生可以继续接受更高水平的教育或进入劳动市场。据统计数据显示，中等职业学校毕业后接受高等教育或半高等教育的学生比例呈上升趋势。

4. 高等教育

保加利亚的高等学校分为3种类型：大学、专业高等院校（学院和研究所）和独立学院。大学主要有以下2类：一是传统大学，设有法学院、历史学院、教育学院、哲学学院、经济学院、语言学院、化学学院、生物学院、物理学院、数学学院、地理学院等；二是医学、技术、农业和经济等专业大学。在大学，本科课程至少需要4年才能完成，毕业生可以继续攻读硕士学位甚至博士学位。最古老的大学成立于1888年，被称为索非亚奥赫里德大学的圣克莱门特大学。专业高等院校有15所，其中一些是研究所（技术科学），另一些是独立学院（美术、音乐、体育、神学、戏剧和电影以及军事）。大学和专业高等学校地位平等。

学院与大学提供的教育质量和毕业后的就业机会不同，后者更有声望。保加利亚有10所私立高等院校，其中4所是大学和专业高等学校，6所是学院。

（四）考试、升级与证书制度

基础教育第一阶段每个学期结束时，学生会收到每个科目的学期成绩。第一阶段教育证书是根据四年级毕业时获得的成绩颁发的。完成4年基础教育学业后，学生获得初等教育毕业证书（Удостоверение за завършен начален етап на основно образование），之后升入基础教育第二阶段。完成4年学业后，无需期末考试，根据平时成绩可获得基础教育证书（Свидетелство за основно образование）。基础教育结束后，学生可选择进入普通中学或职业技术学校。

4年的中等教育学习以强制性考试结束，其中包括3个科目：保加利亚语和文学、社会科学和公民学以及与专业相对应的科目。顺利完成中等教育的学生将获得中等教育文凭（Диплома за средно образование），使得他们有资格申请高等院校。职业技术学校的学制一般为2～4年。

根据高等院校的类型和具体专业，入学要求各不相同，但一般需获得中等教育文凭，参加一次或多次笔试，以及测试，不同高等院校的数量和结构各不相同。高等教育机构可以自主确定每年的入学要求，可以根据中等教育文凭，或通过中等教育文凭与测试相结合来组织招生。每个专业的申请程序，都会公布在高等院校的参考手册中。

高等学校提供的学习项目主要有3年制专家文凭项目，4～5年制学士学位项目，以及获得学士学位后1～2年制的硕士学位项目，至少为期3年的博士学位项目。

（五）成绩评价制度

保加利亚采用6分制成绩评价制度，及格分是3分。学生从保加利亚的中学或高等院校毕业，至少要达到及格分数。不及格的科目，在重修课程后得到的分数在最终成绩单上不会显示。保加利亚成绩评价制度见表1。

表 1　保加利亚成绩评价制度

数字评价	学分绩点	描述	对应中文意义
6	4.00	отличен	优秀
5	4.00	много добър	良好
4	3.00	добър	中等
3	2.00	среден	及格
2	0.00	слаб	不及格
		зачита се/взел	

（六）常见教育证书

保加利亚常见教育证书见表 2。

表 2　保加利亚常见教育证书

序号	证书	证书描述
1	Удостоверение за завършен начален етап на основно образование	初等教育毕业证书，完成基础教育阶段 4 年小学学业获得该证书
2	Свидетелство за основно образование	基础教育证书，完成基础教育阶段 8 年学业获得该证书，准入条件为获得初等教育毕业证书
3	Диплома за средно образование	中等教育文凭，学制 4 年，准入条件为获得基础教育证书
4	Диплома за завършено средно образование/Свидетелство за професионална квалификация	中等教育文凭/职业资格证书，学制 2～4 年，准入条件为获得基础教育证书
5	Специалист по…	专家文凭，学制 3 年，准入条件为获得中等教育文凭或职业资格证书，此外还需要参加大学入学考试等
6	Бакалавър	学士学位，学制 4～5 年，准入条件为获得中等教育文凭，可能有额外的入学要求，如大学入学考试、面试等

（续表）

序号	证书	证书描述
7	Магистър	硕士学位，高中毕业后再完成 5～6 年学业或获得本科学士学位后再完成 1～2 年学业，通过论文答辩和国家考试后获得该学位，准入条件为获得中等教育文凭或学士学位
8	Магистър фармацевт	药学硕士，学制 5 年，相当于药学专业学位，准入条件为获得中等教育文凭，并通过入学考试
9	Доктор по стоматология	口腔医学专业学位，学制 5 年，准入条件为获得中等教育文凭，并通过入学考试
10	Доктор по ветеринарна	兽医学专业学位，学制 5 年，准入条件为获得中等教育文凭，并通过入学考试
11	Доктор по медицина	医学专业学位，学制 6 年，准入条件为获得中等教育文凭，并通过入学考试
12	Диплома за специализация	专家文凭，学制 1.5～4 年，准入条件为获得医学、口腔医学、药学或兽医学专业学位
13	Доктор	博士学位，获得硕士学位后至少完成 3 年学业，或在获得学士学位后至少完成 4 年学业，通过论文答辩后获得该学位，准入条件为获得学士或硕士学位，并成功通过专业领域入学考试和一门外语考试
14	Диплома за доктор на науките	科学博士，该学位基于学术情况由高等认证委员会授予，以表彰对某一研究领域的重大贡献，拥有博士学位且在研究领域做出突出贡献的学生有资格申请该文凭，期间没有学习课程或考试

北马其顿的教育证书评估研究

一、国家概况

北马其顿共和国位于欧洲巴尔干半岛中部，西邻阿尔巴尼亚，南接希腊，东接保加利亚，北部与塞尔维亚接壤，首都斯科普里。气候以温带大陆性气候为主。面积2.57万平方千米，人口209.7万(2021年)。主要民族为马其顿族(54.21%)，阿尔巴尼亚族(29.52%)，土耳其族(3.98%)，罗姆族(2.34%)和塞尔维亚族(1.18%)。官方语言为马其顿语。居民多信奉东正教，少数信奉伊斯兰教。

近年来，随着国内外环境改善和各项改革措施推进，北马其顿经济保持稳定增长。矿产资源比较丰富，有煤、铁、铅、锌、铜、镍等。

二、教育

(一) 教育概况

北马其顿《初等教育法》规定，所有6～15岁儿童都必须接受9年义务教育。《高中教育法》规定，所有15～19岁的青少年必须上4年高中(或3年，视学校类型而定)。2019年，教育经费占财政开支的11%，约占GDP的3.7%。2019/2020学年度共有初级学校(小学和初中)在校学生185 788人，中等学校(高中、职业学校)在校学生68 273人，高等学校在校学生55 392人。主要高校有斯科普里大学、比托拉大学、泰托沃大学等，教职工2 951人。

(二) 教育体系

北马其顿实行9—4—4+教育体系。目前的教育体系是在其成为南斯拉夫成员国期间发展起来的，是西欧大部分地区常见的混合系统。一部分学校的教学多年来深受苏联影响，现如今正在逐步淘汰。北马其顿实施九年一贯制义务初等教育(等同于我国小学及初中阶段教育)及2～4年制义务中等教育(等同于我国高中阶段教育)。学年一般9月1日开始,次年8月31日结束,共包括180个教学日,冬季和夏季各有一个假期。

根据学校的不同情况(如教师数量、师资力量、学生数量等),一部分学校提供全日制教学,一部分学校根据学生年级以及教学语种的不同,分上午班和下午班两个批次进行教学。北马其顿教育体系见图1。

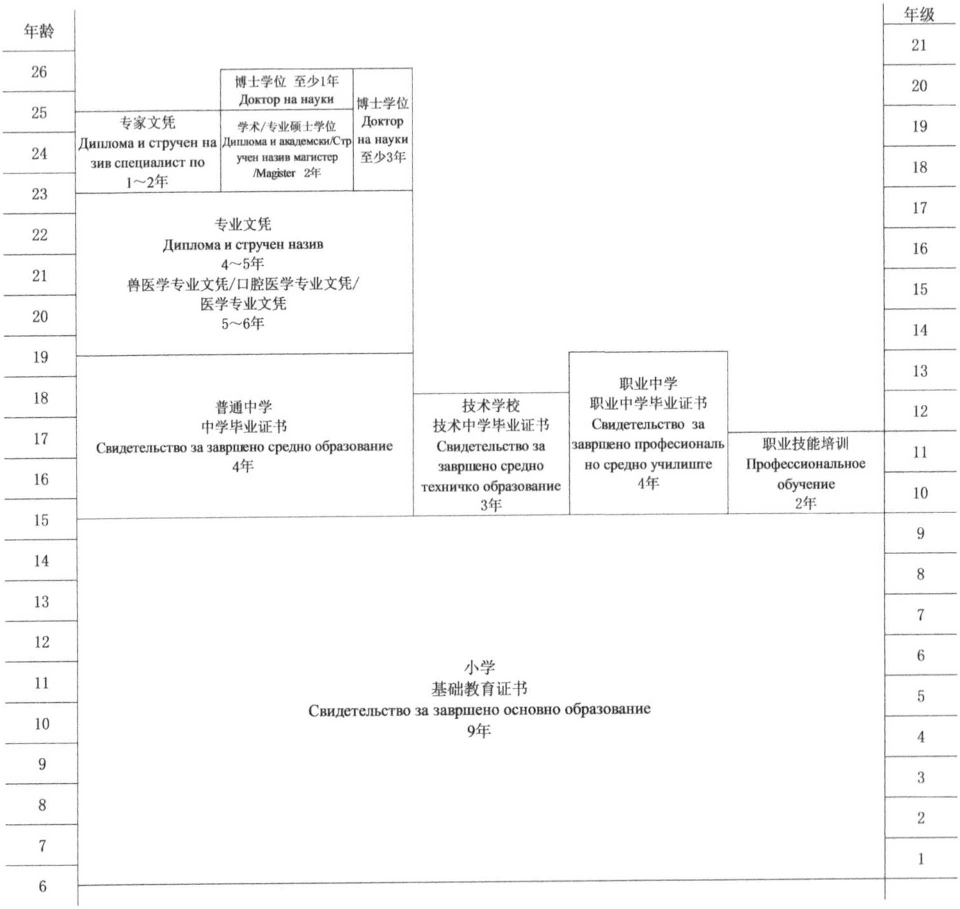

年龄 26 25 24 23 22 21 20 19 18 17 16 15 14 13 12 11 10 9 8 7 6

博士学位 至少1年
Доктор на науки

专家文凭
Диплома и стручен назив специјалист по
1~2年

学术/专业硕士学位
Диплома и академски/Стручен назив магистер/Magister 2年

博士学位
Доктор на науки
至少3年

专业文凭
Диплома и стручен назив
4~5年
兽医学专业文凭/口腔医学专业文凭/医学专业文凭
5~6年

普通中学
中学毕业证书
Свидетелство за завршено средно образование
4年

技术学校
技术中学毕业证书
Свидетелство за завршено средно техничко образование
3年

职业中学
职业中学毕业证书
Свидетелство за завршено професионално средно училиште
4年

职业技能培训
Профессиональное обучение
2年

小学
基础教育证书
Свидетелство за завршено основно образование
9年

年级 21 20 19 18 17 16 15 14 13 12 11 10 9 8 7 6 5 4 3 2 1

图1 北马其顿教育体系

(三)详述

1. 初等教育

北马其顿初等教育包括小学和初中两个阶段。在既定课程框架内的初等教育对所有学生免费,由国家预算资助。所有初等教育学校都是公立的。义务教育从

6岁开始，是强制性的，所有适龄儿童都需要上学。初等教育学校由市政当局监督，由国家资助，分为低年级阶段和高年级阶段。小学教学涵盖传统的基础科目，包括数学、文学、母语、一些外语教学(通常是英语)、历史和科学。1～5年级期间，主要由班主任负责教学，还有一名学科教师负责英语教学。6～9年级期间，由班主任和学科教师共同授课。

2. 中等教育

这里的中等教育相当于中国的高中教育。北马其顿中等教育体系主要包括普通高中教育、职业高中教育和技术高中教育等。本节主要关注普通高中教育。

北马其顿《2019年教育统计年鉴》数据显示，北马其顿共有77所普通高中，28 698名在校学生，其中女生15 202名。普通高中的教学语言主要为马其顿语，也有少量学校以阿尔巴尼亚语、土耳其语和英语作为教学语言。自2014年以来，北马其顿的高中在校生数量和毕业生数量都呈现逐年下降的趋势。不同于完全公立的初等教育，高中教育以公立高中为主，同时也允许设立私立高中。根据《中等教育法》的要求，不论学生就读的是什么类型的高中，所有高中均免费，并为学生提供免费教材。学校还会为居住在距离学校2.5千米以外地区的学生提供免费接送，还会为居住地与就读学校不在同一学区的学生提供免费接送或校内宿舍。所有年龄不超过17周岁且已经完成初等教育的学生，无论种族、性别、宗教信仰、母语、家庭背景，均可以申请入读普通高中。如果年龄超过17周岁但依然希望就读高中的学生，可以申请非全日制形式就读。

北马其顿高中每周周一至周五为教学日，实行半日制教学。学校会根据教学人数，将学生分为上午班和下午班两个批次。学校根据学生成绩，会为学习较为吃力的学生组织额外的课后学业辅导，也会为学习成绩较好的学生组织额外的课外活动。

北马其顿普通高中课程教学分为两个阶段。高中一、二年级学生主要学习各种必修课程，课程内容与初等教育衔接。另外，政府还要求学校开设创新与创业必修课程。高中三年级开始，学生会根据自己的兴趣和专长在自然科学和数学、人文和社会科学、语言和艺术学这三个方向中选择一个方向修读两门课程。此外，三年级学生会有一门编程必修课，并继续修读创新与创业课程。到了四年级，创新与创业课程会被商业与创业必修课所取代。

3. 职业教育

职业教育是北马其顿教育体系中的重要一环，主要包括高中职业教育、“高中后”职业教育以及高等职业教育。北马其顿的职业教育开始于高中阶段，是义务教育的一部分。高中职业教育主要分为2年制、3年制和4年制三种形式。2年制的高中职业教育为职业技能培训，培养的学生主要从事一些专业技能要求较低的职业，一般由职业高中或职业培训中心举办，毕业后学生可获得北马其顿国家一级职业资格。学生可以在完成1年学业后选择转入3年制高中职业教育学习。3年制的职业高中主要面向就业市场，为学生提供针对专门职业的教育和培训，学习内容包括学校的技能培训以及在企业的实习实训。学生在完成3年制学业后获得北马其顿国家二级职业资格，并直接进入就业市场。4年制的高中职业教育为技术科学教育，目的是教授学生更为广泛的职业技术知识，学生在毕业后可以选择参加学校毕业考试并直接就业，或参加国家毕业考试并继续进入高等教育阶段学习。

4. 高等教育

北马其顿的高等教育发展开始于前南斯拉夫时期。1949年，北马其顿第一所高等教育院校在斯科普里设立。这是北马其顿迄今为止最古老、规模最大的高等教育机构。1991年独立前，北马其顿的高等教育曾有较快速的发展。1991年独立后，由于政局不够稳定以及与希腊的国名之争，造成对外交往受阻，北马其顿高等教育发展一度较为缓慢。直到2003年北马其顿签署加入“博洛尼亚进程”，其高等教育才开始现代化改革。经过近二十年的改革和发展，北马其顿目前的高等教育体系包含本科、硕士研究生和博士研究生三个学习层次。

根据统计，北马其顿目前共有28所高等教育学校，其类型较多，有大学、学院、艺术学院、高等职业学校、科学研究所、宗教学院等。2018/2019学年，高等教育在校学生共53 677人，其中女生30 352人，大学在读女生数量明显多于男生。高校毛入学率为34.26%，具体来看，超过93%的高校在读学生就读本科阶段课程，约6%的学生就读硕士研究生阶段课程，仅0.46%的学生就读于博士研究生阶段课程。

（四）考试、升级与证书制度

北马其顿初等教育学校会在学期末和学年末对学生的学习成果进行考核，并向家长反馈。初等教育阶段学生的学习成果考核包括形成性评价和总结性评价，并根据学生的口试成绩和笔试成绩确定最终的期末成绩。每学年的学习考核结束后，学校会根据成绩判断学生是否适合进入下一年级的学习。1～5年级的学生原则上不会留级，只有在特殊情况下，如过低的学业成绩、生病等，学校才会在家长和教师的申请下或者由授课教师共同讨论后允许留级。从六年级起，如果学生一学年修读的课程中有2门或2门以上不合格，则需要补考。学校有义务为需要补考的学生提供额外的课业指导。如果学生参加完课业指导后考试依然不及格，则需要在6月或8月再次补考。如果还是不合格，则要留级复读。根据《初等教育法》的规定，学业成绩极为突出的学生可以选择跳级，每名学生在初等教育阶段最多可以跳级2次。完成初等教育学业后，学生会被授予基础教育证书（Свидетелство за завршено основно образование）。

北马其顿高中阶段的教学评估主要分为两个部分：一部分是由学校教师组织实施的校内课程考试和评估，另一部分则是由国家考试中心负责组织实施的学校毕业考试（school matura）及国家毕业考试（national matura）。matura 一词来源于拉丁语，是"中学离校考试"或"中学毕业考试"的意思。在每学期末，如果学生所有科目均取得合格及以上成绩，则可以升入下一年级。如果有科目考试成绩不合格，则需要补考，补考通过后方可进入下一年级。如果有三门及以上不及格的科目，则必须留级重修。

国家毕业考试和学校毕业考试是北马其顿教育体系中的重要一环，是衔接中等教育和高等教育的重要考试。如今，包括北马其顿在内的十余个欧洲国家的中学毕业考试都被称为 matura。在北马其顿，如果高中毕业生要申请进入高等教育机构学习，则必须参加国家毕业考试；如果学生在高中毕业后不准备继续深造，则只需要参加学校毕业考试。通常国家毕业考试成绩是高等教育机构录取学生的依据。通过国家毕业考试的普通高中学生获得中学毕业证书（Свидетелство за завршено средно образование），职业高中的学生获得职业中学毕业证书（Свидетелство за завршено професионално средно училиште），技术中学的学生获得技术中学毕业证书（Свидетелство за завршено средно техничко образование）。

北马其顿的本科教育包括学术教育和职业教育两种模式。本科阶段的学术教育通常为期4年，医学专业的学习则一般需要6年，而兽医学、口腔医学、药学和建筑学专业需要5年，完成本科学业后学生被授予专业文凭（Диплома и стручен назив）。

硕士研究生教育阶段的学制通常1～2年，完成60～120个 ECTS 学分。一年制硕士课程仅适用于完成了5年制本科课程并获得至少240个 ECTS 学分的学生。毕业于4年制本科项目的学生则需要2年完成硕士学业，学生被授予学术/专业硕士学位（Диплома и академски/Стручен назив магистер）。

只有完成相关领域硕士阶段学业，且本科阶段和硕士阶段修读的总学分超过300个 ECTS 的学生才可以申请攻读博士学位。博士研究生项目的学制至少为3年。根据北马其顿法律，只有在全国大学排名位列前七位的高校或研究所才有资格招生博士研究生。通过论文答辩后，学生获得博士学位（Доктор на науки）。

（五）成绩评价制度

北马其顿小学和中学均采用 1～5 分制，2 分为及格分。成绩描述仅限于小学前三年使用。北马其顿成绩评价制度见表 1。

表 1　北马其顿成绩评价制度

数字评价	描述	对应中文意义
5	одлично	卓越
4	многу добро	优秀
3	добро	良好
2	задоволително	及格
1	безуспешно	不及格

（六）常见教育证书

北马其顿常见教育证书见表 2。

表 2　北马其顿常见教育证书

序号	证书	证书描述
1	Свидетелство за завршено основно образование	基础教育证书，完成 9 年基础教育后获得该证书
2	Свидетелство за завршено професионально средно училиште	职业中学毕业证书，完成职业中学 4 年学业后获得该证书，准入条件为获得基础教育证书
3	Свидетелство за завршено средно техничко образование	技术中学毕业证书，在技术学校完成 3 年学业获得该证书，准入条件为获得基础教育证书
4	Свидетелство за завршено средно образование	普通中学毕业证书，完成 4 年普通中学学业后获得该证书，准入条件为获得基础教育证书
5	Диплома и стручен назив	专业文凭，完成 4～5 年高等教育学业获得该文凭，相当于中国的学士学位，准入条件为获得中学毕业证书，并且通过入学考试
6	Доктор по ветеринарна медицина/Доктор на стоматологиа/Доктор на медицина	兽医学专业文凭/口腔医学专业文凭/医学专业文凭，前两者学制 5 年，医学专业学制 6 年，相当于中国医学学士学位，准入条件为获得中学毕业证书，并且通过入学考试

（续表）

序号	证书	证书描述
7	Диплома и стручен назив специалист по	专家文凭，在专业文凭的基础上再完成 1～2 年研究生学业获得该证书，准入条件为获得专业文凭
8	Диплома и академски/Стручен назив магистер/magister	学术/专业硕士学位，在专业文凭的基础上完成 2 年硕士学业获得该证书
9	Доктор на науки	博士学位，在专业文凭的基础上完成至少 3 年研究生学业，或学术/专业硕士的基础上完成至少 1 年学业获得该学位证书

波斯尼亚和黑塞哥维那的教育证书评估研究

一、国家概况

波斯尼亚和黑塞哥维那，简称波黑，位于巴尔干半岛中西部，首都是萨拉热窝。南、西、北三面与克罗地亚毗连，东与塞尔维亚、黑山为邻。大部分地区位于迪纳拉高原和萨瓦河流域。南部极少部分濒临亚得里亚海，海岸线长约 21.2 千米。面积 5.11 万平方千米。人口 353 万(2024 年)。波斯尼亚和黑塞哥维那以其居住在其中的民族和少数民族的多样性而闻名。主要民族为：波什尼亚克族约占总人口 50.1%；塞尔维亚族约占总人口 30.8%；克罗地亚族约占总人口 15.4%。三个民族分别信奉伊斯兰教、东正教和天主教。官方语言为波斯尼亚语、塞尔维亚语和克罗地亚语。

波黑战争给经济带来严重破坏，几近崩溃。近年来，在国际社会援助下，波黑经济恢复取得一定进展。波黑矿产资源丰富，其中煤炭蕴藏量达 38 亿吨。图兹拉地区食用盐储量为欧洲之最。波黑拥有丰富的水力资源，潜在的水力发电量达 170 亿千瓦。金属加工业是波黑经济重要产业之一，产品以出口为主。波黑拥有发展多样化农业的自然条件，食品加工业传统悠久。

二、教育

（一）教育概况

波黑教育体制符合国际教育体制标准。2023/2024 学年度，共有 41 000 多名儿童就读于 493 所学前教育机构；小学 1 487 所，学生 256 000 多人，教师24 000多人；中学 543 多所，学生 107 000 多人，教师 12 000 多人；高校 49 所，大学生 71 000 多人，其中全日制学生 49 000 多人。2024 年，波黑毕业的本科学生有9 800多人。主要大学有萨拉热窝大学、巴尼亚卢卡大学、莫斯塔尔大学和图兹拉大学等。

在波黑战后恢复时期，教育被视为重建和恢复进程中非常关键的组成部分。教育，尤其是“公民教育”，被视为一种隐性潜在的手段，不仅可以帮助不同种族背景的儿童和青年学会宽容与理解，也可以用于调节成年人之间分歧，维护社会稳定与国家安全。

（二）教育体系

波黑教育体系为 6—3—4—3＋。义务教育持续 9 年，从 6 岁到 15 岁。儿童 6 岁开始接受基础教育，学制 9 年。到 15 岁开始接受中等教育，学制 4 年，由普通中学或职业中学提供教育。波黑学年包括 2 个学期，从 10 月开始，持续到次年 6 月，长假一般从 7 月 1 日开始。教学语言为波斯尼亚语、塞尔维亚语和克罗地亚语。波黑教育体系见图 1。

（三）详述

1. 基础教育

基础教育属于义务教育，也是强制性教育。普通儿童从 6 岁开始接受基础教育，持续 9 年，到 15 岁结束。基础教育通常分为 2 个阶段：第一阶段为 6～12 岁，学生开始进入学校接受教育，这个阶段被视作初等教育；第二阶段为 12～15 岁，这个阶段被视作初中教育，学科知识是该阶段学习重点。除基础教育外，波黑也有特殊基础教育，一般是从 7 岁（或 9 岁）到 15 岁。不仅有普通公立学校提供的丰富全面的学术课程，还有专门教授初级阶段音乐和芭蕾的平行学校。

2. 中等教育

学生通常在 15 岁进入高中，并根据基础教育阶段成绩确定被录取的学校。中等教育分为普通中等教育、职业中等教育。普通中等教育一般为 4 年，职业中等教育一般为 3～4 年（有些会有 5 年）。普通中等教育由普通中学、艺术学校和神学院提供，毕业生通过资格考试后可以申请去大学学习。

3. 职业教育

职业技术学校的学制为 3～4 年（有些是 5 年），涉及的职业领域较为广泛。中学生可以在艺术、音乐和芭蕾舞学校（学制 4 年）、宗教学校（4～5 年）、技术相关学校（学制 4 年）和手工艺学校（学制 3 年）接受专业化的职业教育。如果未来有志于从事教育行业，学生可以选择为期 4 年的中等师范学校。手工艺学校的学生可以选择参加最后的资格考核，通过考核便可以在毕业后从事手工艺相关工作；也可以选择完成为期 2 年的课程并参加升学考试，从而继续接受高等教育。选择其他专业的学生需要在完成学业后参加考试，通过考试后能够继续接受本领域的高等教育。

年龄 | 年级

26 25 24 23 22 21 20 19 18 17 16 15 14 13 12 11 10 9 8 7 6

21 20 19 18 17 16 15 14 13 12 11 10 9 8 7 6 5 4 3 2 1

博士学位
Doktor Nauka
2～4年

硕士学位
Magistar
2年

专家文凭Spetsialist
1年

学士学位
Bakalaureat
3～6年

……专业文凭
Stručni Naziv
Diplomirani in…
…
4年

专科文凭
Diploma from
a Visoka
Škola
2～3年

普通高中
中等教育毕业证书
Svedočanstvo/Svjedočanstvo
4年

职业高中
职业中学毕业证书
Svedočanstvo o Završenoj Srednjoj
Stručnoj Školi
3～5年

基础教育第二阶段（初中教育）
Osnovna skola Ⅱ
3年

基础教育第一阶段（小学教育）
Osnovna skola Ⅰ
3年

图1　波黑教育体系

4. 高等教育

波黑有 8 所大学：萨拉热窝大学、巴尼亚卢卡大学、图兹拉大学、杰马尔比耶迪奇大学（东莫斯塔尔）、莫斯塔尔大学（西莫斯塔尔）、比哈奇大学、泽尼察大学和东萨拉热窝大学。所有高等教育活动均受国家或州的高等教育法律的约束。

（四）考试、升级与证书制度

波黑实行 9 年义务教育。完成基础教育后，学生自动进入中学教育阶段，即高中阶段，但录取学校的层次由基础教育阶段的成绩所决定。普通中等教育学制 4 年，学生在结束高中教育后，可获得中等教育毕业证书（Svedočanstvo/Svjedočanstvo）。普通中学毕业生在通过高中毕业考试（Matura）后凭考试成绩选择进入大学。

高等教育分为 3 个层次：第一阶段学制为 3～6 年，获得 180～240 个学分后，学生被授予学士学位；第二阶段学制为 2 年，获得 120 学分并通过论文答辩后，学生被授予文学或科学硕士学位，有些大学还可以提供为期 1～2 年的专业型研究生课程项目，学生完成并通过这些课程可以获得医学等特定专业领域的专家头衔；完成硕士研究生课程后可继续修读博士课程项目，学制通常为 2～4 年，获得毕业要求的独立研究成果并通过博士毕业论文公开答辩后，被授予博士学位。

（五）成绩评价制度

波黑采用 5 分制成绩评价制度，不及格的科目和成绩不显示在正式的成绩单中。波黑成绩评价制度见表 1。

表 1　波黑成绩评价制度

成绩评价	描述	对应中文意义
5	odličan	优秀
4	vrlo dobar	良好
3	dobar	较好
2	dovoljan	及格
1	nedovoljan	不及格

（六）常见教育证书

波黑常见教育证书见表 2。

表 2　波黑常见教育证书

序号	证书	证书描述
1	Svedočanstvo/Svjedočanstvo	中等教育毕业证书，完成 4 年高中教育获得该证书，可以是普通高中课程，也可以是技术/职业课程，准入条件为完成 9 年义务基础教育
2	Diploma from a Visoka Škola	专科文凭，学制 2～3 年，准入条件为获得中等教育毕业证书
3	Stručni Naziv Diplomirani in…	……专业文凭，学制 4 年，准入条件为获得中等教育毕业证书
4	Spetsialist	专家文凭，学制 1 年，严格意义上来讲，该文凭不是代表学位，根据教学大纲可以认定为修完某领域硕士学位课程的第一年学业，或本科的后续高级研修课程，准入条件为获得专业文凭
5	Bakalaureat	学士学位，学制 3～6 年，准入条件为获得中等教育毕业证书
6	Magistar	硕士学位，学制 2 年，需要完成课程和论文，准入条件为获得学士学位
7	Doktor Nauka/Doktor Znanosti	博士学位(波斯尼亚语与塞尔维亚语/克罗地亚语)，最高学术学位，需要完成 2～4 年的研究并通过论文答辩，准入条件为获得硕士学位

黑山的教育证书评估研究

一、国家概况

黑山位于欧洲巴尔干半岛中西部，东南同阿尔巴尼亚为邻，东北部同塞尔维亚相连，西北同波黑和克罗地亚接壤，西南部地区濒临亚得里亚海，首都波德戈里察。海岸线长 293 千米，面积 1.39 万平方千米。人口 61.7 万(2023 年)，其中黑山族占 45%、塞尔维亚族占 29%，波什尼亚克族占 8.6%，阿尔巴尼亚族占 4.9%。官方语言为黑山语，会讲英语和塞尔维亚语的人也非常多。全国大多数人信奉东正教，沿海地区信奉天主教，内陆地区信奉东正教。东部地区信奉伊斯兰教。

9 世纪，斯拉夫人在黑山地区建立"杜克利亚"国家。11 世纪，"杜克利亚"改称"泽塔"，并在 12 世纪末并入塞尔维亚，成为其行政省。15 世纪，奥斯曼土耳其帝国占领现波德戈里察及其以北地区，泽塔王朝陷落。1878 年柏林会议承认黑山为独立国家。1918 年第一次世界大战后，黑山再次并入塞尔维亚并加入"塞尔维亚—克罗地亚—斯洛文尼亚王国"，1929 年改称南斯拉夫王国。20 世纪 90 年代初，南斯拉夫联邦解体，黑山和塞尔维亚两共和国联合组成南斯拉夫联盟共和国。2003 年 2 月 4 日，南斯拉夫联盟共和国议会通过《塞尔维亚和黑山宪法宪章》，易国名为塞尔维亚和黑山。2006 年 5 月，黑山就国家独立举行公民投票并获通过。同年 6 月 3 日，黑山宣布独立。

黑山是世界贸易组织、地中海联盟成员国。2010 年 12 月 17 日，欧盟决定给予黑山欧盟候选国地位，2017 年 6 月，黑山正式成为北约第 29 个成员国。

二、教育

(一) 教育概况

黑山的教育制度受到前南斯拉夫社会主义联邦共和国的教育制度以及 20 世

纪90年代(当时黑山还是南斯拉夫联盟共和国一部分)法律的强烈影响。教育政策由联邦政府教育和科学部制定,并得到国际合作伙伴的大力支持,例如欧盟和一些为改革提供财政和技术支持的国家政府和非政府组织。黑山在世纪之交曾进行教育改革,优化了黑山的职业教育和培训,升级了各级教育课程。

黑山教育体系完备,包括学前教育、初等教育、中等教育、高等教育、成人教育和特殊教育。已普及9年制义务教育。黑山的学校大部分是公立的,塞尔维亚语是学校的官方教学语言。在一些地区,阿尔巴尼亚语也作为小学和中学的教学语言。2000年,黑山大约95.8%的小学生用塞尔维亚语授课,而4.2%的小学生用阿尔巴尼亚语授课。在中学阶段,97.6%的学生用塞尔维亚语授课,2.4%的学生用阿尔巴尼亚语授课。大学一级的官方教学语言是塞尔维亚语。

(二) 教育体系

黑山现行教育体系为9—4—3+。学年分为2个学期:冬季和夏季。理事会通过商议来决定学期的开始时间。学期一般持续16周。黑山教育体系见图1。

(三) 详述

1. 初等教育

黑山的初等教育为9年义务教育,教学语言是塞尔维亚语,但在阿尔巴尼亚学生占大多数的学校,阿尔巴尼亚语是教学语言。初等教育分为3个周期,每个周期3年。学生从6岁开始进入第一个周期,到15岁完成整个初等教育阶段。截至2017年,黑山的小学学生的女性占比为47.61%。过去14年来的最高值是2005年的48.33%,而最低值是2016年的47.23%。

黑山的小学空间严重不足,人均教室面积为2.18平方米,人均占校空间为4.5平方米。城市地区的学校每个班最多有35～40名学生,学校实行双班倒和三班倒。从3年级开始,所有学校学生都要学习英语。学校每学期通过测试和小测验进行评估,并在9年级组织考试。

2. 中等教育

普通中学教育在文法学校和文理学校开展。在黑山,中等教育不是强制性的。完成初等教育且未满17岁的学生可以就读文法学校或文理学校,学制为4年。中等教育主要包含通识教育核心课程和选修课程。

3. 职业教育

学生在小学毕业后除了接受普通中等教育之外,还可以接受职业教育。职业教育在职业中学和混合中学进行,一般持续2～4年。中等艺术学校也提供职业中等教育,这类专门中学提供4年的艺术教育、音乐或芭蕾舞。职业学校的毕业生有

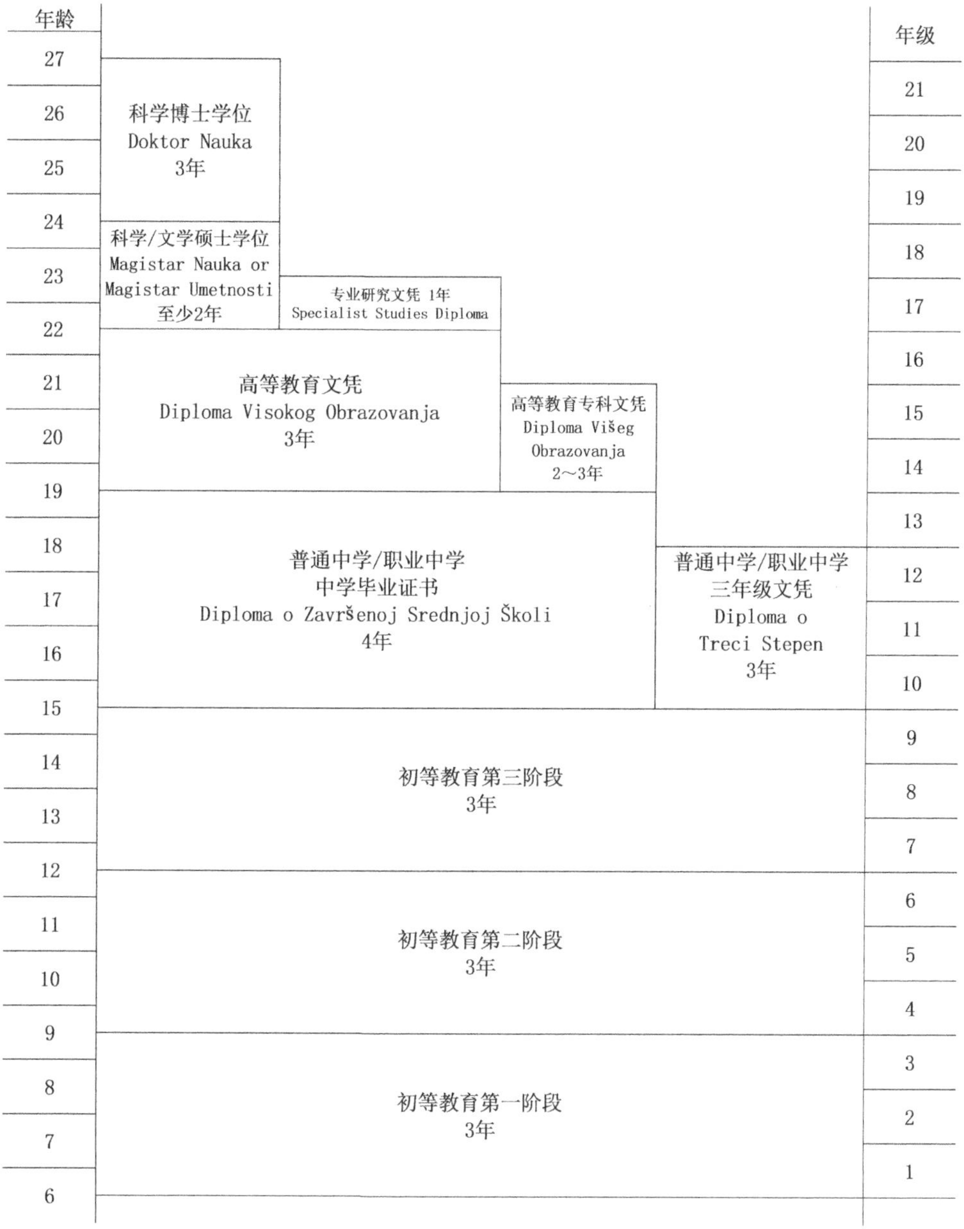

年龄

27 26 25 24 23 22 21 20 19 18 17 16 15 14 13 12 11 10 9 8 7 6

年级

21 20 19 18 17 16 15 14 13 12 11 10 9 8 7 6 5 4 3 2 1

科学博士学位
Doktor Nauka
3年

科学/文学硕士学位
Magistar Nauka or
Magistar Umetnosti
至少2年

专业研究文凭 1年
Specialist Studies Diploma

高等教育文凭
Diploma Visokog Obrazovanja
3年

高等教育专科文凭
Diploma Višeg
Obrazovanja
2～3年

普通中学/职业中学
中学毕业证书
Diploma o Završenoj Srednjoj Školi
4年

普通中学/职业中学
三年级文凭
Diploma o
Treci Stepen
3年

初等教育第三阶段
3年

初等教育第二阶段
3年

初等教育第一阶段
3年

图 1　黑山教育体系

资格在 2 年制专业学校继续接受高等教育，以满足各种行业和社会服务部门的需求。

4. 高等教育

高等教育由黑山大学(一所公立大学)、国家独立学院以及私立大学和学院提供。自 2017/2018 学年起,所有在公共教育机构就读的大学一年级学生均免交学费。自 2020/2021 学年起,在公共机构攻读硕士学位的第一年学生也免交学费。黑山大学为黑山国立综合性高等学府,由 19 个学院和 3 个科学研究机构组成。这 19 个学院提供 79 个专业课程。另有下戈里察大学和地中海大学 2 所民办大学。

(四) 考试、升级与证书制度

在黑山,96%的小学毕业生通过国家考试进行选拔后继续升入中学。学生可以在文法学校或文理学校接受 4 年制普通高中教育,学期末需要通过期末考试(ëmaturaí)。学生也可以进入学制 2～4 年不等的中等职业学校,毕业后直接就业或者在 2 年制的专科学校继续接受教育。

完成中等教育后,学生可以攻读本科教育(osnovne studije)、硕士研究生教育(magistarske studije)和博士研究生教育(doktorske studije)。本科的录取取决于中学教育和毕业考试成绩,有些学校还需要进行语言能力测试。大学的第一周期教育学制 3 年,完成后学生会被授予高等教育文凭(Diploma Visokog Obrazovnaja)。完成第一周期教育后,学生可以进入为期 1 年的专业研究文凭项目或至少为期 2 年的硕士研究生项目。硕士生必须完成课程学业并通过论文答辩后,获得科学硕士学位(Magistar Nauka)或文学硕士学位(Magistar Umetnosti)。第二周期学业完成后,可申请第三周期教育—博士研究生项目。申请博士研究生时需要获得硕士学位,毕业时根据学生发表的研究成果和论文答辩进行评估,通过后学生被授予科学博士学位(Doktor Nauka)。

(五) 成绩评价制度

黑山中等教育阶段采用 1～5 数字等级来评价学生学业。黑山成绩评价制度见表 1。

表 1　黑山中等教育成绩评价制度

字母评价	数字评价	对应中文意义
A	5	优秀
B+	4	良好
B	3	满意
C	2	及格
F	1	不及格

（六）常见教育证书

黑山常见教育证书见表2。

表2 黑山常见教育证书

序号	证书	证书描述
1	Diploma o Treci Stepen	三年级文凭，完成3年普通中学或职业中学学业后获得该证书
2	Diploma o Završenoj Srednjoj Školi	中学毕业证书，完成4年普通中学或职业中学学业后获得该证书
3	Diploma Višeg Obrazovanja	高等教育专科文凭，完成2～3年高等职业技术教育课程后获得该文凭，准入条件为获得中学毕业证书
4	Diploma Visokog Obrazovanja	高等教育文凭，完成3年大学学业后获得该文凭，准入条件为获得中学毕业证书
5	Specialist Studies Diploma	专业研究文凭，在高等教育文凭的基础上完成1年大学学业获得该文凭，准入条件为获得高等教育文凭
6	Magistar Nauka or Magistar Umetnosti	科学硕士学位或文学硕士学位，在高等教育文凭的基础上完成2年学业，并通过论文答辩后获得该学位，准入条件为获得高等教育文凭
7	Doktor Nauka	科学博士学位，在完成3年学业并通过论文答辩后获得，准入条件为获得硕士学位

克罗地亚的教育证书评估研究

一、国家概况

克罗地亚共和国，简称克罗地亚，位于欧洲中南部，巴尔干半岛西北部，首都萨格勒布。西北和北部分别同斯洛文尼亚和匈牙利接壤，东部和东南部同塞尔维亚、波斯尼亚和黑塞哥维那、黑山为邻，西部和南部濒亚得里亚海，岛屿众多，海岸线曲折，长 1 880 千米。面积 5.66 万平方千米，人口约 400 万（2023 年 8 月）。主要民族为克罗地亚族（90.42%），其余为塞尔维亚族、波什尼亚克族、意大利族、匈牙利族、阿尔巴尼亚族、斯洛文尼亚族等，共 22 个少数民族。官方语言为克罗地亚语。主要宗教是天主教。

克罗地亚经济以第三产业为主，第二产业为辅，旅游业是国家经济的重要组成部分。克罗地亚经济基础良好，旅游、建筑、造船和制药等产业发展水平较高。足球和网球并列为克罗地亚的第一运动。

二、教育

（一）教育概况

克罗地亚文化教育程度较高，具备较为完整的教育体系，包括学前教育、初等教育、中等教育、职业教育、高等教育、成人教育和特殊教育等。全国普及实施八年制小学义务教育。

1991 年的独立使克罗地亚公共高等教育制度和内容发生了相应的变化。克罗地亚将高等教育同科学和研究联系起来，加强职业和专业培训，使用现代化教学以保证教育质量，扩大英语的使用，并允许私立机构的出现。2003 年，克罗地亚进一步加强教育改革，以符合欧洲标准和《博洛尼亚宣言》。克罗地亚学年 10 月开始，次年 6 月结束，大部分课堂教学都是用克罗地亚语进行的。

（二）教育体系

克罗地亚实行8年制小学义务教育，对所有6～14岁儿童免除学费。中学教育持续4年，学生的年龄在14～18岁。根据法律规定，学年通常在9月初开始，持续到次年6月中旬。一学年分为2个学期，有3个学校假期（不包括国定假日）：寒假圣诞节3周，春假复活节1周，暑假2个月。克罗地亚教育体系见图1。

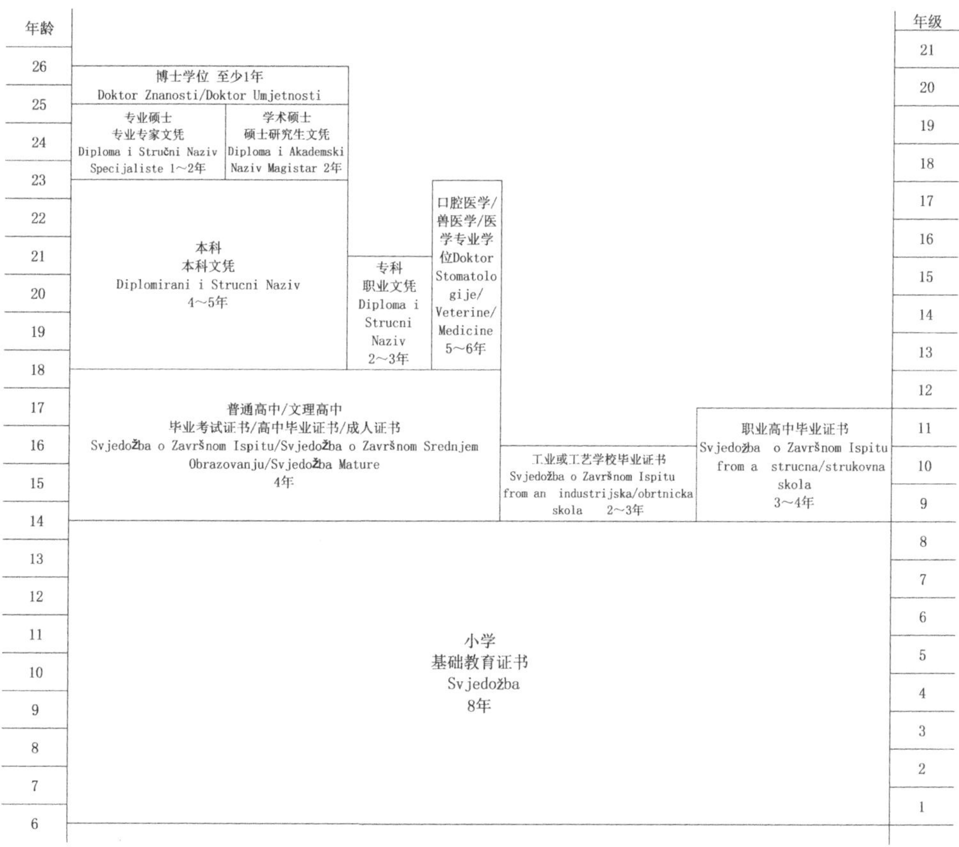

图1 克罗地亚教育体系

（三）详述

1. 初等教育

克罗地亚的小学（称为 osnovna škola）学制8年，属于义务教育。孩子们六七岁开始上学。自从小学成为义务教育以来，克罗地亚的识字率高达98.1%。大多数孩子都能完成小学教育。家长为孩子报名小学时，通常会选择离家最近的学校，也可以选择其他替代学校的项目，如华德福教育或蒙特梭利教育。这些学校在萨格勒布和里耶卡等大城市也有。克罗地亚还为残疾儿童提供特殊教育。对于少数民族的儿童，学校的教学语言可以使用少数民族语言。学校提供专门的外语课程。另外，孩子们在小学阶段还可以选择音乐或舞蹈学校。音乐小学一般为 6 年，舞蹈学校为 4 年。

2. 中等教育

克罗地亚高中(称为 Srednja škola)教育目前是非义务教育，尽管大多数政党主张改为义务教育。中学向学生提供就业所需课程。克罗地亚中学分为 3 类：普通中学(Gimnazija)，学制 4 年，学生毕业后升入大学和学院，注重自然科学、数学、化学、物理和生物，尤其是实验操作；职业学校(Strukovne škole)，教授学生某种手艺，如烹饪或木工，持续 3～4 年，如经济学院和工程学院，4 年制职业学校毕业生可以参加全国中等教育毕业考试(Državna matura)；艺术学校(Umjetničke škole)以视觉艺术、音乐等领域为关注点。

3. 高等教育

克罗地亚有公立和私立高等教育机构。克罗地亚第一所大学是扎达尔大学，成立于 1396 年。克罗地亚大多数大学和理工学院都是公立机构。近年来，克罗地亚开始发展私立高等教育，设立了 3 所私立大学和许多私立应用科学学院，大多数应用科学学院是私人机构。理工学院和应用科学学院都提供第一和第二周期的专业学习课程。

克罗地亚高等教育制度在博洛尼亚进程的框架内进行了全面改革。克罗地亚的高等教育体系按照博洛尼亚进程的 3 个周期(本科、硕士研究生和博士研究生)进行，从而使欧洲国家的国际学生在克罗地亚的学习容易得到认可。克罗地亚高等教育机构有学院和大学两种。自从博洛尼亚进程，高等教育学位主要有理学学士、文学学士；理学硕士、文学硕士；理学博士和文学博士。规模较大的学校均由独立学院组成，每一个学院都设有各自的行政、教学人员。

(四) 考试、升级与证书制度

基础教育分为 2 个阶段：第一阶段 1～4 年级，一位老师教授除外语和宗教以外的所有科目。课程包括克罗地亚语、数学、视觉艺术、自然和社会、体育、音乐，以及至少一门外语(通常是英语)。宗教教育是一门选修课。第二阶段 5～8 年级，每门课程都由不同的老师授课，学生们没有固定教室，而是走班上课。课程包括历史、地理、生物、化学、物理、信息学，此外还有英语(通常是第二语言)。

中等教育 4 年，通识教育科目包括克罗地亚语、数学、英语、第二外语(可选)、拉丁语、艺术史、音乐欣赏、历史、地理、生物、化学、物理、社会学、心理学、信息技术、政治与经济、哲学、逻辑学、体育和选修课程。学生可以选择宗教研究或伦理学作为选修课。在克罗地亚,进入普通中学的过程是相当困难的,比进入职业学校或艺术学校更难。一个学生按顺序选择 5 所他们想去的学校。名单上的第一所学校是学生最想去的学校。基础教育证书考试的分数决定学生可以上哪所学校。参加国家级比赛的考生可根据成绩获得额外加分。如果在相关学科的竞赛中获胜,他们可以直接进入专门高中。另一方面,某些学校可能会设定最低分数。学校通常对特定年份招收的学生数量有配额。

进入高等教育需要参加大学入学考试并拿到成人证书(Svjedožba Mature)。国家外部教育评价中心与高中合作举办全国性大学入学考试。该考试承载着三方面作用:期末考试和普通高中毕业要求;所有学生(包括职业教育毕业生)的大学本科入学考试;以及学习者能力外部评价。克罗地亚语、数学和外语考试是强制性的,可以参加 A(高级)和 B(初级)水平考试。高等教育机构独立设置入学标准。

(五) 成绩评价制度

克罗地亚采用 5 分制成绩评价制度,具体见表 1。

表 1　克罗地亚成绩评价制度

成绩评价	描述	对应中文意义
5	odličan	卓越
4	vrlo dobar	优秀
3	dobar	良好
2	dovoljan	及格
1	nedovoljan	不及格

(六) 常见教育证书

克罗地亚常见教育证书见表 2。

表 2　克罗地亚常见教育证书

序号	证书	证书描述
1	Svjedožba	基础教育证书,完成 8 年义务教育获得该证书

（续表）

序号	证书	证书描述
2	Svjedožba o Završnom Ispitu from an industrijska/obrtnicka skola	工业或工艺学校毕业证书，完成 2～3 年中等职业学校学业获得该证书，此外学生还获得熟练工人资格证书，准入条件为获得基础教育证书，毕业后直接就业或进入同一领域的大专课程学习
3	Svjedožba o Završnom Ispitu/Svjedožba o Završnom Srednjem Obrazovanju/Svjedožba Mature	毕业考试证书/高中毕业证书/成人证书，完成 4 年文理高中或普通高中学业获得该证书
4	Svjedožba o Završnom Ispitu from a strucna/strukovna skola	职业高中毕业证书，在专业或职业学校完成职业课程学业获得该证书，毕业生还获得职业资格证书，准入条件为获得基础教育证书，毕业后直接就业或进入高等教育机构
5	Diploma i Strucni Naziv	职业文凭，完成理工学院、专业高等教育学校和大学提供的 2～3 年专业学业，毕业生一般会获得工程师、经济师等职业头衔，相当于中国的大专文凭，准入条件为获得毕业考试证书/高中毕业证书/成人证书，并通过入学考试
6	Diplomirani i Strucni Naziv	本科文凭，学制 4～5 年，相当于中国的学士学位，准入条件为获得毕业考试证书/高中毕业证书/成人证书，并通过入学考试
7	Doktor Stomatologije/Veterine/Medicine	口腔医学/兽医学/医学专业学位，学制为 5 年/5 年/6 年，准入条件为获得毕业考试证书/高中毕业证书/成人证书，并通过入学考试
8	Diploma i Stručni Naziv Specijaliste	专业文凭，学制 1～2 年，准入条件为获得 4～5 年制的职业文凭，相当于中国的专业硕士学位
9	Diploma i Akademski Naziv Magistar	硕士研究生文凭，学制 2 年，准入条件为获得 4～5年制的职业文凭，相当于中国的学术硕士学位

（续表）

序号	证书	证书描述
10	Doktor Znanosti/Doktor Umjetnosti	科学博士/文学博士，克罗地亚最高学位，在4～5年制职业文凭的基础上再完成3年学业或在硕士研究生文凭的基础上至少完成1年学业，同时需要完成课程学习、研究，并通过论文答辩

罗马尼亚的教育证书评估研究

一、国家概况

罗马尼亚位于东南欧巴尔干半岛北部，首都布加勒斯特。北和东北分别同乌克兰和摩尔多瓦为邻，南接保加利亚，西南和西北分别同塞尔维亚和匈牙利接壤，东南临黑海。海岸线 245 千米，温带大陆性气候。面积 23.8 万平方千米。人口 1 905万(2023 年 1 月)。罗马尼亚族占 88.6%，匈牙利族占 6.5%，罗姆族占 3.2%，日耳曼族和乌克兰族各占 0.2%，其余民族为俄罗斯、土耳其、鞑靼等。城市人口所占比例为56.4%，农村人口所占比例为 43.6%。官方语言为罗马尼亚语，主要少数民族语言为匈牙利语。主要宗教有东正教(信仰人数占总人口数的 86.5%)、天主教(4.6%)、新教(3.2%)。

1989 年罗马尼亚剧变后开始由计划经济向市场经济过渡。2000—2008 年经济持续增长。受国际金融危机影响，2009—2010 年经济负增长。2011 年起经济企稳回升。2020 年受新冠疫情影响经济下滑。

二、教育

(一) 教育概况

罗马尼亚教育的历史可以追溯到 17 世纪，当时主要以教会学校为主，用希腊文和拉丁文传授宗教知识。现代意义的中学出现于 18 世纪后半期，1860 年雅西大学成立，标志着罗马尼亚现代大学教育体系的开端。罗马尼亚普及 11 年制义务教育。2020/2021 学年，全国共有小学和初中 3899 所，在校学生 157 万人。高中 1 461 所，在校学生 62 万人。大学 95 所，在校学生 56 万人。全国共有教师 23.6 万人。全国著名高等学府有：布加勒斯特大学、布加勒斯特理工大学、布加勒斯特经济学院、克卢日巴贝什·博尧伊大学、雅西亚历山德鲁·扬·库扎大学等。2021

年教育预算为 59 亿欧元,约占国内生产总值的 2.6%。

(二)教育体系

罗马尼亚现行教育体系为 4—4—4—3+,教育体制分为三级:学前教育、大学前教育和高等教育。学前教育即幼儿教育,入园年龄 3 岁,为进入小学做准备。20 世纪 90 年代起,罗马尼亚开始实行 10 年义务教育,以“四四二制度”为主,即小学 4 年,初中 4 年和高中前 2 年为义务教育。自 2012 年开始,罗马尼亚把义务教育范围扩大至 11 年,覆盖了从小学的学前班到高中 10 年级。罗马尼亚教育体系见图 1。

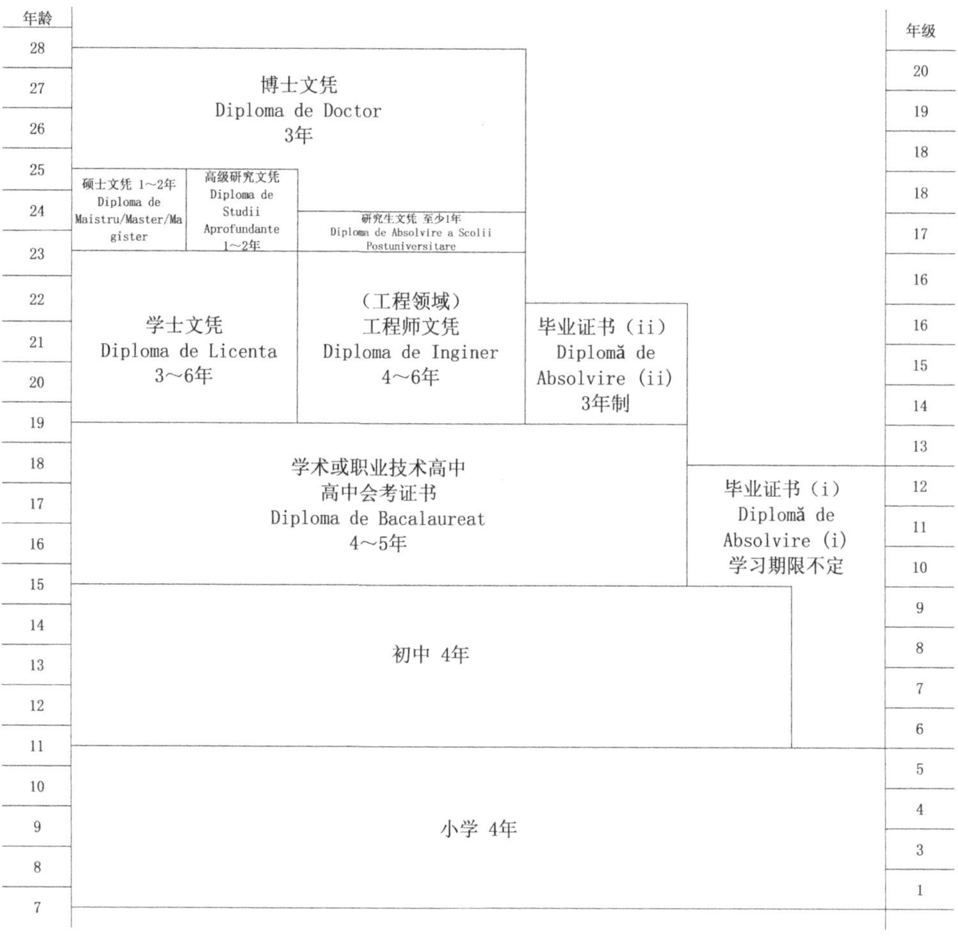

图 1 罗马尼亚教育体系

（三）详述

1. 学前教育

幼儿园为儿童（通常在3～6岁之间）提供学前教育，学前教育通常有3种形式：针对3～4岁儿童的“小班”（grupa mică），针对4～5岁儿童的“中班”（grupa mijlocie）以及针对5～6岁儿童的“大班”（grupa mare）。2020年开始每个适龄儿童都要上“大班”。罗马尼亚的公立幼儿园是免费的，而私立幼儿园价格偏贵。

幼儿园的服务因各幼儿园而有所差异，也因公立和私立性质而异，包括外语启蒙（通常是英语、法语或德语）、计算机学习、舞蹈、游泳等。所有幼儿园至少提供一顿饭或一份小吃，有些幼儿园有自己的厨房和自己的厨师，有些幼儿园则选择专门的餐饮服务。许多幼儿园（尤其是私立幼儿园）还为孩子们提供往返幼儿园的交通服务。

2. 小学教育

小学教育是义务教育的第一阶段，其主要目标是为所有儿童创造平等机会，实现认知、情感和心理运动的平衡发展，以适应个人需要。公立学校的教育是免费的（包括一些书籍和辅助材料），但不是完全免费（一些教科书、笔记本、铅笔和校服等需要购买）。

小学教育包括学前班和1～4年级，学前班是进入一年级的必要条件。学年开始时年满6岁的儿童将进入学前班。经父母、监护人或法定监护人书面申请，年末才年满6周岁的儿童，若身心发育适宜，也可报读学前班。学生通常在7岁时进入小学，智力较高的学生也可以选择在6岁时进入小学。一个班最多可以有30个学生（25个被认为是最佳的），一个年级可以少到一个班，也可以多到20个班。

在小学教育中已经开始对学生进行形成性评价，教师在整个课程中不断评估学生表现，并定期进行学校考试，考试的重点主要为课程的基本科目。但四年小学结束时没有考试。

3. 中等教育

初中阶段包含5～8年级，是义务教育的组成部分。学生通常在11岁左右进入初中。初中阶段对学生表现的评估与小学阶段不同。从五年级开始，学生每门课都有不同的老师教授。此外，每个班级都有指定的老师担任班主任。除了教授学生通常的科目外，特别顾问或学校的心理老师也会提供额外咨询。

高中教育持续4年，前2年属于义务教育阶段，后2年不属于义务教育阶段。高中教育主要有3种选择：第一种是4～5年制的学术高中（lyceu），第二种是2～4年制的职业学校（scoala professionala），第三种是1～3年制的学徒学校（scoala de ucenici)。这些学校的授课语言通常都是罗马尼亚语,但少数民族可以选择其他语言(例如德语或匈牙利语)授课的学校。

4. 高等教育

高等教育由大学、研究所、研究学院、高等教育学校和其他类似机构提供,统称为高等教育机构。高等教育机构可以是国有或私有的,非营利性的,且本质上是非政治性的,专注于公共利益。

(四)考试、升级与证书制度

罗马尼亚实行11年义务教育。儿童通常在6岁时进入学前班,7岁左右进入小学学习,小学学制4年,成绩不及格的学生必须在暑期参加教师特别组织的考试,如果没有通过考试,学生将留级一年。学生通常在11岁进入初中学习,初中使用1～10的数字成绩评价制度,其中10分是最好的,1分是最差的,5分是最低及格分数。如果学生有2门或低于2门科目的评分低于5,就必须于8月参加校务委员会组织的针对不及格科目的特别考试(corigenşă)。如果没有通过这次考试,则必须重读一整学年(repetenşie)。如果有3门或更多科目的年平均评分低于5,则学生不再有权参加特别考试,必须留级。

中学能力考试由教育部负责,旨在通过考试定期对学生课堂学习情况进行评估。八年级结束时,学生将参加全国性国家考试(Evaluarea Naşională),也称为能力考试(Examen de Capacitate),考试在6月份举行,一年只有1次。测试内容一般包括罗马尼亚语言和文学、数学、罗马尼亚历史和罗马尼亚地理等。未通过能力测试的学生无法继续进入高中学习,但可按要求颁发成绩证明。通过考试并获得能力证书的八年级毕业生或职业学校毕业生可以继续接受高中教育。

高中录取工作主要通过学生填写志愿,国家采用计算机系统按照学生志愿和考试成绩排名进行。罗马尼亚有5种类型高中,允许学生进入大学,这些高中学生需要在毕业时参加高中毕业会考(Examenul Naşional de Bacalaureat,或称为Bac)。通过高中毕业会考,获得高中会考证书(Diploma de Bacalaureat)。高中会考证书是进入大学的先决条件。

对于获得高中会考证书的学生,大学可以自主录取,一般没有综合录取计划。实际录取分数因大学而异,对于需要单独入学考试的大学而言,其相关性微乎其微。一些大学会组织与大学提供的课程最相符的高中科目的“入学考试”。本科教育项目的学制一般为3～6年,工程领域本科项目学制一般为4～6年,有些学士课程和硕士课程合并的项目学制为6年,如医学和建筑学。通过认可考试(examenul de licenţă)的毕业生将获得相应专业学士文凭。

罗马尼亚没有全国性的硕士、博士入学统考，但考生仍须通过各个大学甚至是各个专业自行举办的笔试与面试。硕士研究生项目学制一般为1～2年，在此期间，学生必须提交一篇关于研究专业的论文。论文考试的最低及格分数为6分。论文考试通过后可以获得高等教育机构颁发的硕士文凭。博士研究生项目学制一般为3年，博士研究需要通过由大学参议院批准的专家委员会公开答辩，论文通过后可以获得博士文凭。

（五）成绩评价制度

罗马尼亚成绩评价制度见表1。

表1　罗马尼亚成绩评价制度—数字评分体系

成绩评价	描述	对应中文意义
10	excellent	优秀
9	excellent	优秀
8	good	良好
7	good	良好
6	sufficient	及格
5	sufficient	及格
0～4	failing	不及格

表2　罗马尼亚成绩评价制度—定性评分体系

成绩评价	对应中文意义
foarte bine	优秀
bine	良好
suficient	及格

（六）常见教育证书

罗马尼亚常见教育证书见表3。

表 3　罗马尼亚常见教育证书

序号	证书	证书描述
1	Diploma de Bacalaureat	高中会考证书，在学术或职业/技术中学完成4～5年学业通过考试后获得该证书
2	Diplomă de Absolvire (i)	毕业证书(i)，完成不同时长的技术/职业教育获得该证书，准入条件为小学毕业或初中毕业
3	Diplomă de Absolvire (ii)	毕业证书(ii)，完成3年制高等教育阶段课程后获得该证书，准入条件为获得高中会考证书
4	Diploma de Subenginer	初级工程师文凭，完成3年制高等教育阶段课程后获得该证书，准入条件为获得高中会考证书
5	Diploma de Licenta	学士文凭，完成3～6年本科学士学位课程后获得该证书，药学、医学、兽医学、建筑学等专业学制一般为6年，准入条件为获得高中会考证书
6	Diploma de Inginer	工程师文凭，完成4～6年本科学士学位课程后获得该证书，准入条件为获得高中会考证书
7	Diploma de Maistru/Master/Magister	硕士文凭，完成1～2年研究生学业后获得该证书，准入条件为获得学士文凭
8	Diploma de Studii Aprofundante	高级研究文凭，完成1～2年研究生学业后获得该证书，准入条件为获得学士文凭
9	Diploma de Absolvire a Scolii Postuniversitare	研究生文凭，完成硕士层次课程后获得的研究生水平证书，至少1年，但可能会有所不同，准入条件为获得学士文凭
10	Diploma de Doctor	博士文凭，完成学习期限不等的课程后获得的博士毕业证书

马耳他的教育证书评估研究

一、国家概况

马耳他共和国，简称马耳他，首都瓦莱塔。位于地中海中部的岛国，有“地中海心脏”之称。海岸线长 190 余千米，多天然良港。属亚热带地中海式气候。面积 316 平方千米。主要由 5 个岛屿组成，其中马耳他岛最大，面积 245.73 平方千米；第二大岛为戈佐岛，面积 67.08 平方千米。人口 56.3 万（2023 年）。官方语言为马耳他语和英语。天主教为国教，其余主要信奉新教和东正教。

马耳他自然资源贫乏，技术人员短缺，工业基础薄弱，粮食基本依赖进口，外贸长期逆差。旅游业是传统支柱产业和外汇最主要来源。造船和修船业发达。2004 年加入欧盟后获大笔援款，政府同时推出系列改革，调整经济结构，宏观经济状况不断改善。2023 年国内生产总值约 209.58 亿美元，同比增长 5.8%，人均国内生产总值约 3.87 万美元，同比增长 11%。失业率 3.2%（2024 年 2 月），通胀率 3.0%（2024 年 2 月）。实行免费教育、免费医疗及退休保险制度。男性平均寿命 79.6 岁，女性为 83.3 岁，总体平均寿命 81.5 岁，世界排名第 20 位。

二、教育

（一）教育概况

马耳他共有各类学校约 340 所，在校生约 8.4 万人，教师近 1 万人，公立学校均实行免费教育，另有各类私立和教会学校。马耳他大学系马耳他唯一一所综合大学，其他高等院校包括旅游学院和马耳他人文科技学院等。在马耳他，3～4 岁幼儿接受学前教育，幼儿在儿童托管中心和幼儿园可以得到全方位的照顾。5～16 岁期间接受 12 年义务教育，5～11 岁为小学阶段（6 年制），11～16 岁为中学阶段（5 年制）。学生完成 5 年的中学学业，经过毕业考试或其他相应考试后，进入大学预科班(2 年制),再上大学;或者在结束 5 年中学学业后选择进入技术学院、专门商业学校和其他职业学校学习,或去护士学校和旅游学校学习。

在马耳他,学校分为三类:国立学校、教会学校和独立学校。国立学校对所有学生开放,学生上下学的交通也是免费的,教科书和其他学校用品也是免费的。然而,家长需要为孩子购买校服。教会学校和独立学校都提供学前教育到高中教育课程。这两种类型的学校都接受教育部监管。通常情况下,教会学校属于天主教教会,并且在与政府达成协议后不收学费。政府支付教师工资,但家长会被要求每年捐赠一定金额以帮助支付学校费用,比如家长支付学习用品和校服费用等。

(二) 教育体系

马耳他的教育体系为 6—5—2—3+,学年一般为 9 月至次年 6 月,教育体系见图 1。

(三) 详述

1. 小学教育

马耳他的教育体制采用英国模式,由基础教育和高等教育组成。其中小学(5~11岁) 和中学(11~16 岁)是义务教育阶段。在 5 岁时,孩子开始上小学,为期 6 年,直到 10 岁。小学 6 年级的学生需要参加毕业评估考试(National End of Primary Benchmark Assessment),以考察学生学业水平。成绩较好的学生可以进入文理中学,而其他学生则进入地区中学。

2. 中学教育

小学毕业后,学生进入中学阶段。中学学制 5 年,11~16 岁。在中学教育的前 2 年,学生基本学习相同科目,为未来学习打下基础。后面 3 年是专业学习阶段,除了核心课程以外,学生可以选修其他科目。在完成中学阶段后,义务教育结束,但学生可以自行选择参加 O-level 考试,这将有助于他们进入高中和高等教育。O-level 考试有 5 门必修科目:英语、马耳他语、数学、一门科学课程和一门外语。还有很多其他的 O-level 课程供选择,学生可以根据自己的兴趣选择尽可能多的科目,只要他们完成必修科目即可。

高级中学为期 2 年,预科学习期间学生学习不同的科目,并为参加大学入学考试(Matriculation and Secondary Education Certificate,简称 MCASEC)做准备,这是进入大学必需的考试。

3. 职业教育

马耳他初中阶段的职业教育与培训极具包容性,力求为学生提供职业指导服务。2011 年,马耳他启动全国层面的三年制“职业课程试点项目”,即从初中阶段

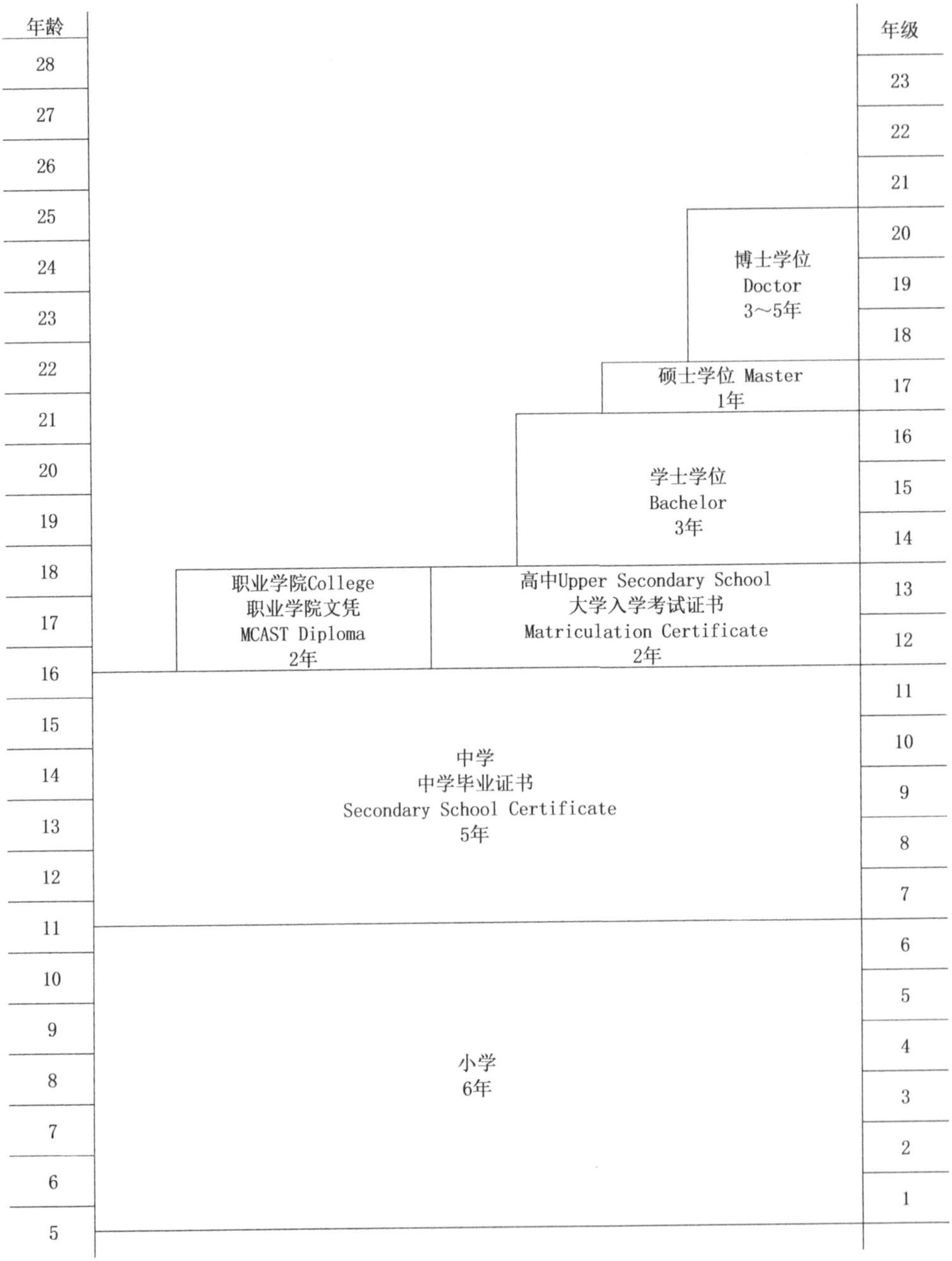

年龄

28 27 26 25 24 23 22 21 20 19 18 17 16 15 14 13 12 11 10 9 8 7 6 5

年级

23 22 21 20 19 18 17 16 15 14 13 12 11 10 9 8 7 6 5 4 3 2 1

博士学位
Doctor
3～5年

硕士学位 Master
1年

学士学位
Bachelor
3年

职业学院College
职业学院文凭
MCAST Diploma
2年

高中Upper Secondary School
大学入学考试证书
Matriculation Certificate
2年

中学
中学毕业证书
Secondary School Certificate
5年

小学
6年

图1　马耳他教育体系

开始，普通中学引入相当于马耳他资格框架3级资格的职业课程。所有这些职业课程都是基于学习成果开设，且与马耳他资格框架紧密相连。在2015/2016学年，马耳他所有中学都已引入农业、工程技术、卫生和社会护理、酒店和信息技术等课程，学生可以从中任修感兴趣的课程。在 2016/2017 学年，全国大约有 25%的中学生选择职业课程。马耳他还为有意从事职业课程教学的中学教师提供相关课程内容、教学和评估的师资培训课程。师资培训课程的认证相当于马耳他资格框架的 6 级或 7 级水平。职业教育与培训课程可为学生提供体验式学习，使学生有机会获得与工作领域相关的职业技能，并为将来培养高素质劳动者打基础，同时避免文化课成绩不好的学生早早辍学。

4. 高等教育

马耳他高等教育采用欧洲学分转换体系，并根据博洛尼亚进程设置了国家学历资格框架，其学位得到欧盟和美国等其他主要国家的承认。马耳他高等教育机构有马耳他大学、马耳他艺术与科技学院、马耳他旅游学院和马耳他教育学院。

马耳他大学始建于 1592 年，是目前马耳他唯一的综合性大学，在马耳他高等教育中处于主导地位，为马耳他高等教育 97%的学生提供教育服务。马耳他大学共有 14 个学院和若干跨学科研究所和研究中心，几乎涉及所有领域和专业，可颁授学士、硕士和博士学位。目前，大约有 11 000 名学生在马耳他大学就读。马耳他大学本科项目学制一般为 3 年，硕士项目学制一般为 1 年。

（四）考试、升级与证书制度

马耳他小学学生毕业时参加毕业评估考试（National End of Primary Benchmark Assessment），并以此进入中学，接受为期 5 年的中学教育。基于不同阶段学生认知水平差异，马耳他规定 1～8 年级学生学习综合科学课程，9～11 年级学生学习分科科学课程（生物、物理、化学）。

完成 5 年中学教育后，在学生 16 岁时，需要参加中学毕业考试（Secondary Education Certificate，简称 SEC O level）。这项考试须强制性通过数学、英语和马耳他语等科目方为合格。合格者可以选择在高中就读中六课程，为期 2 年。课程完成后，学生可报考 A level 考试，凭该成绩进入不同大学学习。马耳他的大学入学考试证书（Matriculation Certificate）是中学学生进入马耳他大学所必备的。该考试与英国的 A level 水平考试相当，在马耳他也被称为 A level 水平考试证书。学生需要在一次考试中参加六门不同领域的科目，包括语言、人文或商科科目、数学或科学科目，以及其他两门科目，和第六门必修科目知识系统。其中两门科目必须是高级水平，三门科目为中级水平，而知识系统也被评为中级水平科目。该证书于 1997 年首次颁发，当时有 1 309 名考生获得了该证书。到 2005 年，考生人数增至 2 455 人。

以马耳他大学为例，本科学生一般入学要求：

(1) 获得大学入学考试证书，需通过包括语言、人文科学、科学科目以及知识体系考试。

(2) 在中学教育证书考试中，马耳他语、英语和数学科目需获得5级或更高级别。

(五) 成绩评价制度

马耳他成绩评价制度见表1和表2。

表1　马耳他中学毕业证书成绩评价制度

字母评价	数字评价	对应中文意义
A	10	优秀
B	8	良好
C	6	中等
D	4	中下
E	2	及格
F	0	不及格

(六) 常见教育证书

马耳他常见教育证书见表2。

表2　马耳他常见教育证书

序号	证书	证书描述
1	Secondary Education Certificate	中学毕业证书，完成中学5年学业后获得该证书，准入条件为小学毕业
2	Matriculation Certificate	大学入学考试证书，完成2年高中学业并通过考试后获得该证书，准入条件为获得中学毕业证书
3	MCAST-BTEC National Diploma	MCAST-BTEC国家文凭，在马耳他艺术、科学和技术学院完成2年学业后获得该证书

（续表）

序号	证书	证书描述
4	Bachelor	学士学位，在马耳他大学完成3年学业，获得180 ECTS学分后获得该证书，准入条件为获得大学入学考试证书
5	Postgraduate Diploma	研究生文凭，完成1年学业，获得60ECTS学分后获得该证书，准入条件为获得学士学位
6	Master	硕士学位，完成1.5～2年学业，获得90～120ECTS学分后获得该证书，准入条件为获得学士学位
7	Doctor	博士学位，学制3～5年，准入条件为获得硕士学位

葡萄牙的教育证书评估研究

一、国家概况

葡萄牙位于欧洲伊比利亚半岛的西南部，首都里斯本。东、北连接西班牙，西、南濒临大西洋。海岸线长 832 千米。地形北高南低，多为山地和丘陵。北部属海洋性温带阔叶林气候，南部属亚热带地中海式气候。国土面积 92 226 平方千米。2023 年人口 1 046.7 万。官方语言为葡萄牙语。约 80.2%的居民为天主教徒。

葡萄牙是欧盟中等发达国家，工业基础较薄弱。纺织、制鞋、酿酒、旅游等是国民经济的支柱产业。软木产量占世界总产量的一半以上，出口位居世界第一。矿产资源较丰富，主要有钨、铜、黄铁、铀、赤铁、磁铁矿和大理石，钨储量为西欧第一位。森林面积 347 万公顷，覆盖率 39%。

二、教育

（一）教育概况

葡萄牙实行 12 年义务教育，包括基础教育（小学 4 年，中学预备班 2 年，初中 3 年）和中等教育（3 年，相当于我国高中）。高等教育为大学 4～5 年。科教预算占政府总预算的 4%左右。主要高等院校有里斯本大学、科英布拉大学、波尔图大学、里斯本理工大学、米尼奥大学、阿威罗大学、埃武拉大学和国家行政管理学院。2021 年，葡萄牙在职基础教育和中等教育教师共约 15 万人，高等教育教师约 3.9 万人。2022 年，葡萄牙注册学生总数约 202.5 万人。

（二）教育体系

葡萄牙的教育体系为 9—3—4＋，学年一般为 9 月至次年 6 月。葡萄牙教育体系见图 1。

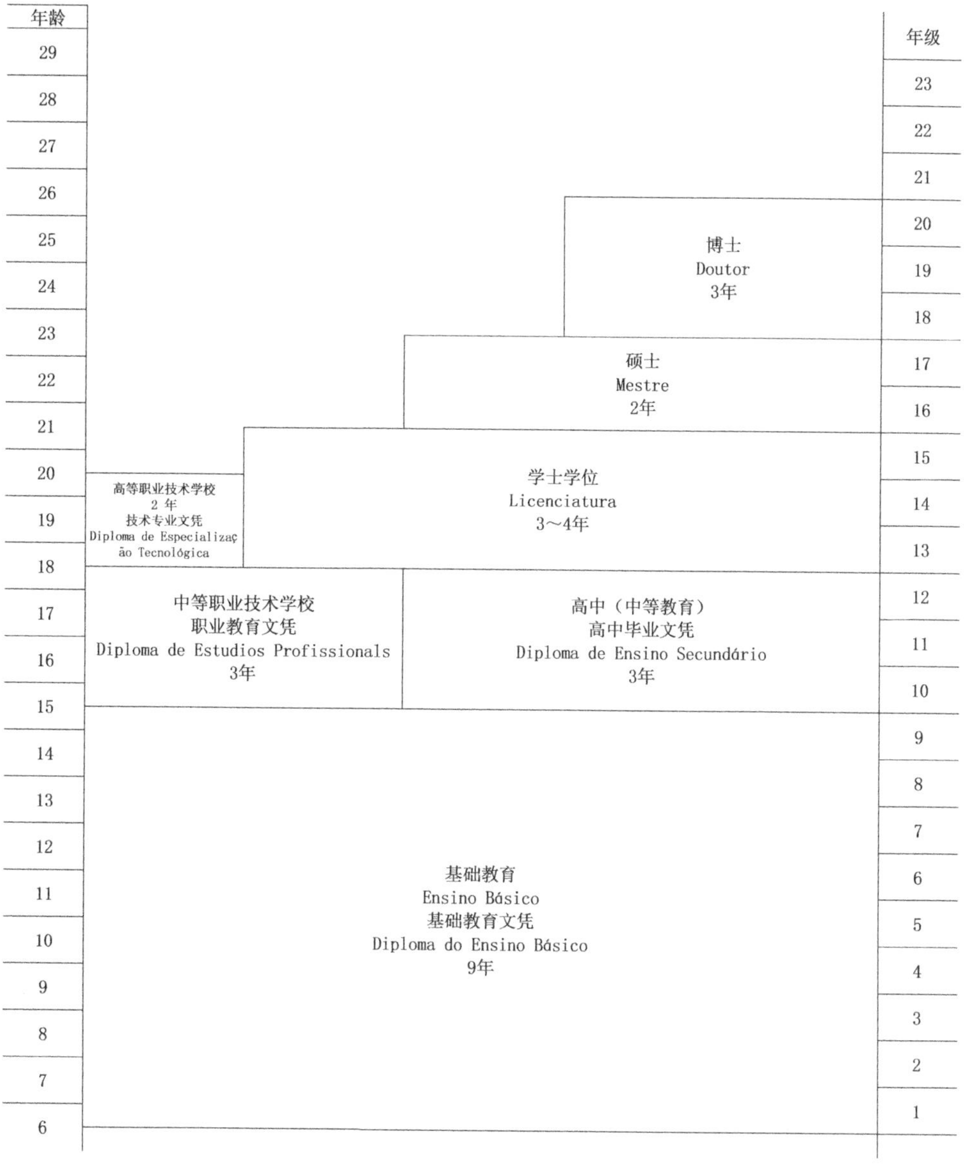

年龄 29 28 27 26 25 24 23 22 21 20 19 18 17 16 15 14 13 12 11 10 9 8 7 6

年级 23 22 21 20 19 18 17 16 15 14 13 12 11 10 9 8 7 6 5 4 3 2 1

博士
Doutor
3年

硕士
Mestre
2年

高等职业技术学校
2 年
技术专业文凭
Diploma de Especializaç
ão Tecnológica

学士学位
Licenciatura
3～4年

中等职业技术学校
职业教育文凭
Diploma de Estudios Profissionals
3年

高中（中等教育）
高中毕业文凭
Diploma de Ensino Secundário
3年

基础教育
Ensino Básico
基础教育文凭
Diploma do Ensino Básico
9年

图 1　葡萄牙教育体系

（三）详述

1. 基础教育

在葡萄牙，孩子年满 6 岁开始基础教育学习，共 9 年，分为三个阶段：第一阶段为 1～4 年级，共 4 年，学生在此期间主要学习葡萄牙语、数学、英语、常识，以了解生活常识为主；第二阶段为 5～6 年级，共 2 年，主要学习葡萄牙语、数学、英语、历史和地理、生物和化学物理、美术和科技、音乐、体育等，侧重培养学生掌握每个知识领域的基础知识，培养学生兴趣爱好；第三阶段为7～9年级，为期3年，主要学习葡萄牙语、数学、英语、第二外语（一般为法语）、历史、地理、生物、化学物理、美术、科技、音乐、体育等，这一阶段除了学习3门语言外，又细分了每个类型的科目，便于学生选定高中继续学习的专业。

2. 中等教育

完成基础教育的学生可以选择进入普通高中、中等职业技术学校或艺术类学校。高中教育阶段为10～12年级，学生需根据自己感兴趣或在高等教育阶段继续深造的领域选择专业。其中，所有学生都要学习的必修课程包含葡萄牙语、体育、哲学、外语、宗教与道德教育，选修的专业课程类型分为四类，分别是科学技术、社会科学与人文学科、社会经济和视觉艺术。

3. 职业教育

葡萄牙的职业技术教育起始于20世纪80年代末，是葡萄牙教育体系的一部分，为很多经过几年培训和实践的青年开辟了一条广阔的就业之路。完成9年基础教育的学生可以选择进入中等职业技术学校学习，中等职业技术学校毕业的学生除就业外，如本人愿意，还可以和普通高中的毕业生一样进入高等院校继续深造。中等职业技术教育的专业课程有体育、建筑、土木、电子、计算机、设计、多媒体、行政管理、市场营销、社会行为等；艺术课程有音乐、舞蹈、戏曲、电影等。学生毕业后持有中等职业教育学历文凭和欧盟国家统一标准的三级职业技术证书，可直接进入劳动力市场。

4. 高等教育

葡萄牙高等教育主要分为两种：大学教育和高等职业技术教育。技术教育主要是提供高等技术培训，着重应用研究和实践方面，一般授予大专文凭，课程为期2～3年，少数达4年，教授的专业主要是技术、艺术和教育方面。除此之外，还有少部分高等院校开设会计、工程造型艺术和设计等专业。

高等教育的入学要求由每个教育机构自行设定，通常需要获得高中毕业文凭（Diploma de Ensino Secundário）。年龄在23岁及以上且无高中毕业文凭的学生可以通过参加高级中学文凭考试（Exame Extraordinário de Avaliação de Capacidade para Acesso ao Ensino Superior）——一种用于评估进入高等教育学习能力的非常规考试，进入高等教育机构。

从2006年起，葡萄牙开始进入博洛尼亚进程，实现了欧洲高等教育一体化、统一的学分制以及学士、硕士和博士三段式的高等教育体制。本科阶段学制一般为

3 年，硕士阶段学制一般为 2 年，博士阶段学制一般为 3 年，即 3+2+3 模式。法律专业的本科学制为 4 年，工程类、医学类专业不设学士学位，分别是 5 年制和 6 年制硕士学位。

（四）考试、升级与证书制度

葡萄牙的基础教育为期 9 年，分为 3 个阶段，分别为 4 年、2 年、3 年，每个阶段结束时，学生都要参加葡萄牙语和数学的全国性评估考试。完成学业后，学生将获得基础教育文凭(Diploma do Ensino Básico)，并选择进入普通高中、中等职业技术学校或者艺术类学校。

中学教育为期 3 年。普通高中每学年分为 3 个学期，第一学期为 9～12 月，第二学期为次年 1～4 月(复活节)，第三学期为 4～6 月。学生在第一学期结束时会有一个平均成绩(20 分制，10 分以下为不及格)，该平均成绩按学生的书面考试成绩、平时作业、平时表现和学习态度来综合折算。第二个学期按照同样的做法，但需把第一学期的最后平均成绩加在一起来按比例平均得出第二学期成绩，第三学期以此类推。每个学年均如此。第一学期：实际平均成绩；第二学期：第一学期成绩×40%＋第二学期实际成绩×60%；第三学期：第二学期总评成绩×60%＋第三学期实际成绩×40%，三年成绩的平均分既是学生的高中毕业成绩，也是报考大学的平时成绩。

高等教育阶段的入学要求由各高等教育机构自行设定。这些机构通常要求高中毕业文凭，部分机构还需通过全国统一的大学入学考试(Exames Nacionais de Ensino Secundário)。考试每年举办 2 次，分别在 6 月和 7 月。学生根据报考专业的要求参加相应科目的考试，如科学与技术类专业需要葡萄牙语、数学 A、物理和化学、生物学和地质学等，语言与人文专业则需要葡萄牙语、地理 A、历史 A 和实用数学等。如果学生高中期间所修的专业中含报考专业的必考科目，学生的报考总成绩以“统考成绩×50%＋平时成绩×50%”计。如果学生高中期间所修的专业中不含报考专业的必考科目，则报考总成绩以统考成绩的 100%计。其他情况由高等学校根据实际调整比例。

（五）成绩评价制度

葡萄牙高中和大学均采用 20 分制评价体系，其中 20 分是最高分，10 分是及格分，成绩评价制度见表 1。

表 1　葡萄牙高中成绩评价制度

20 分制成绩	描述	对应中文意义
18～20	muito bom	优秀
14～17	bom	良好
10～13	suficiente	及格
0～9	insuficiente	不及格

（六）常见教育证书

葡萄牙常见教育证书见表 2。

表 2　葡萄牙常见教育证书

序号	证书	证书描述
1	Diploma do Ensino Básico	基础教育文凭，完成 9 年基础教育后获得该证书
2	Diploma de Estudios Profissionals	职业教育文凭，完成 3 年中等职业学校学业后获得该证书，准入条件为获得基础教育文凭
3	Diploma de Ensino Secundário	高中毕业文凭，完成 3 年高中学业后获得该证书，准入条件为获得基础教育文凭
4	Licenciatura	学士学位，完成 3～4 年大学本科学业后获得该学位，准入条件为获得高中毕业文凭
5	Mestre	硕士学位，完成 3～4 学期研究生学业并通过论文答辩后获得该学位，准入条件为获得学士学位
6	Doutor	博士学位，完成研究生课程和论文答辩后获得该学位，该证书仅由大学颁发

塞尔维亚的教育证书研究

一、国家概况

塞尔维亚共和国简称塞尔维亚，是位于欧洲东南部、巴尔干半岛中部的内陆国。塞尔维亚国土总面积为88 361平方千米（含科索沃），首都贝尔格莱德。与黑山、波斯尼亚和黑塞哥维那、克罗地亚、匈牙利、罗马尼亚、保加利亚、北马其顿及阿尔巴尼亚接壤，欧洲第二大河多瑙河的五分之一流经其境内。全国多数居民信奉东正教，少部分人信奉天主教或伊斯兰教，个别人不信教。官方语言为塞尔维亚语，英语普及，会讲英语的人数占40%。此外，会讲德语和俄语的人也比较多。塞尔维亚语采用两种现代字母形式，一种是西里尔字母，另一种是拉丁字母，西里尔字母是塞尔维亚传统上的官方文字。塞尔维亚经济以服务业为主，在2008年，服务业占了国内生产总值的63%。

二、教育

（一）教育概况

塞尔维亚总人口约800万，在小学、中学和高等院校就读的人数达130万人。塞尔维亚的识字率为98%，其中男性识字率为99.3%，女性识字率为96.98%。

塞尔维亚的教育政策由联邦政府和塞尔维亚共和国教育部共同制定，欧盟、联合国机构和非政府组织等也参与某些政策的制定。在世纪之交，教育部集中精力使教育政策和教育管理更加民主，完善塞尔维亚的中等职业教育，加强成人教育和培训。此外，还大力修复在1999年北约轰炸行动中受损的学校，并为学校配备必要的教材和设备。如今，塞尔维亚与国际伙伴的教育合作日益密切。

（二）教育体系

塞尔维亚基本沿用南联盟时期的教育体制，实行八年制义务教育，现行教育体系为8—4—4+。义务教育即基础教育分为两个阶段:低年级(1～4年级)和高年级(5～8年级)。基础教育和中等教育阶段学年通常从9月开始,次年6月结束,一学年分为2个学期。每学年之间有2.5个月的暑假(高中或大学为3个月)。高等教育阶段学年一般从10月1日开始,次年5月31日结束,分为2个学期。塞尔维亚教育体系见图1。

(三) 详述

1. 基础教育

在塞尔维亚,学生7岁进入小学,开始接受为期8年的基础教育,也是强制性义务教育,分为低年级(1～4年级)和高年级(5～8年级)两个阶段。在低年级,学生被随机分班,除了英语、体育、公民教育和宗教以外,其余所有科目都由一名教师授课,并且有固定的教室。到了高年级,学生的各个学科都更换新教师,教师会跟班至学生毕业,不会逐年更换,并且每个班级会配备一位班主任负责管理班级。

2. 中等教育

中学分为三种类型——普通高中、职业高中和艺术高中。普通高中和艺术高中提供四年制课程,职业高中提供四年制和三年制课程。普通高中分为自然科学和社会科学两个方向,所有的学生都修塞尔维亚语、综合科学、数学和社会科学等核心课程。此外,职业学校旨在为学生进入某种领域从业做准备。完成四年学业的学生可以获得高中毕业证书。

3. 职业教育

在塞尔维亚,约75%的学生在高中阶段接受职业教育。中等职业教育由职业学校提供,为学生在农业、林业、地质、机械工程、电气工程、图形工业、纺织、建筑、交通、水文气象、商业、经济、卫生、艺术和个人服务领域从业做准备。塞尔维亚的职业学校课程分为四年制和三年制,但是如果三年制学生想读大学,必须参加四年制学校的第四年课程。四年制学校的课程中,通识课程占比至少为40%,职业课程占比至少为55%,而在三年制学校的课程中,则分别为30%和65%。

4. 高等教育

塞尔维亚有19所大学,包含9所公立大学和10所私立大学。塞尔维亚公民可以免费在公立大学学习,但私立大学是收费的,学费各不相同。2018/2019学年,共有21万名学生就读于大学,其中公立大学18万名,私立大学3万名。塞尔维亚的公立大学有贝尔格莱德大学(始建于1808年,公立学校中规模最大,也是东南欧排名最高的大学)、诺维萨德大学、尼什大学、克拉古耶瓦茨大学、普里什蒂纳大学、诺维帕扎公立大学,以及艺术大学、国防大学和刑事调查与警察研究大学。

年龄

30 29 28 27 26 25 24 23 22 21 20 19 18 17 16 15 14 13 12 11 10 9 8 7

博士学位
Doktor Nauka
至少3年

理科硕士/文科硕士学位
Magistar Nauka/Magistar Umetnosti
2年

第一级大学文凭/学士学位((ii))
Diploma Visokog Obrazovanja ((ii))
6年

博士学位
Doktor Nauka
至少3年

理科硕士/文科硕士学位
Magistar Nauka/Magistar Umetnosti
2年

第一级大学文凭/学士学位(i)
Diploma Visokog Obrazovanja (i)
4年

国家高级文凭
Diploma Višeg Obrazovanja
2～3年

普通高中或职业高中
高中毕业证书
Diploma Srednje Škole
4年

职业高中
三级文凭
Diploma Trećeg Stepna
3年

基础教育阶段（高年级）
4年

基础教育阶段（低年级）
4年

年级

24 23 22 21 20 19 18 17 16 15 14 13 12 11 10 9 8 7 6 5 4 3 2 1

图 1　塞尔维亚教育体系

（四）考试、升级与证书制度

塞尔维亚的教育由教育科学部管理。学生从 7 岁开始上小学，接受 8 年基础教育。授课语言为塞尔维亚语或在塞尔维亚被承认的少数民族语言即匈牙利语、斯洛伐克语、阿尔巴尼亚语、罗马尼亚语、鲁辛语、保加利亚语以及波斯尼亚语和克罗地亚语。小学毕业后，学生参加结业考试（matura），该考试涵盖小学所教的科目，共 40 分。取 6～8 年级的平均分换算成相应分数，共 60 分，两项加起来共计 100 分，该分数为学生入读高中的升学成绩。学生填写高中志愿，列出意向学校和课程并排序。每所中学都有招生人数限制和最低入学分数要求。根据学生所填志愿，按照分数从高到低进行录取。若在第一批招生中落榜，学生还可以参加二批志愿投档并有机会被录取。有些中学，如音乐、科学、语言学和芭蕾舞学校，对上述成绩不作要求，而是根据学生的才艺能力和技能水平择优录取。

96%的塞尔维亚基础教育毕业生会继续接受中等教育，包括 4 年的普通高中教育和 3～4 年的职业高中教育。无论是普通高中还是职业高中，完成 4 年高中学业后均有机会接受高等教育。在三年制职业高中学习的学生如果想继续接受高等教育，则需要在完成 3 年学业后，继续去四年制学校完成第 4 年课程的学习。

学生通常在 19 岁开始接受高等教育，高等教育机构包括 2～3 年的职业技术学院或者大学。职业技术学院毕业后，学生获得国家高级文凭（Diploma Višeg Obrazovanja）。公立大学的入学竞争非常激烈，不仅对中学毕业考试有要求，学校的二级学院还会组织入学考试。私立大学相对而言招生量大，但是教育水平参差不齐，教育质量很难保证。学士学位项目学制一般为 4～6 年，学生完成该阶段学业后将获得学士学位（Diploma Visokog Obrazovanja）或同等文凭。硕士学位项目学制至少为 2 年，顺利完成该阶段学业并通过论文答辩后，获得理科硕士或文科硕士学位（Magistar Nauka or Magistar Umetnosti）。具有理科硕士或文科硕士学位的人可以继续攻读博士学位，博士学位项目学制至少为 3 年，完成博士学位论文并通过公开答辩后，学生将被授予博士学位（Doktor Nauka）。

（五）成绩评价制度

塞尔维亚采用 5 分制成绩评价制度，2 分以下被视作不及格。塞尔维亚成绩评价制度见表 1。

表 1　塞尔维亚成绩评价制度

成绩评价	描述	对应中文意义
5.00	одличан	优秀
4.00～4.99	врло добар	良好
3.00～3.99	добар	中等
2.00～2.99	лоше	及格
1.00～1.99	јако лоше	不及格

（六）常见教育证书

塞尔维亚常见教育证书见表 2。

表 2　塞尔维亚常见教育证书

序号	证书	证书描述
1	Diploma Trećeg Stepna	三级文凭，在职业中学完成 3 年学业后获得该证书
2	Diploma Srednje Škole	高中毕业证书，在普通或职业中学完成 4 年学业后获得该证书
3	Diploma Višeg Obrazovanja	国家高级文凭，在职业技术学院完成 2～3 年学业后获得该证书，准入条件为获得高中毕业证书
4	Diploma Visokog Obrazovanja (i)	第一级大学文凭/学士学位(i)，完成 4 年本科学业后获得该证书，准入条件为获得高中毕业证书
5	Diploma Visokog Obrazovanja (ii)	第一级大学文凭/学士学位(ii)，完成 6 年本科学业后获得该证书，准入条件为获得高中毕业证书
6	Magistar Nauka or Magistar Umetnosti	理科硕士或文科硕士学位，完成 2 年研究生课程并通过论文答辩后获得该证书，准入条件为获得第一级大学文凭/学士学位
7	Doktor Nauka	博士学位，公开发表研究，并通过论文答辩后获得该学位，准入条件为获得硕士学位

塞浦路斯的教育证书评估研究

一、国家概况

塞浦路斯共和国，简称塞浦路斯，首都尼科西亚。位于地中海东北部，为地中海第三大岛。海岸线全长 782 千米。属于亚热带地中海型气候，夏季干热，冬季温湿。面积为 9 251 平方千米，其中北部土耳其族区面积 3 355 平方千米。塞浦路斯实际控制区人口 92.8 万(2023 年)。塞浦路斯全境人口约 125 万，其中希腊族占 58.66%，土耳其族及外籍人口占 40%。主要语言为希腊语和土耳其语，通用英语。希腊族信奉东正教，土耳其族信奉伊斯兰教。

20 世纪 60 年代，国民经济的支柱是农业。自 70 年代中期塞浦路斯分裂以来，经济结构发生较大变化。从 70 年代至 80 年代中期，经济发展主要依靠制造业。之后，船运、旅游、金融业等服务业取代制造业，成为拉动经济增长的主力。1998 年成为欧盟成员候选国后，开始按照入盟要求对经济政策、结构进行调整。2004 年 5 月 1 日，正式加入欧盟。2008 年 1 月 1 日顺利加入欧元区，此后经济进一步融入欧洲。2023 年国内生产总值 297.57 亿欧元。矿藏以铜为主，森林面积 1 735 平方千米，水力资源贫乏。农产品贸易在对外贸易中仍具有举足轻重的地位。对外出口最多的三种农产品为柠檬、土豆和奶酪。旅游业是国家外汇收入的主要来源和拉动经济增长的支柱产业。

二、教育

(一) 教育概况

塞浦路斯小学和初中实行义务教育，15 岁以上人口受教育率为 97%。近年来，教育经费占政府预算的 7%左右，位列欧盟第二位。拥有各类教育机构约 1 270 所，在校学生约 18 万人，其中约 70%就读于公立学校。

（二）教育体系

塞浦路斯是英联邦国家，其基础教育主要为英式教育。塞浦路斯义务教育主要针对5～15岁学生。学年从9月至次年5月或6月。塞浦路斯教育体系见图1。

年龄：28 27 26 25 24 23 22 21 20 19 18 17 16 15 14 13 12 11 10 9 8 7 6 5 4 3

年级：23 22 21 20 19 18 17 16 15 14 13 12 11 10 9 8 7 6 5 4 3 2 1 0

博士
Didactoriko
3年

硕士
Yüksek Lisans Diplomasi
2年

学士学位
Lisans Diplomasi
4年

高等技术学院证书
/Certificate
技术人员文凭/Technician
Diplomasi
1～3年

学徒制培训学校
2年

职业技术高中
职业技术高中毕业
文凭Diplomasi
3年

高级中等教育
高中毕业证书
Lise Diplomasi
3年

初级中等教育
初中毕业证书
Ortaokul Diplomasi
3年

小学教育
小学毕业证书
Ilkokul Diplomasi
6年

学前教育 2年

图1 塞浦路斯教育体系

（三）详述

1. 学前教育

塞浦路斯设有公立、社区和私立托儿所。从 2004 年 9 月起开始，在小学入学前一年可接受免费义务幼儿教育，所有公立托儿所的经营费用由教育文化部承担。所有在塞浦路斯永久或暂时居住的儿童，不论其国籍，均有权在公立托儿所注册。

2. 初等教育

塞浦路斯有公立和私立小学，学制 6 年。所有年满 5 岁 8 个月的孩子必须接受小学教育，每年 9 月第一个星期一正式开学，课程在 6 月倒数第二个周三结束。小学教育的核心目标是儿童个性的全面发展，创造有利于获取知识、培养公平意识、提升个人技能的便利条件，使他们能够在不断变化的世界中承担责任。

小学课程每天上午 8 点左右开始，下午 2 点左右结束，星期一到星期五上学。每天 7 个课时，每课时 40 分钟。所有小学的课程表时间是相同的，课程有希腊语、数学、宗教研究、历史、地理、科学、英语、艺术、音乐、体育、国内经济、设计和技术。学校会对母语不是希腊语或希腊语水平不足的孩子，提供额外希腊语学习帮助。学校也为需要帮助的孩子提供心理辅导。

3. 中等教育

中学教育共 6 年（12～18 岁），分为初中和高中，均为 3 年制。初中阶段是义务教育，主要提供通识教育，为后续的学习做准备。学习的主要课程包括语言（希腊语）、外语、数学、物理、化学、生物、历史、地理、艺术与音乐、体育、计算机科学与技术、道德与公民教育。高中阶段的教育体系更加灵活，学生们除了必修课程外，还可以根据自己的兴趣和能力选择不同的选修课。除了课程学习，所有的高中都必须参加教育文化部发起的“行动—创造力—社会贡献”（A.C.S.）项目，项目包含休闲活动（每年 3～4 次）—28 个课时，远足/步行（每年 4 次）—28 个课时，学生与班主任会议—16 个课时，创意活动，体育活动等。该项目旨在促进学生的全面发展，增强他们的社会责任感。完成该项目是获得高中毕业证书的必要条件之一。

4. 职业教育

初中毕业后，学生可以选择参加中等职业技术教育，继续在他们感兴趣的领域深造，从而替代高中学习。中等职业技术教育主要有 3 类，一类是职业技术高中，一类是学徒制培训，还有终身职业教育。职业技术高中学制 3 年，完成职业技术高中的毕业生将获得学校毕业证书，并有资格从事相应的职业。同时，职高毕业生和普通高中毕业生一样，都可以升入高等教育机构学习。学徒制教育学制为 2 年，提供交替的实践培训和理论培训。实践培训为每周 3 天，在企业进行，理论培训则在技术学校进行，每周 2 天，毕业后可直接进入相关行业工作。终身教育通过夜校等方式进行，为不同年龄段人群提供劳动力技能提升和再培训教育。

5. 高等教育

塞浦路斯政府非常重视高等教育的发展，目前有 3 所公立大学和 7 所私立大学，以及超过 40 所公立和私立高等教育机构。公立大学包括 1989 年成立的塞浦路斯大学，2002 年成立的塞浦路斯开放大学，以及 2003 年成立的塞浦路斯技术大学。大学的官方授课语言是希腊语和土耳其语，可授予学士学位（4 年）、硕士学位（2 年）、博士学位（3～4 年）。在当地，有一些大学与英国、美国学校联合办学，实行 2＋2 学制，毕业时可以直接拿到英美学位。高等技术学院、公立和私立学院等也提供各类文凭课程，包括 1 年和 2 年制的技术文凭以及 3 年制的高级文凭。塞浦路斯教育部部长在 2023 年提到，塞浦路斯的高等教育在过去十五年里发展极其迅速，近年来已成为国际区域性的高等教育中心。

（四）考试、升级与证书制度

塞浦路斯小学学制 6 年，毕业后可以升入初中。初中阶段评估包括平时成绩和期末考试。期末考试在每年 6 月，考试大纲是全国统一的，主要的考试科目包括希腊语、历史、数学、自然科学。如果学生在一科或多科课程评估考试中不及格，则需要在 9 月参考补考，补考仍不及格者必须留级。初中 3 年毕业后可获得初中毕业证书（Ortaokul Diplomasi）。高中学制 3 年，毕业后获高中毕业证书（Lise Diplomasi）。

高中毕业生能否进入公立大学学习取决于教育文化部组织的全国竞争性入学考试的考试成绩。由其他国家教育部门认可的高中毕业生和具有希腊语教育背景的海外学生，可以根据 GCE、IGCSE 或其他同等效力的考试成绩进入大学，或通过大学自行设置的入学考试。塞浦路斯的高等专业学院学制为 1～3 年，学业合格后，1 年可获得证书（Certificate），满 3 年可获得技术人员文凭（Technician Diplomasi）。这类课程入学均需要普通高中或职业技术高中毕业证书。

（五）成绩评价制度

塞浦路斯的成绩评价见表 1。

表 1　塞浦路斯成绩评价制度

成绩评价	对应等级	成绩描述	对应中文意义
19～20	A	excellent	优秀
16～18	B	very well	良好

（续表）

成绩评价	对应等级	成绩描述	对应中文意义
13～15	C	good	中等
10～12	D	satisfactory	及格
0～9	E	poor	不及格

（六）常见教育证书

塞浦路斯常见教育证书见表 2。

表 2　塞浦路斯常见教育证书

序号	证书	证书描述
1	Ilkokul Diplomasi/Ilkoǧretim Diplomas	小学毕业证书，完成 6 年小学学业后获得该证书
2	Ortaokul Diplomasi/Apolyterion from a Gymnasium	初中毕业证书，完成 3 年初中学业后获得该证书，准入条件为获得小学毕业证书
3	Lise Diplomasi	高中毕业证书，完成 3 年高中学业后获得该证书，准入条件为获得初中毕业证书
6	Certificate from a Higher Technical Institute	高等技术学院证书，在高等技术学院完成 1 年大专学业后获得该证书
7	Technician Diplomasi	技术人员文凭，在高等技术学院完成 2～3 年大专学业后获得该证书
9	Lisans Diplomasi	学士学位，完成 4 年本科学业后获得该证书，准入条件为获得高中毕业证书并通过大学入学考试
10	Lisansüstü Diplomasi	硕士学位，完成 2 年硕士学业后获得该证书，准入条件为获得学士学位
11	Didactoriko	博士学位，完成 3 年博士学业并通过学业论文答辩后获得该证书，准入条件为获得硕士学位

斯洛文尼亚的教育证书评估研究

一、国家概况

斯洛文尼亚共和国位于欧洲中南部，巴尔干半岛西北端，首都卢布尔雅那。西接意大利，北邻奥地利和匈牙利，东部和南部同克罗地亚接壤，西南濒亚得里亚海，海岸线长 46.6 千米。特里格拉夫峰为境内最高山峰，海拔 2 864 米。面积 2.03 万平方千米，人口为 212.4 万(2023 年)。主要民族为斯洛文尼亚族，约占 83%。少数民族有塞尔维亚族、克罗地亚族、匈牙利族、意大利族等。官方语言为斯洛文尼亚语。主要宗教为天主教。

斯洛文尼亚拥有良好的工业和科技基础、现代化的经济和产业结构，在汽车制造、高新技术、电气、制药等领域具有一定优势。2007 年 1 月 1 日加入欧元区。森林和水利资源丰富，森林覆盖率 66%。旅游业较为发达，服务业为国民经济重要组成部分。矿产资源相对贫乏。农业在国民经济中比重较小。

二、教育

（一）教育概况

2018 年斯洛文尼亚教育支出 24 亿欧元，占国内生产总值的 5%。小学学制 9 年，中学 4 年，大学 4～5 年。2018/2019 学年在校学生人数分别为：小学生和初中生 18.8 万人，高中生 7.3 万人，大学生 6.6 万人。各类教师共计 3.9 万人。全国共有国立综合性大学 4 所，高中 111 所，小学和初中 772 所。

（二）教育体系

斯洛文尼亚教育体系为 9—4—4＋，其中小学 9 年，中学 4 年，大学 4～6 年。学年从 9 月 1 日开始，次年 8 月 31 日结束，包括 2 个学期。学校除暑假(2 个月)外，一般还有秋假、新年假期和“五一”假期，每个假期约 1 个星期。斯洛文尼亚教育体系见图 1。

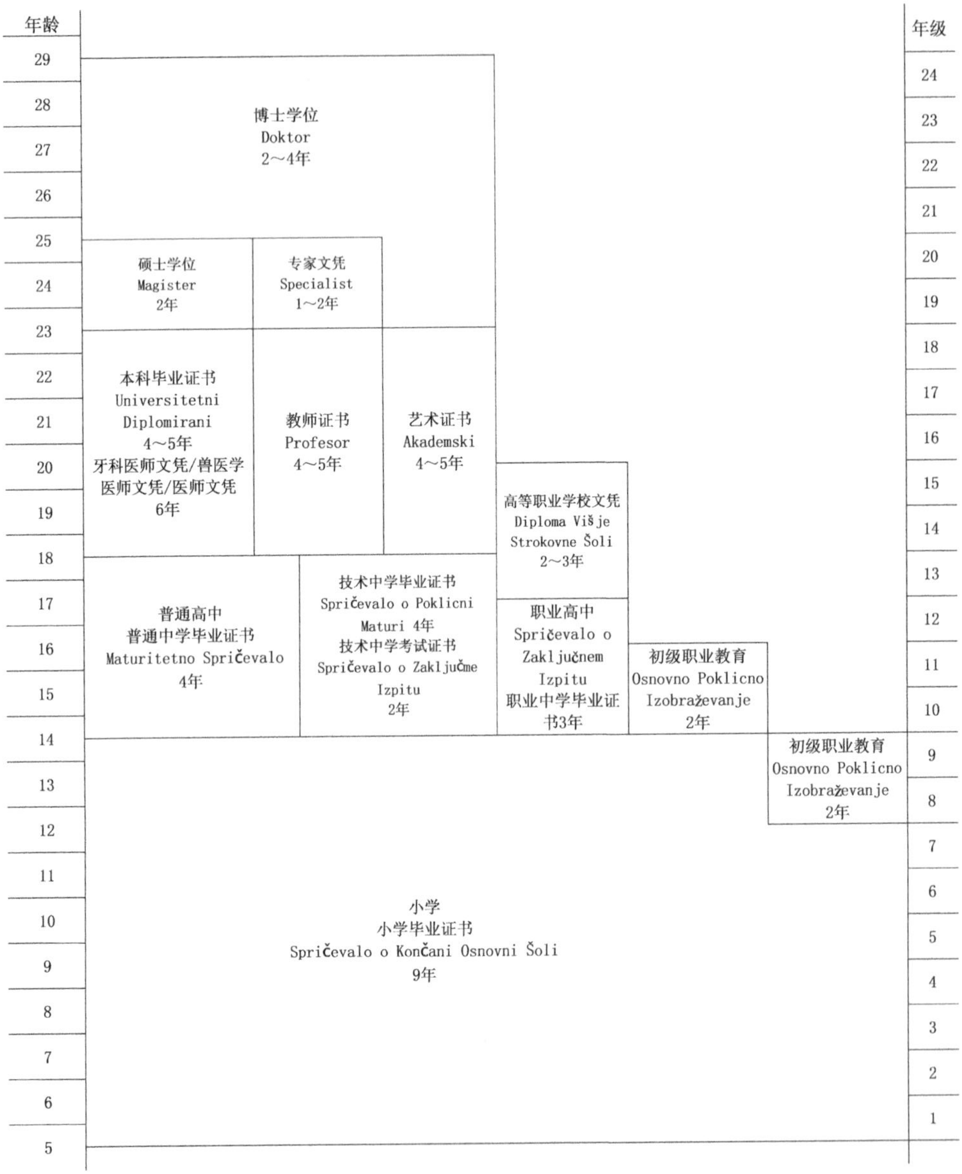

图 1　斯洛文尼亚教育体系

（三）详述

1. 初等教育

斯洛文尼亚的初等教育是9年制义务教育，由公共资金资助。学生在5岁8个月～6岁8个月期间可以入读一年级。初等教育的目的是使学生能够发展识字能力、生存能力、才能、技能、创造力，表达批判性思想，获得高质量的普通教育以及获得和谐的身体、心理和个人发展。义务教育期间，学生不能被学校开除，但可以换学校。父母有权利为孩子选择公立、私立学校，或在家接受教育。学校和市政当局为居住地点距离学校2.5英里内的学生提供免费接送。

初等教育分为3个阶段，每个阶段包括3个年级。授课语言为斯洛文尼亚语，但在意大利民族和匈牙利民族社区，有权选择自己的语言开展教育。在公立学校，不允许进行宗教活动和举行宗教仪式。

2. 中等教育

中学教育是朝职业选择迈进的第一步，为学生进入劳动力市场或进入高等教育机构提供有价值的知识和经验。中学教育在教育、科学与体育部监管下开展工作。完成9年初等教育的学生都可以申请高中，包括3年制职业高中、4年制技术高中和4年制普通高中。

3. 职业教育

职业教育包括初级职业教育、高级职业教育等。那些成功完成初等教育学业的学生可以参加职业教育，该项目设有具体的入学条件。

完成7年初等教育以及根据较低教育标准完成9年初等教育的学生，都可以进入初级职业教育，初级职业教育学制2年。高级职业教育学制3年，大多在职业高中通常以学徒的形式完成教育项目，最终以考试结束。高等教育也有职业教育分支。加入欧盟后的斯洛文尼亚，日益全球化是其职业教育培训必须面对的新挑战。

4. 高等教育

斯洛文尼亚的高等教育机构包括大学、学院、艺术学院和职业学院。艺术学院和职业学院可以作为大学以外的独立高等教育机构存在。中学后技术培训在高等职业学院进行，2年制课程以完成文凭论文并通过答辩而结束。斯洛文尼亚有4所大学，其中最古老的卢布尔雅那大学成立于1919年，是世界500强大学之一，现有学生超过65 000名。

（四）考试、升级与证书制度

在斯洛文尼亚现有的学校系统中，国家考试是决定和确保学校工作质量的一个重要因素。根据现行法律，小学 6 年级和 9 年级结束时要进行国家考试。小学 6 年级结束时的考试必修科目包括斯洛文尼亚语（民族混合地区的意大利语或匈牙利语）、数学、第一外语。9 年级结束时的考试科目包括斯洛文尼亚语（民族混合地区的意大利语或匈牙利语）、数学，第三个科目由教育部决定。小学阶段国家考试的目的在于让学生、家长、老师、校长和其他专业人员来检查课程规定的目标和知识标准取得的成效，以便更好地监督学校工作。只有在进入特定的高中时，处于最低分数线的几个学生在七、八、九年级的期末总和成绩相同时，国家考试成绩才发挥作用。

学生在选择没有入学限制的中学时，可以在提交初等教育考试证书后直接被录取。对申请有限制的学校，一般开展两轮选拔。第一轮从申请者中选出学校录取人数的 90%后，其他学生需要进入第二轮选拔。当然，其他学生也可以进一步选择没有入学限制的中学。

在高中教育结束时，学生参加期末考试。在 2 年制和 3 年制的职业课程中，学生通过毕业考试完成学业。顺利完成 4 年制普通高中和技术高中课程的学生，可以进入普通教师或职业培训班学习。高等教育入学考试（Matura）是一项全国性的外部考试，通过考试的学生可以继续接受高等教育。

（五）成绩评价制度

斯洛文尼亚中学成绩评价实施 5 分制，2 分为及格等级。具体见表 1。

表 1　斯洛文尼亚高中成绩评价制度

成绩评价	描述	对应中文意义
5	odlično	优秀
4	prav dobro	良好
3	dobro	中等
2	zadostno	及格
0～1	nezadostno	不及格

（六）常见教育证书

斯洛文尼亚常见教育证书见表 2。

表 2　斯洛文尼亚常见教育证书

序号	证书	证书描述
1	Spričevalo o Končani Osnovni Šoli	小学毕业证书，完成 9 年初等教育后获得该证书
2	Spričevalo o Zaključme Izpitu	职业中学考试证书，完成 2 年职业中学学业后获得该证书，准入条件为获得小学毕业证书
3	Spričevalo o Poklicni Maturi	职业中学毕业证书，在获得小学毕业证书的基础上完成 4 年职业中学学业，或在获得职业中学考试证书的基础上再完成 2 年职业中学学业后获得该证书，准入条件为获得小学毕业证书或技术中学考试证书
4	Maturitetno Spričevalo	普通中学毕业证书，完成 4 年普通中学学业后获得该证书，准入条件为获得小学毕业证书
5	Diploma Višje Strokovne Šoli	高等职业学校文凭，在完成 2～3 年高等职业学业后获得该证书，准入条件为获得职业中学毕业证书
6	Diplomirani	毕业证书，完成 4～5 年高等教育学业后获得该证书，准入条件为获得职业中学毕业证书或普通中学毕业证书
7	Universitetni Diplomirani	大学本科证书，完成 4～5 年本科学业后获得该证书，准入条件为获得职业中学毕业证书或普通中学毕业证书
8	Profesor	教师证书，完成 4～5 年高等教育学业后获得该证书，学生毕业后可从事中学教师工作或进一步深造，准入条件为获得职业中学毕业证书或普通中学毕业证书
9	Akademski	艺术证书，完成 4～5 年艺术专业学业后获得该证书，准入条件为获得职业中学毕业证书或普通中学毕业证书
10	Magister Farmacije	药学文凭，完成高等教育 4.5 年药学专业学业后获得该文凭，准入条件为获得职业中学毕业证书或普通中学毕业证书

（续表）

序号	证书	证书描述
11	Doktor Stomatologije/Veterinarske Medicine/Medicine	牙科医师文凭/兽医学医师文凭/医师文凭，学制 6 年，准入条件为获得职业中学毕业证书或普通中学毕业证书
12	Specialist	专家文凭，在毕业证书、大学本科证书、教师证书、艺术证书的基础上再完成 1～2 年学业后获得该证书
13	Magister	硕士学位，完成 2 年研究生学业并通过论文答辩后获得该证书，准入条件为获得大学本科证书、教师证书或艺术证书
14	Doktor	博士学位，完成 2～4 年研究生学业，并通过论文答辩后获得该学位，准入条件为获得大学本科证书、教师证书、艺术证书或硕士学位

西班牙的教育证书评估研究

一、国家概况

西班牙王国，简称西班牙，位于欧洲西南部伊比利亚半岛，首都马德里。西邻葡萄牙，东北与法国、安道尔接壤，北濒比斯开湾，南隔直布罗陀海峡与非洲的摩洛哥相望，东和东南临地中海。面积 50.6 万平方千米。海岸线长约 7 800 千米。中部高原属大陆性气候，北部和西北部沿海属海洋性气候。平均气温1 月4.9℃，8 月 22.5℃。人口为 4 859 万人(截至 2024 年 1 月)，主体是卡斯蒂利亚人(即西班牙人)，少数民族有加泰罗尼亚人、加利西亚人、巴斯克人等。官方语言和全国通用语言是卡斯蒂利亚语(即西班牙语)。少数民族语言在本地区亦为官方语言。多数居民信奉天主教。

西班牙是发达工业国，经济总量居欧盟第 4 位、世界第 14 位。农业、工业、服务业占 GDP 比重分别为 2.3%、20.8%、67.9%。2008 年国际金融危机和欧债危机后，经济遭受严重冲击，2014 年实现恢复性增长，增速位居欧盟前列，2016 年 GDP 超过金融危机前水平。2023 年国内生产总值 1.46 万亿欧元，同比增长 2.5%，连续第三年高于欧元区平均水平，人均 GDP 约 3 万欧元。西班牙主要矿产为煤、铁、铜、锌、汞等。森林总面积约 1 500 万公顷，覆盖率约 30%。是欧盟主要汽车生产国、出口国，也是欧盟第四大农产品生产国，欧盟第一大、世界第三大果蔬出口国，农业现代化水平较高。服务业是国民经济重要支柱之一，旅游业发达。

二、教育

(一) 教育概况

西班牙实行中、小学义务教育(6～16 岁)。小学 6 年，初中 4 年，高中 2 年，大学 4～5 年。主要高等学府有马德里康普顿斯大学、马德里自治大学、萨拉曼卡大学、巴塞罗那大学等。2023 年教育预算 53.54 亿欧元，同比增长 6.6%。

（二）教育体系

西班牙的教育体系为 6—4—2—3+。义务教育 10 年，对象为 6～16 岁儿童。西班牙的学年一般从 9 月至次年 6 月，西班牙教育体系见图 1。

年龄
29 28 27 26 25 24 23 22 21 20 19 18 17 16 15 14 13 12 11 10 9 8 7 6

年级
23 22 21 20 19 18 17 16 15 14 13 12 11 10 9 8 7 6 5 4 3 2 1

博士
Doctor
3～5年

硕士 Master/Magister
0.5～2年

学士学位
Título de Licenciado
4～5年

高等职业教育
高等职业技术文凭
Título de Técnico Superior 1～2年

中等职业教育
技术中专文凭
Título de Técnico-Grado Medio
1～2年

高中教育
高中毕业证书
Título de Bachiller
2年

初中义务教育
中等教育毕业证书
Título de Graduado en Educación Secundaria Obligatoria
4年

基础教育
6年

图 1　西班牙教育体系

（三）详述

1. 基础教育

西班牙3～6岁儿童的学前教育时期，主要关注儿童情感发展、身体运动、习惯的养成、沟通和语言能力。小学教育6年，属于义务教育，对象为6～12岁儿童，分为三个阶段，每个阶段2年。在此期间学习语言、数学、文学、自然科学、社会科学、艺术、体育等通识科目。在六年级结束时，学校会对学习的科目进行评估。学业合格者获普通基础教育学习证书，而后进入中等教育机构继续学习。

2. 中等教育

西班牙初中义务教育主要面向年龄为12～16岁的学生，学制4年，分为两个阶段。第一阶段为初中一、二年级，主要学习西班牙语、数学、外语、生物、地质、化学、物理、地理、历史、体育等核心课程科目和基础知识。第二阶段是初中三、四年级，除了核心课程和通识教育科目外，还会学习选修方向科目，为毕业做准备。

西班牙的高中为期2年，目的是为学生接受高等教育、高等职业教育或者参加工作做准备。学生经过2年的高中学习，通过毕业考试后可获得高中毕业证书。获得高中毕业证书后，学生可以选择接受职业培训，或者参加大学入学考试(Evaluación de Bachilleratopara el Acceso a la Universidad，简称EBAU，也被称为Selectividad)后进入大学。高中教育主要是培养学生的研究能力，老师会鼓励学生自学，或与其他学生一起学习。高中毕业时学生必须写一篇论文并参加论文答辩。高中教育课程按照专业的不同可以分为人文学、社会科学、自然科学和生物学，这一时期还要发展学生分析现代世界的能力，提高他们的母语和外语水平，提升身体素质，以及加强欣赏音乐和美术的能力。

3. 职业教育

职业教育分为三级：一是基础职业教育(Formación Profesional Básica，简称FPB)，学制2年，主要针对基础教育结束后不再继续接受中等教育的学生。这一阶段的教育属于义务教育，培养助理技术员，对学业合格者颁发第一级职业技术教育证书；二是中等职业教育(Ciclo Formativo de Grado Medio，简称CFGM)，学制3年，招收完成初级中等教育学业或持有第一级职业技术教育证书的学生，培养技术员，对学业合格者颁发第二级职业技术教育证书；三是高等职业教育(Ciclo Formativo de Grado Superior，简称CFGS)，培养助理工程师和工程师。

4. 高等教育

西班牙的高等教育包括大学教育和非大学教育。西班牙有89所大学，其中50所是公立大学。要进入西班牙的大学，学生必须获得高中毕业证书，并通过大学入学考试(Selectividad)。博洛尼亚改革后,根据 2007 年 10 月 20 日颁发的 1393/2007 号政令,西班牙大学开始实行欧洲通行的学制。第一阶段教育学制 4 年,学生需要完成 240 ECTS 学分,获得相应学科的学士学位;第二阶段教育学制一般为 1～2 年,分别完成 60 或 120ECTS 学分,获得相应学科的硕士学位;第三阶段教育学制一般为 3～5 年,获得硕士学位的学生才可进入本阶段学习,学生在完成相应的博士学位学习项目并通过博士论文答辩后,可获得相应学术领域的博士学位。西班牙的大学专业种类非常丰富,其中基础教育、建筑设计、旅游管理、酒店管理、会展、艺术等专业闻名世界。西班牙的大学在文学、建筑和绘画方面非常优秀,毕加索、达利、高迪、塞万提斯都均出自西班牙,更有 6 位西班牙人获得过诺贝尔奖文学奖。

非大学教育包括高等职业教育(CFGS)、高等艺术教育(Enseñanzas Artísticas Superiores)等。高等职业教育是中等职业教育的后续和高级阶段。学制为 2 年,必须在选定的领域进行实习。毕业生可获得高等职业技术文凭(Título de Técnico Superior)。高等艺术教育学制为 4 年。一般来说,包括戏剧、视觉艺术、音乐、舞蹈或设计等艺术类专业。

(四) 考试、升级与证书制度

西班牙的基础教育为期 6 年,学生从 6 岁开始入学。小学教育主要通过平时的课堂表现、作业、阶段性评估和考试来考核学生表现。完成 6 年小学教育后,学生进入初中阶段,该阶段为期 4 年,面向 12～16 岁学生。在初中阶段,学生需要通过学校内部的评估和考试,考试科目包括西班牙语、数学、社会科学、自然科学和外语等。每年通过所有科目的学生可顺利升级,如果没有通过部分关键科目,需要补考或留级。毕业时,学生必须通过所有科目考试,才能获得中等教育毕业证书(Título de Graduado en Educación Secundaria Obligatoria),该证书是学生继续高中或职业教育的必要条件。

高中阶段为期 2 年,面向 16～18 岁学生。学生在此阶段需选择学习特定的科目方向,如自然科学、社会科学或艺术类。高中阶段的考核包括课程作业、期末考试以及毕业考试。要进入西班牙的大学,学生必须获得高中毕业证书,并通过大学入学考试,相当于中国的高考。该考试一共分为两种:普通考试(convocatoria ordinaria)和专项考试(convocatoria extraordinaria)。全国一共有 17 个大区,每个大区有自己的高考规则和时间,但基本集中在 6 月初。

西班牙于 2010 年进行教育改革,由高考总分 10 分改为 14 分,包括 10 分统考和 4 分加试。西班牙高考相对较为简单,非“一考定终身”。西班牙高中生升入大学的成绩不是一次考试决定的，高考分数只占总分的40%，而两年高中学习的综合成绩则占60%。所以平时分数拿得很高的学生，在高考前已经很有底气可以升入很不错的学校。另外，除了6月份的考试，西班牙一些省份也会在7月或9月组织第二次考试，也就是说，考生还可以参加补考。所以因高考一次考试发挥失常而与心仪学校擦肩而过的情况在西班牙是极少见的。第二，考试有自选加分项目，选择自己自选科目的最高成绩。西班牙高考的考试内容分为普通科目与加分科目，共有14分，普通科目占10分，加分科目占4分。普通必修科目包括历史、西班牙语和外语。加分科目则为高中学习的其他十余种学科，学生可以选择自己考得最好的两个科目来计分，每个科目最多记2分。因此，如果必修科目考得不甚理想，那么自己擅长学科的加分科目也会给学生带来信心，这种专项考试可以理解为为考生加分所设置，基本上专项考试都被安排在9月，以便为经历普通必修科目考试的学生提供宽裕的复习时间。第三，在考试期间，学生如果不理解题目，可以当场咨询监考老师。每科的题量很少，英语只有阅读理解、完形填空和命题作文三种题型，数学只有4道大题，而考试的时间均为90分钟，对于大多数学生来说完成考试的时间绰绰有余。因上述种种原因，西班牙学生面对高考就从容淡定了许多。因为高考对他们来说，就像是一场入学测验，而他们进入大学后，才是面临更多测验的时候。

西班牙高考统考科目为四科：西班牙语语言及文学、西班牙历史、第一外语（英语、法语、意大利语或德语），以及高中所选学专业方向科目。科学方向的学生，需选取数学作为高考科目；社会科学方向的学生，需选取社会科学应用数学作为高考科目；人文科学方向的学生，需选取拉丁语作为高考科目；艺术方向的学生，需选取艺术基础作为考试科目。西班牙高考加分科目有十八科：生物、绘画技术、设计、企业经济、物理、法语、艺术基础、地理、地质、西班牙历史、哲学史、艺术史、英语、拉丁语、西班牙语言及文学、数学、社会科学应用数学、化学。加分考试最少参加一门（法律规定最少报考两门，但也有学生只选择考一门，另一门弃考），最多参加四门（加泰罗尼亚的地区最多只能参加三门），但是最终只选取两门最高加试成绩。

每门考试科目满分10分，考试时间90分钟，通常题量为4道大题，语言为西班牙语。得分大于或等于5分为及格，只有及格才算作有效成绩。如果低于5分，考试成绩无效，不能进行加分。根据所报考本科专业的相关程度，可以将所得成绩乘以其专业相关系数0.1或0.2计入总分，满分可得4分。加分考试所选科目不能与统考科目中“高中所学专业方向”中的考试科目重合。加试考试分数有效期为2年（只有安达卢西亚大区和加泰罗尼亚大区的有效期为3年），如果学生对已读院校或专业不满意，那么下一年可以直接用高考成绩和加试成绩再次申请大学。

西班牙的高考在各方面不遗余力地减轻考生压力，但同时考察其综合能力，而不是以一次考试的结果作为评判的唯一标准。因此，西班牙的高考一定程度上回归了其作为大学入学评估测试的最初形态。

（五）成绩评价制度

在西班牙，学校的成绩通常在 0 分（最低）到 10 分（最高）之间。分数低于 5 分通常被视为不及格。具体成绩评价制度见表 1。

表 1　西班牙成绩评价制度

成绩评价	描述	对应中文意义	说明
9.0～10.0	matrícula de honor	卓越	通常只授予前 5%的学生
9.0～10.0	sobresaliente	优秀	
7.0～8.9	notable	良好	
6.0～6.9	bien	中等	
5.0～5.9	suficiente	及格	
0～4.9	insuficiente	不及格	

（六）常见教育证书

西班牙常见教育证书见表 2。

表 2　西班牙常见教育证书

序号	证书	证书描述
1	Título de Graduado en Educación Secundaria Obligatoria	中等教育毕业证书，完成 6 年基础教育和 4 年初中教育后获得该证书
2	Título de Técnico-Grado Medio	技术中专文凭，完成 1～2 年中等职业教育后获得该证书，准入条件为获得中等教育毕业证书
3	Título de Bachiller	高中毕业证书，完成 2 年高中学业后获得该证书，准入条件为获得中等教育毕业证书
4	Título de Técnico Superior	高等职业技术文凭，学制 2 年，是中等职业教育的后续和高级阶段

（续表）

序号	证书	证书描述
5	Diplomado en (XX)	(XX 领域)文凭，完成 3 年大学学业后获得该证书
6	Título de Licenciado	学士学位，完成 4 年本科学业后获得该证书，准入条件为获得高中毕业证书并通过大学入学考试
7	Master or Magister	硕士学位，完成 0.5～2 年硕士学业后获得该证书，准入条件为获得本科学士学位
8	Doctor	博士学位，完成 3～5 年相关教育后获得该证书，准入条件为获得硕士学位

希腊的教育证书评估研究

一、国家概况

希腊共和国，位于巴尔干半岛最南端，首都雅典。北同保加利亚、马其顿、阿尔巴尼亚相邻，东北与土耳其的欧洲部分接壤，西南濒爱奥尼亚海，东临爱琴海，南隔地中海与非洲大陆相望。海岸线长约 15 021 千米，领海宽度为 6 海里。属亚热带地中海气候。平均气温冬季 0～13℃，夏季 23～41℃。希腊国土面积为 131 957 平方千米，其中 15%为岛屿。总人口数为 1 053.2 万人(2023 年)。98%以上为希腊人，其余为穆斯林及其他少数民族。官方语言为希腊语，东正教为主要宗教。

希腊是西方文明的发祥地，是欧盟内中等发达国家，经济对外依存度高，以海运、旅游、商贸为支柱的第三产业占国内生产总值的 70%以上。主要矿产有铝矾土(储藏量约 10 亿吨)、褐煤(储藏量 58 亿吨)、镍、铬、镁、石棉、铜、铀、金、石油、大理石等。工业约占国内生产总值的 18.3%，规模较小，主要工业有采矿、冶金、食品加工、纺织、造船、建筑等。农业约占国内生产总值的 4.5%。服务业是希腊经济的重要组成部分。

二、教育

(一) 教育概况

希腊实行 11 年义务教育，包含 2 年学前教育、6 年小学教育和 3 年初中教育。全国共有 24 所大学，著名大学有雅典大学、亚里士多德大学、雅典理工大学、克里特大学、帕特雷大学、色萨利大学。

(二) 教育体系

希腊的教育制度为 2—6—3—3—4＋。学年从 9 月中旬至次年 6 月中旬。希腊教育体系见图 1。

年龄
29 28 27 26 25 24 23 22 21 20 19 18 17 16 15 14 13 12 11 10 9 8 7 6 5 4

年级
23 22 21 20 19 18 17 16 15 14 13 12 11 10 9 8 7 6 5 4 3 2 1 0

博士学位
Διδακτορικο
3年

硕士学位
Μεταπτυχιακό Δίπλωμα Εξειδίκευσης
2年

学士学位
Πτυχίο
4年

高中后学徒班 1年
Μεταλυκειακό Έτος Τάξη Μαθητείας

职业培训
Επαγγελματικ
ή Σχολή
1～2年

职业高中教育
职业高中毕业证书
Απολυτήριο
Επαγγελματικό Λύκειο
3年

普通高中教育
普通高中毕业证书
Απολυτήριο Γενικού Λυκείου
3年

初级中等教育
初中毕业证书
Απολυτήριο Γυμνασίου
3年

小学教育
小学毕业证书
Απολυτήριο Δημοτικού
6年

学前教育
Νηπιαγωγείο
2年

图 1　希腊教育体系

（三）详述

1. 初等教育

大多数儿童在进入小学前两年开始上幼儿园，即 4～6 岁。大多数幼儿园，也被称为学前班，附属于小学并与之共用建筑。幼儿园是义务教育的一部分，为期 2 年。自 2018/2019 学年起，到 12 月 31 日满四岁的儿童必须在同年的 9 月 11 日开始上幼儿园。

小学是义务教育的一部分，为期 6 年，6 岁开始。除普通小学外，还有公立的特殊小学和公立的实验小学。学年从 9 月 11 日开始，到 6 月 15 日结束。在小学，学生学习基本技能，如语言阅读和写作、环境研究、数学和英语。希腊小学的上课时间从上午 8:15 开始，至下午 1:15 结束。结束后大多数学校继续提供体育、艺术和音乐等额外课程，直到下午 4 点。

2. 中等教育

初级中学也是义务教育的一部分，学制 3 年。具有小学教育毕业证书或其国际同等学力证书的学生即可进入初中阶段学习，不需要入学考试。学校的开学日期为 9 月 11 日，课程于次年 5 月 31 日结束，以便学生能够在 6 月初备考。

根据法律，希腊有几种类型的初中。大多数学生被分配到所在社区的初中。不过，也有其他选择，比如通过抽签系统被实验初中录取，或者在参加全国入学考试后进入模范初中。对绘画、戏剧、舞蹈或音乐特别感兴趣的学生可以参加专门初中。还有一些初中，面向来自多元文化背景的学生，以及有特殊需要的学生。大多数初中上午 8 点上课，下午 2 点放学，但也有夜校的上课时间从晚上 7 点到晚上 10 点，主要为白天工作的学生（主要面向成年人）开放。初中教授现代和古希腊语、数学、物理、化学、地理、历史、体育、宗教研究、音乐和艺术等科目，同时特别强调外语学习，学生同时学习英语和另一种自己选择的欧洲语言（学生倾向于在法语和德语之间进行选择）。

高级中学分为两类，即普通高级中学和职业技术高级中学。普通高级中学设 15 门必修课和 5 门选修课。职业技术高级中学既设有普通课程，也设有职业技术课程，学生毕业后可以就业也可升入高一级学校学习。普通高级中学（Λύκειο）学制 3 年。虽然希腊的高中教育不是义务教育，但大多数学生都上高中。学生可以选择就读普通高中、实验普通高中或模范普通高中（主要分别针对实验初中的毕业生和模范初中的毕业生），或任何专门从事音乐或艺术的高中。来自外国的学生可以进入多元文化高中，特殊职业教育和培训机构为有特殊需要的学生提供服务。希腊高中提供通识教育课程和大学先修课程的组合。希望继续接受高等教育学习的学生需要参加特定数量的大学先修课程考试，先修课程分为人文、科学和医学研究、金融和计算机科学研究。该考试竞争激烈，学生要经历这个过程，以确保更高层次的教育。

高中于 9 月 11 日开学，课程于 5 月底结束，以便学生能够在 6 月备考，学期于 6 月 15 日结束。被录取的学生必须持有初级中学证书，或中等教育学校证书，或国际同等学力证书。同时，希腊还为成年学生和未成年工作学生设有晚间高中（Εσπερινό）。

3. 职业教育

在希腊，义务教育结束后，约 30%的学生会选择职业教育，包含职业培训学校和职业高中等。国家教育部和劳动部通过各种公立和私立职业学院开展职业培训，旨在提升学生的就业能力，达到与劳动市场需求相匹配的技能培训标准。初中毕业的学生可以参加学徒职业学校（Επαγγελματική Σχολή Μαθητείας），学制通常为 1～2 年。学习时间通常是在企业 70%，在学校 30%。也有一些学生会进入职业高中，学制 3 年。职业高中学生在 2 年级的时候需要选择自己的专业方向，毕业后取得职业高中毕业证书（Απολυτήριο Επαγγελματικού Λυκείου），然后接受高等教育。职业高中还提供高中后学徒班，学制 1 年，学习内容主要包括课堂教学（理论每周 1 天，每天 7 小时）和工作实践培训（每周 4 天，每天 7 小时）。职业高中毕业生有资格参加大学入学考试，并进入相关的本科专业学习。

4. 高等教育

高等教育由高等教育机构提供，包括大学和专业学院。希腊的公立高等教育机构大多数是自治的，政府负责资金和本科学生的分配，不收取学费、教科书费用。学生可以免费就读，而且大多数学生的饮食也免费提供。根据希腊宪法第 16 条规定，希腊不允许私立高等教育，政府只承认公立大学提供的学位课程。因此，在希腊，私立学院是非正规教育层次的高中后教育。通常情况下，大多数私立学院获准提供外国本科和研究生课程，通过与其他国家的合作大学建立特许经营或认可协议实现的，主要是英国的大学，学生直接获得这些外国大学颁发的学位。

希腊有 24 所大学和 16 所高等技术教育机构。希腊的大学毕业生比例相当高。希腊高等教育机构的课程以讲座或研讨会的形式进行，大多数课程持续一个学期，即至少 13 周。希腊的多数大学都提供一年制或两年的研究生课程，以及攻读博士学位的机会。学生还可以在希腊开放大学注册研究生，支付学费，并通过年度抽签系统录取。

（四）考试、升级与证书制度

在希腊，小学一年级和二年级，学生没有正式的评分；从三年级和四年级开始，对学生开始进行成绩评定，成绩按字母顺序排列，从 A 到 D；从五年级开始引入书面考试，到六年级，成绩评价改为数字评价，从 4（最低）到 10（最高）。学生完成初等教育（小学，6 年）后，将获得小学毕业证书（Απολυτήριο Δημοτικού），该证书允许学生直接升入初中。

在初中，学生完成 3 年学业后，将获得初中毕业证书（Απολυτήριο Γυμνασίου），该证书使学生有资格进入高级中学继续学习。高中为期 3 年，学生完成学习后，需通过相应的考试以获得高中毕业证书（Απολυτήριο Λυκείου）。高中成绩采用 20 分评价制度，10 分为及格线，20 分为满分。学生取得高中毕业证书后，便有资格参加希腊的全国性大学入学考试，称为全希腊考试（Πανελλαδικές Εξετάσεις）。此考试由希腊教育部组织，每年举行一次，是进入高等教育的关键。考试科目包括高中阶段的四门课程，不同的科目根据其权重系数对总成绩的贡献不同。成功通过全希腊考试的考生将获得高等教育入学证书（Βεβαίωση Πρόσβασης），以此进入大学进一步深造 。

学生在每个学年结束时参加其中一些科目的考试。学生在初级中学学习结束后，会获得初中毕业证书（Απολυτήριο Γυμνασίου）。获得该证书后，学生既可升入 2 年制的中等职业技术学校，也可参加全国统一的高等中学入学考试，升入高级中学学习。

高等教育机构的录取基于以下几个因素：①大学入学考试分数，即考生在全希腊考试中的加权平均成绩。②高中成绩平均分，结合学生在高中三年的绩点，按权重计算得出。③志愿填报表，列出了考生对高等教育机构的报名选择。④高等院校的可用名额，根据不同专业的招生需求确定录取标准。⑤对于某些特殊领域（如艺术、建筑、音乐、体育等），考生还需通过额外的特殊入学考试或技能测试。

成绩优异的考生将有更多机会进入希腊的公立大学。此外，具有特定运动成就的运动员可以在不参加全希腊考试的情况下，直接进入大学继续本科学业。

（五）成绩评价制度

希腊高中阶段采用 20 分成绩评价制度，其中 20 分为最高分；大学则采用 10 分制，10 分为最高分。希腊高中成绩评价制度见表 1。

表 1　希腊高中成绩评价制度

成绩评价	描述	对应中文意义
18.1～20	Άριστα	优秀
16.1～18	Λίαν καλώς	良好
13.1～16	Καλώς	中等
9.5～13	Σχεδόν καλώς	及格
5.1～9.4	Ανεπαρκώς	不及格
0～5	Κακώς	非常差(不及格)

（六）常见教育证书

希腊常见教育证书见表 2。

表 2　希腊常见教育证书

序号	证书	证书描述
1	Απολυτήριο Δημοτικού/Apolytirio Dimotikou	小学毕业证书,完成 6 年初等教育后获得该证书
2	Απολυτήριο Γυμνασίου/Apolytirio Gymnasium	初中毕业证书,学制 3 年,准入条件为获得小学毕业证书
3	Απολυτήριο Λυκείου/Apolytirio Lykeiou	高中毕业证书,学制 3 年,准入条件为获得初中毕业证书
4	Απολυτήριο Γενικού Λυκείου/Apolytirio Genikou Lykeiou	普通高中毕业证书,完成 3 年普通高中学业后获得该证书,准入条件为获得初中毕业证书
5	Απολυτήριο Επαγγελματικού Λυκείου/Apolytirio Epagelmatikou Lykeiou	职业高中毕业证书,完成 3 年职业高中教育后获得该证书,准入条件为获得初中毕业证书
6	Βεβαίωση Πιστοποίησης Μεταλυκειακού Έτους Τάξης Μαθητείας/Certificate of Post-High School Year Apprenticeship Class	高中后学徒班毕业证书,高中教育后完成 1 年学徒制教育学业后获得该证书,准入条件为获得职业高中毕业证书

（续表）

序号	证书	证书描述
7	Πτυχίο/Ptychio	学士学位，学制一般为4年，技术大学的建筑学和工程等专业学制5年，准入条件为获得普通高中毕业证书或者职业高中后学徒班毕业证书，并通过全希腊考试(大学入学考试)
8	Μεταπτυχιακό Δίπλωμα Εξειδίκευσης/ Metaptychiako Diploma Eidikefsis	硕士学位，完成2年硕士学业后获得该证书，准入条件为获得本科学士学位
9	Διδακτορικο/Didaktoriko Diploma	博士学位，完成至少3年博士学业后获得该证书，准入条件为获得硕士学位

意大利的教育证书评估研究

一、国家概况

意大利共和国，位于欧洲南部，包括亚平宁半岛及西西里、撒丁等岛屿，首都罗马。北以阿尔卑斯山为屏障与法国、瑞士、奥地利、斯洛文尼亚接壤，东、南、西三面分别临地中海的属海亚得里亚海、爱奥尼亚海和第勒尼安海。海岸线长 7 200 多千米。大部分地区属亚热带地中海式气候。平均气温 1 月 2～10℃，7 月23～26℃。

意大利的面积为 301 333 平方千米，人口为 5 899 万（2023 年 12 月），主要为意大利人，讲意大利语，西北部的瓦莱·达奥斯塔、东北部的特伦蒂诺—上阿迪杰和弗留利—威尼斯·朱利亚等少数民族地区分别讲法语、德语和斯洛文尼亚语。大部分居民信奉天主教。

意大利是发达工业国，欧盟第三大、世界第八大经济体。中小企业发达，被誉为“中小企业王国”，中小企业数量占企业总数的 98%以上。地区经济发展不平衡，北方工商业发达，南方以农业为主，经济较为落后。自然资源贫乏，仅有水力、地热、天然气等能源和大理石、粘土、汞以及少量铅、铝、锌和铝矾土等矿产资源。本国石油和天然气产量仅能满足 4.5%和 22%的国内市场需求，能源和主要工业原料供给依赖进口。实体经济发达，是欧盟内仅次于德国的第二大制造业强国。各类中等技术含量消费品和投资产品在世界市场上占有相当份额，但高技术产品相对较少。服务业发展较快，始终保持上升势头，在国民经济中占有重要地位，产值占国民生产总值的 2/3，多数服务业与制造业产品营销或供应有关。旅游业发达，是世界第四大旅游国。主要旅游城市包括罗马、威尼斯、佛罗伦萨等。

二、教育

（一）教育概况

意大利教育体系分为三个阶段，即5年初等教育（小学），8年中等教育（3年初中，5年高中），以及大学、专科院校等高等教育，通常6～16岁享受义务教育。意大利著名大学有罗马大学、米兰博可尼大学、米兰理工大学、都灵理工大学、波伦亚大学、帕多瓦大学、那不勒斯大学、比萨大学和佛罗伦萨大学等。

（二）教育体系

意大利的教育体系为5—3—5—4+，其中5年小学教育，3年初中教育，5年高中教育。意大利的小学、初中和高中均为9月开学，采用两学期制，在每年9月和2月开始新学期，大学则为10月开学。意大利教育体系见图1。

（三）详述

1. 初等教育

在意大利，学生们通常六岁开始接受正规义务教育，进入小学（Scuola Primaria）学习，也被称为基础教育（Scuola Elementare）。出生在1月到3月之间仍然5岁的学生可以提前上小学，例如2002年2月出生的学生可以与2001年出生的学生一起上小学。小学教育是免费的，学制5年。在小学阶段，孩子们学习阅读和写作，并学习广泛的科目，包括数学、地理、意大利语、英语和科学，还有音乐课、计算机研究和社会研究。宗教教育是选修课。小学班级规模较小，一般有10～25名学生。小学毕业后不需要参加考试即可直接升入初中接受中等教育。

2. 中等教育

初中（Scuola Media）也是义务教育，学制3年，但并不是免费的，由家长支付费用。学生通常早上8:00开始上课，下午1:00结束。每周最低上课时间为30小时，其中有10个小时的时间可以由学校自己决定相应课程，比如计算机技能、外语、体育、音乐与自己的乐器和国际象棋等。其他课时需要完成公共教育部规定的国家课程。

高中（Scuola Superio）学制5年，包括2年义务教育和3年非义务教育。学校类型多样，主要分为普通高中（Liceo）、技术学校（Istituto Tecnico）或职业学校（Istituto Professionale）。在前2年，所有学生都学习相同的国家规定的意大利语言和文学、科学、数学、外语、宗教、地理、历史、社会研究与体育课程。在后一阶段，不同类型高中提供不一样的课程。普通高中主要接受学术理论基础课程学习，为

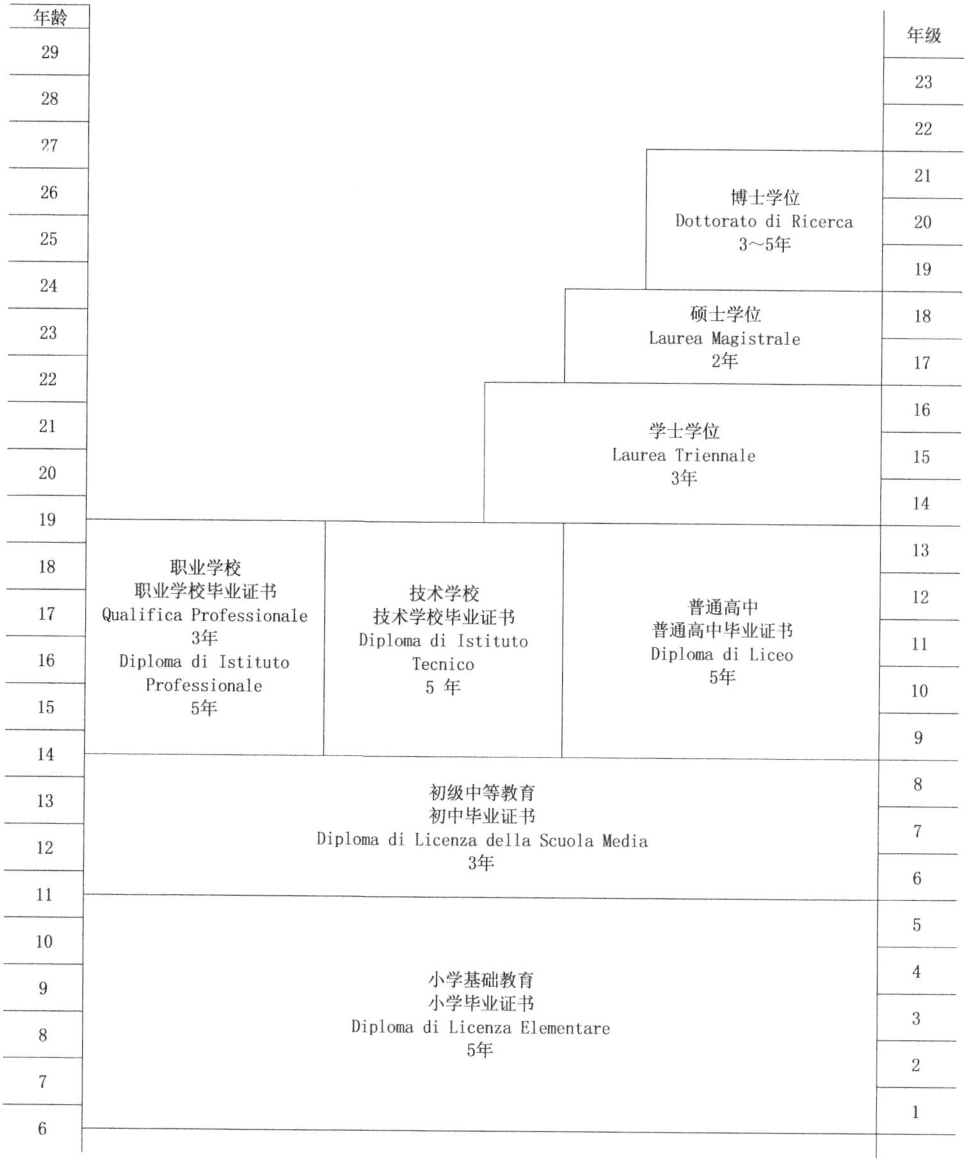

年龄：29 28 27 26 25 24 23 22 21 20 19 18 17 16 15 14 13 12 11 10 9 8 7 6

年级：23 22 21 20 19 18 17 16 15 14 13 12 11 10 9 8 7 6 5 4 3 2 1

博士学位
Dottorato di Ricerca
3～5年

硕士学位
Laurea Magistrale
2年

学士学位
Laurea Triennale
3年

职业学校
职业学校毕业证书
Qualifica Professionale
3年
Diploma di Istituto
Professionale
5年

技术学校
技术学校毕业证书
Diploma di Istituto
Tecnico
5 年

普通高中
普通高中毕业证书
Diploma di Liceo
5年

初级中等教育
初中毕业证书
Diploma di Licenza della Scuola Media
3年

小学基础教育
小学毕业证书
Diploma di Licenza Elementare
5年

图 1　意大利教育体系

升大学做准备。技术学院提供广泛的理论教育和特定领域的专业化(例如经济、行政、技术、旅游、农学),通常与公司、协会或大学的 3～6 个月实习相结合。职业学院提供以实践科目为导向的中等教育(工程、农业、美食、技术协助、手工艺),使学生在完成学业后就能寻找工作。

3. 职业教育

意大利的职业教育体系(Istruzione e Formazione Professionale,简称 IeFP)旨在为学生提供进入劳动力市场所需的实际技能和专业知识,特别重视实践学习与理论教育结合,帮助学生快速适应工作岗位需求。职业教育课程通常从义务教育结束后开始,持续 3～5 年,覆盖多个专业领域,包括农业、技术维护、商业、卫生服务、旅游和酒店管理等。

4. 高等教育

意大利拥有庞大且国际化的公立或州立大学和学院网络,提供高等教育学位。国立大学构成了意大利高等教育的主要部分。意大利拥有世界上许多古老的大学,如博洛尼亚大学(成立于 1088 年),它是有史以来最古老的大学。此外,还有那不勒斯的费德里科二世大学,成立于 1224 年,是世界上最早的持续运营的国立大学。大多数意大利大学都是公立的。在 2019 年,有 33 所意大利大学跻身世界前 500 名,在欧洲仅次于英国和德国。意大利大学遵循普遍接受的高等教育标准。因此,他们提供 4 年制学士学位项目、1 年制和 2 年制硕士学位项目以及 3～5 年制的博士学位项目。高等教育还包括广泛的技术和贸易学校、艺术学校、教师培训学校以及科学和人文预科学校。这些学校的毕业生可以继续接受教育,参加非大学或大学水平的课程。

(四) 考试、升级与证书制度

意大利小学期间,学生学习计算机研究、英语、地理、意大利语、数学、音乐、科学、社会科学和可选宗教研究的基础知识。小学不使用传统的成绩评分制度,而是基于水平的描述性评语。比如,学生能否持续性地完成任务,还是只是偶尔完成;学生在完成任务时是否具有自主性,还是需要老师的帮助等等。学校可以为每个孩子提供个性化的反馈,促进学生的改进和发展。小学毕业时学生会获得小学毕业证书(Diploma di Licenza Elementare)。

初中也是义务教育。在第三年结束时,学生参加意大利语、数学、科学和外语科目的笔试,同时对其他科目进行口试。通过的学生将获得初中毕业证书(Diploma di Licenza della Scuola Media)。该文凭是进入高中的必要条件。

意大利的高中分为普通高中、技术学校和职业学校,毕业后分别获得普通高中毕业证书(Diploma di Liceo)、技术学校毕业证书(Diploma di Istituto Tecnico 或 Diploma di Istituto Professionale),或职业学校毕业证书(Qualifica Professionale,3 年制;Diploma di Istituto Professionale,5 年制)。在高中,如果学生在年末某科的平均成绩为不及格(5 分或以下),学生需要在 9 月开学前参加补考。如果补考仍不及格，学生将无法升级，需重读该年级。任何持续5年的高中类型都允许参加最终毕业考试，称为esame di maturità或esame di stato。该考试是全国性毕业考试，每年6～7月间举行，通过考试后获得大学入学资格。考试包括口试和笔试。其中一些科目，如意大利语，对每所学校都是一样的，而其他一些科目则根据学校的类型而有所不同。例如，在古典高中，学生必须翻译拉丁语或古希腊语文本；在科学高中，学生必须解决数学或物理问题等等。通过考试后，学生将获得国家毕业考试文凭证书(Diploma di Maturità)。这是学生进入高等教育学校的前提。部分热门专业(如医学和工程学)还需通过特别的入学考试。意大利学生通常在19岁时进入大学。

(五) 成绩评价制度

意大利中学的成绩通常采用10分制成绩评价制度，10分为优秀，及格线为6分。大学考试使用30分制，30分是最高分，18分为最低及格分。意大利中学成绩评价制度见表1。

表1 意大利中学成绩评价制度

10分制评价	百分制评价	描述	对应中文意义
9.00～10.00	90～100	ottimo	优秀
8.00～8.99	80～89	distinto	良好
7.00～7.99	70～79	buono	中等
6.00～6.99	60～69	sufficiente	及格
0.00～5.99	0～59	respinto	不及格

(六) 常见教育证书

意大利常见教育证书见表2。

表2 意大利常见教育证书

序号	证书	证书描述
1	Diploma di Licenza Elementare	小学毕业证书，完成5年小学学业后获得该证书
2	Diploma di Licenza della Scuola Media	初中毕业证书，学制3年，准入条件为获得小学毕业证书

（续表）

序号	证书	证书描述
3	Diploma di Liceo	普通高中毕业证书，学制 5 年，准入条件为获得初中毕业证书
4	Diploma di Istituto Tecnico	技术学校毕业证书，在技术学校完成 5 年学业获得该证书，准入条件为获得初中毕业证书
5	Qualifica Professionale	职业学校毕业证书，在职业学校完成 3 年学业获得该证书，准入条件为获得初中毕业证书
6	Diploma di Istituto Professionale	职业学校毕业证书，在职业学校完成 5 年学业获得该证书，准入条件为获得初中毕业证书
7	Diploma di Maturità	国家毕业考试文凭证书，完成 5 年制高中教育并通过国家毕业考试获得的证书，准入条件为获得初中毕业证书
8	Laurea Triennale	学士学位，学制一般为 3 年，准入条件为获得高中毕业文凭
9	Laurea Magistrale	硕士学位，学制一般为 2 年，准入条件为获得学士学位或高中毕业文凭（针对 5 年制本硕连读项目）
10	Dottorato di Ricerca	博士学位，学制一般为 3～5 年，准入条件为获得硕士学位

中欧国家

奥地利的教育证书评估研究

一、国家概况

奥地利共和国，简称奥地利，首都维也纳。面积 83 879 平方千米，人口 915.9 万(2024 年 1 月)，官方语言为德语。奥地利是中欧南部的内陆国。东邻匈牙利和斯洛伐克，南接斯洛文尼亚和意大利，西连瑞士和列支敦士登，北与德国和捷克接壤。奥地利人超六成信仰天主教。

奥地利 2023 年国内生产总值为 4 772 亿欧元，2022 年的人均国民生产总值达到 49 160 欧元。矿产主要有石墨、镁、褐煤、铁、石油、天然气等。森林、水力资源丰富，森林面积 389 万公顷，森林覆盖率 46%。木材蓄积量 11.35 亿立方米。2022 年工业产值 1 168 亿欧元，同比增长 10.2%，主要门类包括机械制造、电子和汽车制造、建筑等。2022 年农、林、渔业产值为 58.7 亿欧元，同比增长 19.3%。农业发达，机械化程度高。旅游业发达，2022 年接待游客过夜 1.36 亿人次，其中外国游客 3 979 万人次。奥地利地处欧洲中部，是欧洲重要的交通枢纽。

二、教育

(一) 教育概况

奥地利以“音乐之乡”闻名于世，海顿、莫扎特、舒伯特等音乐家享誉全球。音乐大师贝多芬青年时代在奥地利学习和创作音乐，并在奥地利达到艺术生涯顶峰。施特劳斯父子的华尔兹舞曲广为流传，小施特劳斯被世人誉为“华尔兹之王”。每年元旦举行的维也纳新年音乐会被包括中国在内的世界许多国家转播。萨尔茨堡国际艺术节是奥地利最具国际声誉的大型文化活动之一。维也纳幻想现实主义画派在世界绘画领域占有重要地位。

在奥地利，学龄儿童享受 9 年义务教育，学费、书费和上学交通费由国家负担。

凡持有高中毕业文凭可免试上大学。2021 年有各类中小学、职业学校 5 926 所，在校学生 114 万人。2021 年有大学生 39.1 万人。著名的维也纳大学创立于 1365 年，系德语国家最古老的大学之一。

（二）教育体系

奥地利为 9 年义务教育，本着人人均享有平等受教育权利的原则，公立小学至大学均免学费。奥地利教育体系为 4—4—4，小学 4 年，初中 4 年，高中 4 年，本科 3 年（特殊专业除外），研究生 2 年。学年为每年 9 月至次年 6 月底或 7 月初。奥地利教育体系见图 1。

（三）详述

1. 初等教育

自 1962 年起，奥地利实行九年义务教育制，并规定儿童满 6 岁（每年 9 月 1 日为界定日）须进入国民小学（Volksschule）接受为期 4 年的小学教育。

小学的教育目标为普及基础教育，促进学生在人际、情感、智力、体力等方面的发展。以维也纳 17 区小学为例，该校共四个年级，一、二年级每周 22 课时，三、四年级每周 23 课时。学校的教学计划和教学方案由家长与老师共同商定，学生更多的是个人自主独立学习，教师提供学习材料并给予指导。学生每周有 5～10 课时的项目课程。此项目课程为综合性活动，可跨班级和年级，由学生、老师自主设计。此外，在小学阶段学校将音乐、艺术（美术、劳技）课堂教学与项目课程相结合，在兴趣、爱好的基础上，培养学生的音乐感受能力、表现能力及艺术（美术、劳技）的动手能力和创造能力。在奥地利，音乐、艺术（美术、劳技）教育从幼儿园便开始，贯穿小学和中学的整个过程，直至学生高中毕业。

在特殊教育方面，奥地利还为残疾儿童或特殊教育需求儿童（如严重学习困难等）提供特殊教育学校，如特殊需求学校（Sonderschule）和特殊教育中心（Sonderpädagogisches Zentrum）。然而，在许多情况下，这些儿童也会与其他学生一起在普通学校的“融合班级”中接受教育。

2. 中等教育

小学结束后，学生可以选择进入普通初中或学术性中学。普通初中包含 5～8 年级，学生在每年结束时，如果德语、数学和外语在班级中排名前列，则可以转入学术性中学。完成 8 年级后，可以选择继续到学术性中学读 9～12 年级，或进入职业/技术高级中学。学术性中学学制 8 年，分为 2 个 4 年周期。第一周期 4 年，包括 5～8 年级，完成 8 年级后不颁发证书。第二周期 4 年，包括 9～12 年级，完成 12 年级后，学生参加高中毕业考试。通过高中毕业考试后，学生将获得高中毕业证书

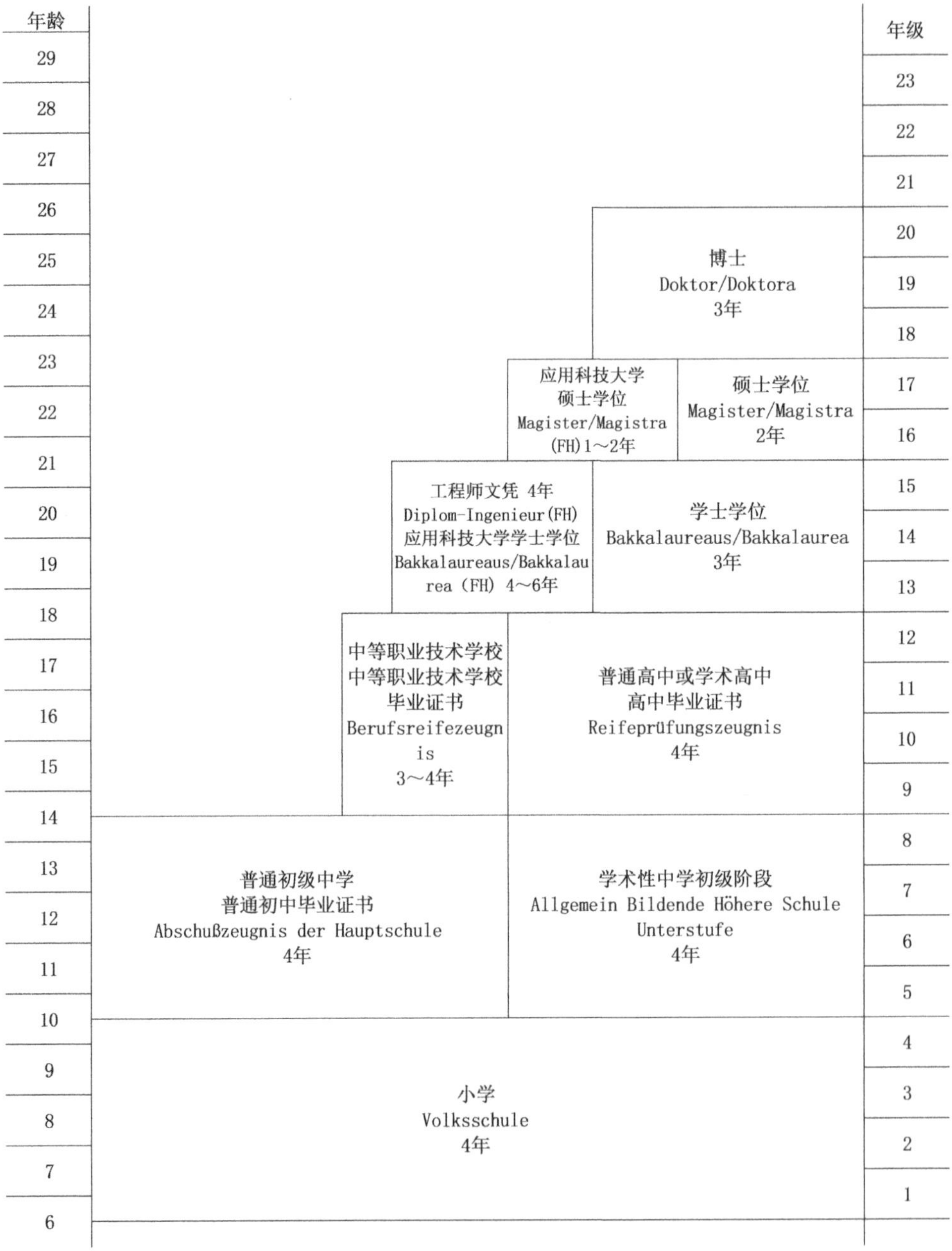

年龄 29 28 27 26 25 24 23 22 21 20 19 18 17 16 15 14 13 12 11 10 9 8 7 6

年级 23 22 21 20 19 18 17 16 15 14 13 12 11 10 9 8 7 6 5 4 3 2 1

博士
Doktor/Doktora
3年

应用科技大学
硕士学位
Magister/Magistra
(FH) 1～2年

硕士学位
Magister/Magistra
2年

工程师文凭 4年
Diplom-Ingenieur(FH)
应用科技大学学士学位
Bakkalaureaus/Bakkalaurea (FH) 4～6年

学士学位
Bakkalaureaus/Bakkalaurea
3年

中等职业技术学校
中等职业技术学校
毕业证书
Berufsreifezeugnis
3～4年

普通高中或学术高中
高中毕业证书
Reifeprüfungszeugnis
4年

普通初级中学
普通初中毕业证书
Abschußzeugnis der Hauptschule
4年

学术性中学初级阶段
Allgemein Bildende Höhere Schule Unterstufe
4年

小学
Volksschule
4年

图 1　奥地利教育体系

(Reifeprüfungszeugnis)。持有高中毕业证书的学生有权申请奥地利的高等教育机构。

3. 职业教育

奥地利的职业教育创建于17世纪末期，至今已有300年历史，特别是旅游和饭店管理专业非常盛名，可与瑞士相媲美。在世界一些著名饭店的高层管理人员中有不少奥地利的职业学校毕业生。

学生在完成8年级普通初中教育后可选择在职业技术预科学校(Polytechnische Schule)(重点强调职业定位和为学徒制度做准备)完成第9年级(14～15岁)。这样就使得义务教育的普通教育与职业定向教育相连接，学生结业后即可就业，这是称之为BPS (Berufsbildende Polytechnische Schule)的职业教育形式。职业教育又分为5年的高等职业技术学校(Berufsbildende Hoehere Schule，简称BHS)，2～4年的中等职业技术学校(Berufsbildende Mittlere Schule，简称BMS)，以及3～4年的双元制职业学校(Berufslehreund Berufsschule，简称BL/BS)。

BPS这种职业教育要求进入职业学校至少学习1年后，方可找工作。BMS也同样强调理论知识与职业技术的学习，毕业3年后可获得"师傅"资格。双元制职业学校是学校与企业共同承担培养学徒工的责任，每年要有10周时间参加企业培训，主要培养生产一线的工人，奥地利的职业教育模式因此逐步发展成型。BHS则在注重培养职业技能的同时，加强理论与基础知识学习，毕业后可进入大学的相应专业继续学习，也可以直接找工作，并在三年实践之后获得工程师资格(Höhere Technische Lehranstalt，简称HTL)。

4. 高等教育

奥地利有着悠久的高等教育历史。奥地利的高等教育机构包括大学、应用技术大学、师范类学校和私立高等教育机构。维也纳大学建于1365年，是德语国家中成立最早的大学之一。在奥地利，进入高等教育需要高中毕业证书(Reifeprüfungzeugnis)或职业高中毕业证书(Berufsreifezeugnis)，部分大学还需要通过大学入学考试。大学采用学分制。学士学位(Bakkalaureaus/Bakkalaurea)需要完成至少180～240ECTS学分，持续至少6个学期。学士学位课程没有完成时限，大多数学生需要超过6个学期才能完成学业。硕士学位(Magister/Magistra)课程要求学士学位作为入学资格，需要90～120 ECTS学分，通常需要4个学期。博士学位(Doktor/Doktorin)需要至少完成大学规定的学分课程学习、通过综合考试以及论文答辩才能获得，通常需要3年。

(四) 考试、升级与证书制度

奥地利的小学学制4年，每学年结束时没有统一考试，对学生的评价主要由教师根据平时情况给学生写描述性的评语，还有学生与教师共同做出的分类等级评价。在小学四年级毕业时，孩子们可以无需参加入学考试直接进入普通初级中学（Hauptschule/Neue Mittlschule）学习。但要进入学术性中学（Allgemein bildende höhere schule/AHS），学生必须成功完成小学四个年级的学业，并在德语和数学科目中获得“优秀(sehr gut)”或“良好(gut)”的成绩。大约60%的小学毕业生进入普通初级中学，而约40%的学生则注册进入学术性中学学习。

初中和高中学制均为4年，完成初中学业后，部分学生选择进入中等职业技术学校。3～4学年制的中等职业技术学校还会根据学生的毕业学校、8年级德语数学外语成绩和入学考试成绩来录取学生，如果学校并不能录取所有申请者，那么学校可以制定排名规则择优录取，一般情况下根据8年级某些科目的成绩来排名。高等职业技术学校和中等职业技术学校的学生平常每年只进行一次考试，成绩占整个学业成绩的比例为30%，而更重要的是平时成绩，占70%。高等职业技术学校的学生只要有毕业证书就可以参加工作或参加大学考试。其他职业技术学校的学生完成学业后只要参加行业协会的技能等级考核，获取某一工种的技能证书，就可以到相应工种领域的企业进行就业。

与职业院校不同，学术性中学更注重学术课程教育。学生在完成4年初中和4年高中学业后，通过高中毕业考试后可申请进入大学。通常毕业考会包含3～4个笔试，每一科约4～5小时，2～3门科目口试。毕业考必考科目为德语、数学及一门外语，通常是英文、法文、西班牙文或意大利文；还可以选择一门额外的语言。当学生选择3门科目笔试时，他们将需要进行另外3门科目口试。选择4门科目笔试时，只需要进行2门科目额外的口试。

奥地利大学主要采用学分制，高等专科学院采用学时制。根据不同专业，采取面授函授、全脱产或半脱产等授课方法。奥地利硕士类大学分为综合类大学及应用技术类大学两种。综合大学以培养学术研究型人才为主，应用技术大学以培养实际应用型人才为主。

（五）成绩评价制度

奥地利实行5分制成绩评价制度，具体见表1。

表1 奥地利成绩评价制度

五分制评价	百分制评价	成绩描述	对应中文意义
1	90～100	sehr gut	优秀
2	80～89	gut	良好

（续表）

五分制评价	百分制评价	成绩描述	对应中文意义
3	64～79	befriedigend	一般
4	51～63	genügend	及格
5	0～50	nicht genügend	不及格

（六）常见教育证书

奥地利常见教育证书见表2。

表2 奥地利常见教育证书

序号	证书	证书描述
1	Abschußzeugnis der Hauptschule	普通初中毕业证书，完成1～8年义务教育学业后获得该证书
2	Abschußzeugnis der Polytechnischen Schule	专业教育毕业证书，在中等专业技术学校完成1年学业获得该证书，准入条件为获得普通初中毕业证书
3	Reifeprüfungszeugnis	高中毕业证书，在普通高中或学术高中完成4年学业并通过考试后获得该证书，准入条件为获得普通初中毕业证书
4	Reife-und Diplomprüfung	大学预科和文凭考试证书，完成高中学业通过考试后获得该证书
5	Berufsreifezeugnis	中等职业技术学校毕业证书，完成3～4年中等职业技术学校学业并通过大学预科和文凭考试后获得该证书，准入条件为获得普通初中毕业证书
6	Bakkalaureaus/Bakkalaurea	学士学位，学制一般为3年，获得180ECTS学分后获得该证书，准入条件为获得高中毕业证书
7	Bakkalaureaus/Bakkalaurea（FH）	应用科学大学学士学位，学制一般为3年，在应用科学大学完成学业，获得180ECTS学分后获得该学位，准入条件为获得高中毕业证书

（续表）

序号	证书	证书描述
8	Diplom-Ingenieur	工程师文凭，学制一般为 4 年，完成学业获得 240ECTS 学分后获得该文凭
10	Magister/Magistra	硕士学位，学制一般为 1～2 年，在完成 2～4 个学期学业，获得 60～120ECTS 学分后获得该证书，准入条件为获得学士学位
11	Doktor/Doktora	博士学位，在完成至少 120ECTS 学分，并通过论文答辩后获得该证书，持有不低于 120ECTS 学分的应用科学大学硕士学位的学生需要完成额外的课程学分以弥补差额

波兰的教育证书评估研究

一、国家概况

波兰共和国简称波兰，首都华沙。位于欧洲中部，西与德国为邻，南与捷克、斯洛伐克接壤，东邻俄罗斯、立陶宛、白俄罗斯、乌克兰，北濒波罗的海。海岸线长661千米。属海洋性向大陆性气候过渡的温带阔叶林气候。面积32.26万平方千米。人口3 774.9万(2023年1月)，其中波兰族约占96.5%(2021年全国普查数据)，此外还有德意志、白俄罗斯、乌克兰、俄罗斯、立陶宛、犹太等少数民族。官方语言为波兰语。全国约有九成的居民信奉天主教。

1989年剧变后，"休克疗法"导致经济一度下滑。1992年起经济止跌回升，并逐步成为中东欧地区发展最快的国家之一。加入欧盟后，经济更是突飞猛进。2019年，波兰经济总量位列欧盟第7位(不含英国)。2020年，受疫情影响，经济下滑2.8%，经济总量位列欧盟第6位。

二、教育

(一) 教育概况

从2017年9月1日起，波兰实行新的国民教育体制，取消初中，改为小学8年，普通中学4年或职业技术学校2～5年，大学3～5年。2018年，国民基础教育支出约38.89亿兹罗提(约合9.3亿美元)，高等教育与科研经费支出约为161亿兹罗提(约合38.5亿美元)，分别占GDP的0.2%和0.8%。著名高等学府有克拉科夫雅盖隆大学(1364年)、华沙大学(1816年)、波兹南密茨凯维奇大学(1919年)、华沙工业大学等。

(二) 教育体系

波兰现行教育体系为8－4－3＋。自2017年起，波兰取消了原本的3年制初中,小学教育延长为 8 年,普通中学 4 年,职业技术学校 2～5 年,高等教育 3 年及以上。一学年分为冬季学期和夏季学期 2 个学期(各为 15 周)。冬季学期 10 月开学,2 月中旬结束,中间有大约 10 天的圣诞节假期。考试季通常 1 月份开始,持续 2～3 周。夏季学期 2 月中旬开学,6 月结束,中间有一周的复活节假期。暑假从 7 月份开始一直到 9 月底结束,共 3 个月。波兰教育体系见图 1。

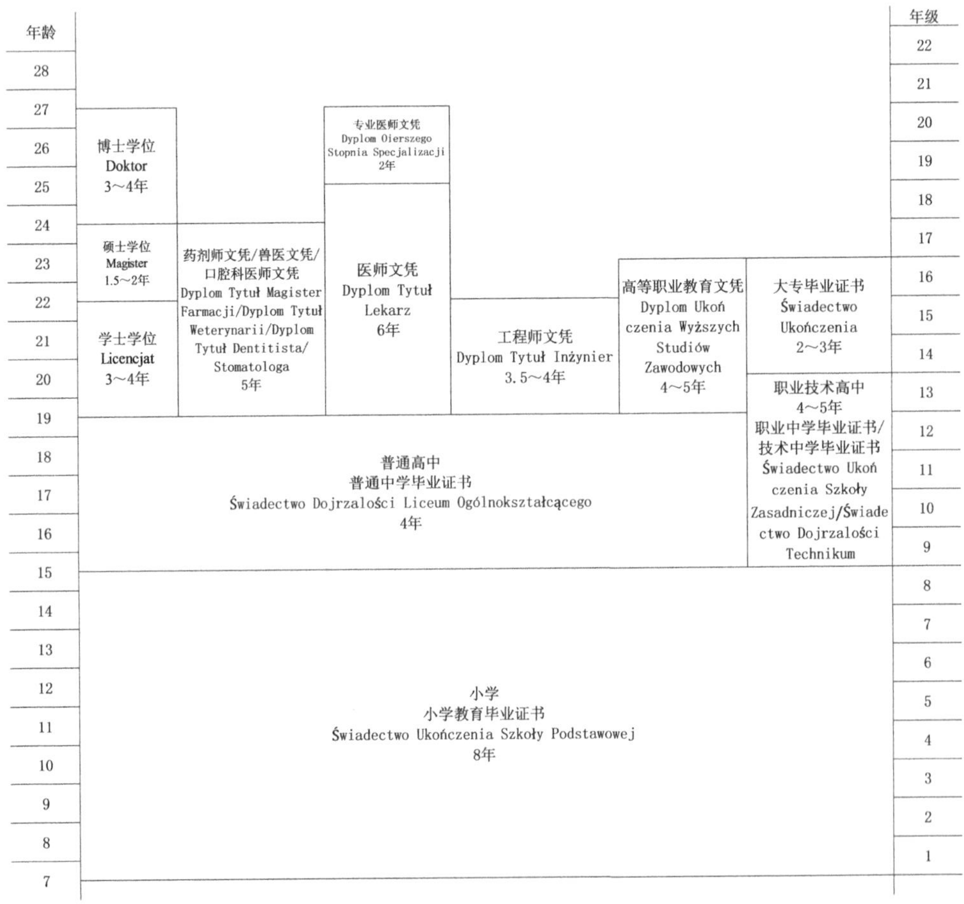

图 1　波兰教育体系

(三) 详述

1. 学前教育

在波兰,0～3 岁儿童可以送到托儿所和儿童俱乐部。托儿所并不是教育系统的一部分,参加托儿所并不是强制性的,由家庭、劳动和社会政策部监督。

从2017年9月开始,3～5岁儿童都有资格接受学前教育,可选择上学前班,而6岁儿童则必须参加1年的强制性学前教育,以激发儿童的初级阅读技能和数学。从2016/2017学年开始,小学一年级的义务教育从7岁开始。

2. 小学教育

小学阶段是所有7～15岁学生必须完成的义务教育,通常8年,包括两个阶段:1～3年级的第一个周期是初学者阶段,由一名教师管理,而4～8年级则引入系统学习,科目包括艺术和音乐、手工艺和技术、波兰语、数学、社会和自然环境以及体育。小学教育是免费的。

3. 中学教育

从2017年开始,三年制初中逐步被淘汰。原小学六年级毕业的学生成为新的八年制小学的七年级学生。原来初中的强制性校外考试在小学八年级进行,其成绩将影响入读中学。初中教授的科目有波兰语、历史、公民教育、两门外语、数学、物理和天文学、化学、生物学、地理、美术/音乐、技术、信息技术、体育和宗教或道德。在课程结束时,根据学生平时成绩以及人文、科学和外语考试对学生进行评估。

中学教育从全日制义务教育结束时开始,为学生直接进入劳动力市场或高等教育做准备。尽管这一阶段的教育不是义务教育,但绝大多数学生会继续接受中学教育。学生可以选择4年制普通中学,完成学业后通过大学入学考试(Matura)接受高等教育;也可以选择职业中学,职业中学增加职业教育的学时占比,满足职业教育专业化的需要。

4. 职业教育

波兰有重视职业教育的传统。20世纪30年代,波兰就建立起了较为完善的职业教育体系。20世纪六七十年代,波兰每年有上百万学生小学毕业后直接进入职业学校,成为波兰实现工业现代化的重要力量。在波兰,职业教育在现行的学校教育结构内仍发挥重要作用。中学阶段,接受职业教育的学生多于接受普通教育的学生。职业教育学校专为希望获得职业资格证书的中学生开设。

5. 高等教育

高等教育遵循博洛尼亚计划,其中大部分高等教育课程由2个周期组成:第一周期为3～4年制学士学位项目,第二周期为1.5～2年制硕士学位项目。一些硕士学位在独特的长周期课程后授予,持续4～6年(例如药学5年,医学6年)。博士学位学制一般为3～4年。小学教师要求在师范学院完成3年学业。职业高等教育学制一般为2.5年。

(四) 考试、升级与证书制度

在8年级末学生完成初等教育学业时，将进行强制性校外考试，成绩将影响学生入读高中。该考试具有升学选拔作用。

波兰教育系统中，完成中等教育学业的学生通常在5月份参加全国性的中学毕业考试，考试的正式名称为egzamin maturalny，通常称为matura。该考试对于波兰中学毕业生来说并不是强制性的，但学生必须通过考试才能申请波兰高校。没有通过考试的学生还可以在8月份参加重考。

1999年波兰颁布了一项重大考试改革，后被推迟至2005年生效。在旧制度下(通常称为stara matura)，考生的考试试卷完全由自己学校教师批改并进行评价。在新体系(nowa matura)中，考试由独立审查员进行批改评价。改革使评价结果更加客观，因此波兰高等教育机构不再像旧教育制度下那样进行入学考试，而是主要根据全国性高中毕业考试的结果进行录取。该考试包括"基础水平"(poziom podstawowy)的3门必修考试：波兰语(包括波兰语和欧洲文学知识)、选定的现代语言(英语、法语、德语、意大利语、西班牙语或俄语)、数学，以及至少1门"扩展层次"科目(poziom rozszerzony)。"扩展层次"科目包括生物、化学、地理学、社会学、历史、艺术史、音乐史、信息技术、物理和天文学、拉丁文和古代历史、哲学，另一种现代语言：波兰语言族群(白俄罗斯语、立陶宛语、乌克兰语)等。其中，波兰语和其他语言的考试既有笔试，也有口试，考试结果用百分数来表示。要通过考试获得证书，学生的3门必修考试中每门科目至少获得30%的分数，并且从2023年开始，学生至少选取一个"扩展层次"科目进行考试。考试结果通常是申请高等院校的重要依据。自2015年以来，考试结果不仅以百分比表示，而且在证书上还附有位数，旨在更公平地比较Matura考试不同年份的分数。

中学毕业考试由中央考试委员会(Centralna Komisja Egzaminacyjna，简称CKE)负责，并由多个地区考试委员会(Okręgowa Komisja Egzaminacyjna，简称OKE)协助。这些机构还为完成小学学业的学生进行测试。

波兰高等教育的学习组织形式包括全日制和非全日制两类。高等教育机构包括大学类型(学术型高校)和非大学类型(职业型高校)，这两种高等教育机构都提供第一、第二周期的课程以及长周期的硕士学位课程。但职业高校目前无法提供第三周期项目课程(博士学位课程)，也无权授予博士学位，学生可在学术型高校进行第三周期的博士研究并获得博士学位。学习第一周期课程的学生可获得Licencjat(3～4年制课程)和Inżynier(3.5～4年制课程)两类学位，均相当于学士学位。该阶段着重为学生毕业后就业或进行硕士阶段深造做准备，学生需要获得

180～240ECTS学分才能获得学士学位。

获得学士学位的学生可以选择进入第二周期课程项目，学制为1.5～2年，因学习专业和领域不同而有所区别。该阶段旨在提供特定领域的专业知识，为学生在特定职业中进行创造性工作做准备。学生需要修得90～120ECTS学分才能获得硕士学位。硕士学位获得者可以继续进修博士课程（第三周期学业），进而获得博士学位。

同时，学生可选择在长周期硕士学位课程的研究领域进行深造，通常为4～6年。除了一般的设置体系外，表演、艺术保护和修复、教会法、牙医、法律、医学分析、医学、制片和摄影、药学、心理学和兽医学等11个专业提供长周期硕士学位课程。长周期硕士学位课程的目标是获得专业硕士（Magister，或依据具体课程等同于Magister）学位。要获得该学位，学生需要获得270～360ECTS学分。这种单一性长周期学科课程采用综合学习方案，将基础学习课程和专业化深入课程相结合。完成学业后，相当于获得第二周期硕士学位。

第一周期、第二周期和长周期硕士课程的最后阶段都有文凭考试，只有通过考试的学生才能获得相关学位。获得硕士学位的学生可以从事其特定的专业，或者进入第三周期学习。第三周期课程通常由高校或高校以外的研究机构提供，时长为3～4年。博士学位申请人在向学术委员会提交论文、成功通过答辩且通过考试后才可取得博士学位。

（五）成绩评价制度

波兰中学采用6分制来评价学生学业，特别有天分的学生获得6分“优秀”（celujacy）的评价。老师一般不给学生“不及格”，“不及格”通常只在“重要”科目（如波兰语言或数学）中出现。波兰中学成绩评价制度见表1。

表1　波兰中学成绩评价制度

成绩评价	描述	对应中文意义
6	celujacy	优秀
5	bardzo dobry	良好
4	dobry	中等
3	dostatecsny	及格
2	mierny	不及格
1	niedostateczny	不及格

（六）常见教育证书

波兰常见教育证书见表2。

表2 波兰常见教育证书

序号	证书	证书描述
1	Świadectwo Ukończenia Szkoły Podstawowej	小学毕业证书，完成小学阶段8年学业获得该证书
2	Świadectwo Ukończenia Zasadniczej Skoly Zawodowej	基础职业教育毕业证书，完成10年小学与职业中学学业后获得该证书，准入条件为小学毕业，毕业后可继续在技术/职业学校继续教育
3	Świadectwo Dojrzalości Liceum Ogólnokształcącego	普通中学毕业证书，学制4年，完成普通中学学业后获得该证书，准入条件为获得小学毕业证书
4	Świadectwo Ukończenia	结业证书，完成4年中学学习，但未参加或未通过中学毕业证书考试的学生可以获得该证书
5	Świadectwo Ukończenia Szkoły Zasadniczej	职业中学毕业证书，完成5年职业中学学业获得该证书
6	Świadectwo Dojrzalości Technikum	技术中学毕业证书，完成4～5年技术高中学业获得该证书，准入条件为获得小学毕业证书
7	Świadectwo Dojrzałości Liceum Profilowanego	专业学校毕业证书，完成4～5年专业学校中学学业后获得该证书，准入条件为获得小学毕业证书
8	Świadectwo Ukończenia	大专毕业证书，完成2～3年专科教育后颁发，准入条件为获得职业中学毕业证书
9	Dyplom Tytuł Licencjat	高等教育文凭，完成3～4年高等教育学业获得该文凭，该文凭自1992年开始颁发
10	Licencjat	学士学位，完成3～4年（180、210或240ECTS学分）学业获得该文凭，从2006年开始颁发，准入条件为获得普通中学毕业证书或职业中学毕业证书

（续表）

序号	证书	证书描述
11	Dyplom Tytuł Inzynier	工程师文凭，完成 3.5～4 年学业，获得 210ECTS 或 240ECTS 学分，从 2006 年开始颁发
12	Dyplom Ukończenia Wyższych Studiów Zawodowych	高等职业教育文凭，完成 4～5 年全日制学业后获得该文凭，准入条件为获得普通中学毕业证书或职业中学毕业证书，该文凭自 2005 年颁发
13	Magister	硕士学位，完成 1.5～2 年学业，获得 90 或 120ECTS 学分后获得该学位，准入条件为获得学士学位
14	Magister Inzynier	工程师硕士学位，完成 1.5～2 年学业，获得 90 或 120 ECTS 学分后获得该学位，准入条件为获得学士学位，从 2006 年开始实施
15	Dyplom Tytuł Magister Farmacji	药剂师文凭，学制 5 年，准入条件为获得普通中学毕业证书或职业中学毕业证书并通过入学考试
16	Dyplom Tytuł Dentitista/Stomatologa	口腔科医师文凭，学制 5 年，准入条件为获得普通中学毕业证书或职业中学毕业证书并通过入学考试
17	Dyplom Tytuł Weterynarii	兽医文凭，学制 5 年，准入条件为获得普通中学毕业证书或职业中学毕业证书并通过入学考试
18	Dyplom Tytuł Lekarz	医师文凭，学制 6 年，准入条件为获得普通中学毕业证书或职业中学毕业证书并通过入学考试
19	Dyplom Oierszego Stopnia Specjalizacji	专业医师文凭，至少完成 2 年专业医学学业，准入条件为获得医师文凭
20	Doktor Nauk	科学博士学位，至少完成 3 年研究生学业，准入条件为获得硕士学位
21	Doktor	博士学位，博洛尼亚学位结构中的第三周期学位，学制 3～4 年，包括课程学习、研究和论文答辩，准入条件为获得硕士学位，从 2006 年开始实施
22	Doktor Habilitowany	博士后，准入条件为获得博士学位

德国的教育证书评估研究

一、国家概况

德意志联邦共和国，简称德国，实行议会民主制下的总理负责制。德国位于欧洲中部，东邻波兰、捷克，南毗奥地利、瑞士，西界荷兰、比利时、卢森堡、法国，北接丹麦，濒临北海和波罗的海，首都柏林。陆地边界全长 3 876 千米，海岸线长 2 389 千米。位于北纬 47～55 度之间的北温带，西北部海洋性气候较明显，往东、南部逐渐向大陆性气候过渡。德国行政区划分为联邦、州、市镇三级，共有 16 个州，12 846个市镇，领土面积 35.8 万平方千米，人口约 8 470 万(2024 年 4 月)，主要是德意志人，首都为柏林。德国人信仰天主教、新教较多。

德国是高度发达的工业国，全球第三大出口国。经济总量位居欧洲首位，世界第三大经济强国。2023 年德国国内生产总值 4.12 万亿欧元，人均国内生产总值 4.88 万欧元。德国农业发达，机械化程度很高。旅游业发达，著名景点有科隆大教堂、柏林国会大厦、波恩文化艺术展览馆、罗滕堡、慕尼黑德意志博物馆、海德堡古城堡、新天鹅石宫和德累斯顿画廊等。

二、教育

(一) 教育概况

德国教育和文化艺术事业主要由各州负责，联邦政府主要负责教育规划和职业教育，并通过各州文教部长联席会议协调全国的教育工作。在中小学教育、高等教育以及成人教育和进修方面，主要立法和行政管理权属于各州。全国性的文化艺术活动由联邦政府予以资助。对外文化交流由外交部负责协调。

大、中、小学和职业教育发达。实行 12 年制义务教育，公立学校学费全免，教科书等学习用品部分减免。小学学制 4～6 年，中学学制 5～9 年，高等学校享有一定自主权，对高中毕业生原则上实行自由入学，对部分学科规定名额限制。职业教育实行职业学校理论学习和企业技术实践相结合的双元制。成人教育和业余教育十分普及。教师为终身公务员，必须受过高等教育。截至 2023 年 12 月，德国各类中小学 3.27 万所，在校中小学生 840 万人；截至 2024 年 3 月，高校 427 所，大学生 287 万人。

（二）教育体系

德国的教育体系为 12 年义务教育，教育体制因州而异。学前教育不属于国民义务教育，是自愿性的。德国的人才培养途径主要有两种：第一，小学—文理中学—大学，这是一条直升大学的道路，培养的是进行基础理论研究的人才；第二，小学—普通中学或实科中学—职业学校，这种途径以就业为导向，主要培养专业性和技术性强的服务性人才，体现德国“双元制”职业教育特色。职业学校的学生在学校和企业同时学习，强化职业技能，毕业时达到毕业即可上岗工作的水平。德国中小学学年是从每年 8 月至次年 7 月，高校每学年分为冬季学期和夏季学期，冬季学期一般 10 月初开学，夏季学期一般 4 月初开学。德国教育体系见图 1。

（三）详述

1. 基础教育

在德国，孩子年满 6 岁就要依法接受义务教育，进入小学学习。德国的小学学制一般为 4 年，在柏林和勃兰登堡州小学学制为 6 年。学生们主要学习德语、数学、自然和社会科学、音乐和美术等基本学科，并获得一定的体育和手工艺教育，为进入中学教育阶段做准备。这个阶段的最大特点是不给予儿童功利性的分数成绩导向，而是以教师评价作为考量。

2. 中等教育

学生在完成小学基础教育后进入中学阶段学习。德国的中学有四种不同的类型，分别是普通中学（Hauptschule）、实科中学（Realschule）、文理中学（Gymnasium）和综合中学（Gesamtschule）。

1）普通中学

普通中学的生源是小学毕业没能进入其他几类中学的学生，这类学生必须进入普通中学继续学业，以完成义务教育。其发展是以职业教育为主。普通中学学制一般为 5 年，包括 5～9 年级，少数州比如下萨克森州可以升级到 10 年级，但是否升级根据学生意愿而定。毕业时学生无需参加考试即可获得毕业证书。学生结束学业后进入为期 3 年的双元职业教育学校，接受德国“双元”制体系培训。

年龄 29 28 27 26 25 24 23 22 21 20 19 18 17 16 15 14 13 12 11 10 9 8 7 6

年级 23 22 21 20 19 18 17 16 15 14 13 12 11 10 9 8 7 6 5 4 3 2 1

博士
Doktor
3年

硕士
Magister (FH)
2年

硕士
Magister
2年

应用科技大学
应用科学大学本科文凭/本科学位
Diploma(FH)/Bachelor(FH)

大学本科
学士学位
Bakkalaureus
4年

专业职业学校
Fachschule

职业技术学校
职业技术学校毕业证书
Berufsbildungsreife/Berufsreife
2年

高级职业技术专科学校
Fachoberschule
2～3年

职业预科
1年

普通中学
Hauptschule
普通中学毕业证书
Zeugnis des Hauptschulabschlüsses
5年

实科中学
Realschule
实科中学毕业证书
Zeugnis des Realschulabschlüsses
6年

综合中学
Gesamtschule
高中毕业证书
Abitur/Zeugnis der Allgemeinen Hochschulreife
职业技术学校毕业证书
Berufsbildungsreife/Berufsreife
9年

文理中学
Gymnasium
高中毕业证书
Abitur/Zeugnis der Allgemeinen Hochschulreife
9年

小学
Grundschule
4年（柏林和勃兰登堡州6年）

图1　德国教育体系

2）实科中学

实科中学的教育方向介于普通中学和文理中学之间，在教学内容上提供比普通中学更进一步的普及性中学教育。实科中学的学制一般为 6 年,从 5～10 年级。学生在校期间需要至少学习一门外语,结业时学生获得实科中学毕业证。实科中学是顺应较高等的职业教育需求而产生的,一直是德国教育体系中的典范,具有良好的教育成效,毕业生可获得实科中学毕业证书,并具有许多发展选择:参加更高等的职业培训;继续升学,例如继续就读高级职业中学后参加德国的职业高考,或者申请进入职业导向的文理中学,继而参加德国高中毕业会考(Abitur),获得德国高等教育入学资格。

3) 文理中学

文理中学的学制一般为 9 年,包括 5～13 年级,其中 11～13 年级为高级阶段。文理中学 13 年级毕业生参加德国高中毕业会考后,可进入德国大学就读。文理中学实行淘汰制,会有定期考核,不合格的同学会面临留级或被要求转读其他类型中学的后果。根据联邦德国文化部近年公布的数据,德国每年上文理高中的学生在 40%～50%区间内波动。

4) 综合中学

综合中学是以"机会平等"为创办基础,其宗旨是把文理中学、实科中学和普通中学三种学校的教学方向融合在同一所学校内。课程分为两种:一是基本课程,同年级的学生共同上课;二是强化课程,依学生程度分别教学。学制一般为 9 年,包括 5～13 年级,13 年级毕业的学生其学历相当于文理中学的毕业生。

3. 职业教育

从层次上看,德国职业教育以中等职业教育为主,16～19 岁年龄段的青年接受职业教育者超过 70%。职业中学有多种类型,是为已完成普通中学或实科中学教育的学生提供专门职业教育和培训的机构。这些学校提供理论课程和实习机会,被称为"双元制"教育。20 世纪 70 年代以来"双元制"职业教育逐渐向高等教育延伸,采用"双元制"模式的"职业学院"及部分"专科大学"纳入高等职业教育范畴。

作为德国职业教育最主要的形式,"双元制"是将传统的"学徒"培训方式与现代职业教育思想结合的一种企业与学校合作办学的职业教育模式。根据受教育者与企业签订的以司法为基础的职业教育合同,受教育者在企业以"学徒"身份、在职业学校则以"学生"身份接受完整、正规的职业教育。企业为"一元",职业学校为另"一元"。这里所谓"教育企业"是必须具有相关资质的企业才有资格开展职业教育。

4. 高等教育

德国的高等教育非常普及，各类高等学校共300多所，分布在16个联邦州。相对于英美大学的高学费和各大学间教育质量参差不齐，德国大学免学费的政策和大学间整齐平均的教育质量吸引了大批赴德留学生。

德国的高等学校根据其性质和任务主要分为三类：①综合性大学。这类大学学科门类齐全，设有工科、理科、法学、经济学、社会学、医学、农学等学科，注重系统的理论知识和学术研究。②应用科技大学。该类大学建校历史一般较短，学校规模较小，主要开设面向实践的应用性强的专业，如工程、工商管理、经济和食品等学科。其课程设置除必要的理论知识外，更多偏重于应用，注重培养学生的实践动手能力。③艺术与音乐学院。这类院校数量不多，规模较小，根据学生的特点进行专业教学，充分发挥学生的艺术才能。

（四）考试、升级与证书制度

德国从6岁开始进行小学教育。在小学阶段，除了柏林和勃兰登堡州等少数州为6年外，其余为4年。德国比较提倡多样化的教育方式，在学习课本知识之外，学校还会着力培养学生的课外兴趣，帮助孩子了解日后将要成为的社会角色。在教学内容上，有读、写、数学、德国文化、德语、音乐、乡土实物、艺术、体育和宗教等课程。一二年级原则上不计分，由任课老师根据学生的学习情况和特点给出评语以及今后的发展建议。三四年级开始采用计分制。德国小学生通常只有早晨上课，家庭作业量少，且考试都是开卷考试，每学年只有两次考试。小学毕业时没有毕业证书，但会有一份成绩报告，并依据成绩进行分流。

中等教育主要有四种学校可供选择，依次为普通中学、实科中学、文理中学和综合中学。普通中学学制4年，学生可以学到一些基本知识，包括德语、数学、自然科学、社会科学、一门外语（通常是英语）和一些职业技能。所有课程都强调实用性和操作性。这一阶段为职业教育的准备期，其目的是使学生掌握和具备继续接受职业教育的基础知识。学生按教学规定完成上述5～9年级初阶的全部课程并通过考试后，取得普通中学毕业文凭，获得进入高阶的职业教育资格，继续接受德国"双元制"职业教育，学制为2～3.5年。教学分别在企业和职业学校里交替进行，约70%时间在企业，30%时间在学校。学生在学习期间不仅不交学费，而且每月还可得到由企业提供的生活津贴及法定社会保险，毕业后作为技术工人或手工业劳动者走上职业岗位。

实科中学的教学课程有德语、社会学、地理学、数学、自然科学、艺术、音乐、手工编织、宗教和体育等。除必须学习第一外语英语以外，从六年级开始还要学习第二外语，一般为法语、西班牙语、荷兰语等。从七年级开始设置选修课，学生可以根据自己的兴趣和爱好选课。学生获得毕业证书以后可以进入更高一级的学校里学习，如全日制的职业技术学校（Berufsfachschule）或高级职业技术专科学校（Fachoberschule），也可以进入应用科技大学（Fachhochschule）继续深造。实科中学毕业的学生就业方向更加灵活，能够获得在工商业、行政管理和社会部门承担中级管理人员资格，就业率相对较高。

文理中学的生源是小学基础教育阶段成绩较好的学生，只有从文理中学毕业的学生，才有资格参加高中毕业考试并升入综合性大学。文理中学强调严格的学术教育，教育质量较高，尤其突出外语教育，每个毕业生要求掌握至少2门外语。高级阶段的学生需要以个人或集体为单位做一些课题，可供选择的研究内容通常有三类：语言、文学、艺术；社会科学；数学、科学与技术。在最后的中学毕业考试中也必须包含这三方面的内容。在完成了13年学业并通过高中毕业会考后，毕业生获得高等教育入学资格。

（五）成绩评价制度

德国小学和初中考试成绩采用1～6分成绩评价制度，数值越小，表示学生成绩越好。1＝优秀（sehr gut）；2＝良好（gut）；3＝中等（befriedigend）；4＝及格（ausreichend）；5＝较差/不及格（mangelhaft）；6＝最差/不及格（ungenügend）。高中则采用15分制成绩评价制度，其中15分是最好成绩，0分是最差成绩。具体见表1。

表1　德国成绩评价制度

6分制 成绩评价	15分制 成绩评价	百分制 成绩评价	成绩描述	对应中文意义
1	15,14,13	92～100	sehr gut	优秀
2	12,11,10	80～91	gut	良好
3	9,8,7	65～79	befriedigend	中等
4	6,5	50～64	ausreichend	及格
5	4,3,2,1	30～49	mangelhaft	较差/不及格
6	0	＜30	ungenügend	最差/不及格

（六）常见教育证书

德国常见教育证书见表2。

表 2　德国常见教育证书

序号	证书	证书描述
1	Zeugnis des Hauptschulabschlüsses	普通中学毕业证书，完成 3～5 年初中学业后获得该证书，具体年限各州有所差别，准入条件为完成 4 年或 6 年小学教育
2	Zeugnis des Realschulabschlüsses	实科中学毕业证书，学制 5 年，学生完成 5～10年级实科中学学业后获得该证书，准入条件为完成 4 年或 6 年小学教育
3	Berufsbildungsreife/Berufsreife	职业技术学校毕业证书，学制 3～5 年，准入条件为完成 4 年或 6 年小学教育
4	Abiturzeugniss/Abitur	高中毕业证书，德国高中毕业生依据该证书可进入综合性大学，准入条件为小学毕业
5	Zeugnis der Allgemeinen Hochschulreife	高中毕业证书，完成 6 年或 7 年文理中学学业后获得该证书，准入条件为完成 6 年小学和初中学业
6	Zeugnis der Fachhochschulreife	应用科学大学入学证书，完成 1～2 年高中学业后获得该证书，准入条件为完成实科中学学业
7	Bakkalaureus	学士学位，学制 3～4 年，准入条件为获得高中毕业证书并通过德国高中毕业考试(Abitur)
8	Bachelor(FH)	应用科学大学本科学位，完成 3 年学业获得该学位，准入条件为获得应用科学大学入学证书
9	Diploma(FH)	应用科技大学本科文凭，学制 3.5～4 年，包括实习，准入条件为获得应用科学大学入学证书
10	Magister	硕士学位，学制 2 年，准入条件为获得学士学位
11	Doktor	博士学位，学制 4～6 年，准入条件为获得硕士学位

捷克的教育证书评估研究

一、国家概况

捷克共和国简称捷克，首都布拉格。地处欧洲中部，东靠斯洛伐克，南邻奥地利，西接德国，北毗波兰。属北温带，典型温带大陆性气候。面积7.89万平方千米。人口1 090万(2023年)，其中约90%以上为捷克族，斯洛伐克族占2.9%，德意志族占1%，此外还有少量波兰族和罗姆族(吉普赛人)。官方语言为捷克语。主要宗教为天主教。

捷克为中等发达国家，工业基础雄厚，主要有机械制造、化工、冶金、纺织、制鞋、木材加工、玻璃制造和啤酒酿造等工业部门。捷克于2006年被世界银行列入发达国家行列，在东部欧洲国家中拥有高水平的人类发展指数。

二、教育

(一) 教育概况

捷克的教育体系在1774年开始建立，有着悠久历史，目前实行九年制义务教育。高中、大学实行自费和奖学金制，但国家对学生住宿费给予补贴。根据1990年颁布的有关法律，允许成立私立和教会学校。著名大学有查理大学、捷克技术大学、马萨里克大学、布拉格经济大学和帕拉茨基大学。

2020年，捷克共有59所大学，其中28所公立大学，31所私立大学。大学在校生30万，其中外国留学生5万。位于首都的查理大学是中欧最古老的学府，创办于1348年，现有17个院系(其中3个在外地)。创办于1707年的捷克技术大学，在中欧同类大学中拥有最悠久的历史。

(二) 教育体系

捷克现行教育体系为5—4—3—3+。捷克学生6岁开始上小学，义务教育为

6～15 岁，11 岁上初中，大多数孩子上公立学校，部分孩子会进入新兴私立学校和教会学校。中学平均课时数约为每周 30 节，小学的课时数更少，而专业学校的课时数通常较多。学校 8 点或 8 点 15 分开始上午课程，上午一般有 4～6 节课，一节课为 45 分钟，课间休息时间为 5～15 分钟。中午午休时间通常为 45 分钟，午休结束后进行下午课程，最迟在 4～5 点结束。

学年一般从 9 月 1 日开始，到次年 6 月 30 日结束。一学年分为 2 个学期(9 月～次年 1 月，2 月～6 月)。不同类型学校的开学日期有所区别。捷克教育体系见图 1。

年龄
29 28 27 26 25 24 23 22 21 20 19 18 17 16 15 14 13 12 11 10 9 8 7 6

年级
24 23 22 21 20 19 18 17 16 15 14 13 12 11 10 9 8 7 6 5 4 3 2 1

理科副博士学位/哲学博士学位
Kandidát Věd/Doktor
(Ph.D.)
3～4年

硕士
Magistr
硕士学位
1～3年

第二级高等教育
本科毕业证书
Absolvent
2～3年

学士学位
Bakalar/Bakalar Umeni
3～4年

第一级高等教育
专科文凭
Absolutorium
2～3年

普通/职业/技术高中
高中毕业证书
Maturitni Vysvedceni
3～4年

普通/职业/技术高中
高中毕业证书
Maturitni Vysvedceni
6年

普通/职业/技术高中
高中毕业证书
Maturitni
Vysvedceni
8年

初中
教育基础证书
Vysvedceni
4年

小学
Primary School
5年

图 1　捷克教育体系

（三）详述

1. 基础教育(小学和初中教育)

捷克义务教育为9年,学生可以在不同类型的学校接受教育,进而接受不同类型的教育项目。义务教育通常分为2个阶段:小学阶段和初中阶段,其中小学阶段为1～5年级,初中阶段为6～9年级。

此外,在义务教育第5年可以申请进入学制8年的职业中学或在第7年申请进入学制6年的职业中学。职业中学是提供专业学习的学校,也为学生提供基础教育。同时,学生可以选择就读音乐学校,例如8年的舞蹈音乐学院。残疾学生通常进入特殊学校以更好地为他们提供合适的教育。所有类型的学校都为学生提供基础教育,使他们能够继续在中学和大学阶段接受更高阶段的教育。

2. 高中教育

高中教育分为普通教育和职业教育,一般为3～4年,属于非强制性的。职业教育比普通中等教育更为普遍,完成职业教育的学生通常会在他们选择的学习领域直接从事相关职业,不会在传统教育系统中进行更高阶段的学习。接受普通中学教育的学生并不多,因为大多数学生在5年级后就已经进入了职业中学。

3. 高等教育

高等教育在各类高等教育机构(vysokéškoly)进行,这属于捷克教育体系的最高水平。高等教育的总体目标是为学生提供专业资格,使他们为从事研究和终身学习做好准备,为国家和社会发展,特别是欧洲合作的发展作出贡献。他们将教学与学术、研究、发展、艺术和其他创造性活动联系起来,以实现这一目标。

高等教育提供学士学位课程、硕士学位课程和博士学位课程。此外,学院还提供其他形式的教育,如再培训项目、老年大学项目、以资格证书为导向的项目等。

（四）考试、升级与证书制度

捷克9年义务教育分为2个阶段,第一阶段是小学1～5年级,第二阶段是初中6～9年级。从6岁开始,儿童有资格在当地学校就读,也可以选择所在地区以外的学校就读。当学生顺利完成基础教育5年级或7年级学业,提出申请,在达到招生要求后,可以进入8年或6年制的职业中学就读。申请人一般要通过统一的捷克语言文学和数学的入学测试,有些还要通过申请学校自主安排的入学考试。

高中教育阶段,各个学校的入学考试有所不同。学校通常根据捷克语、数学和常识测试来选拔学生,也有些学校只根据基础教育阶段的成绩来录取学生。捷克高中的阶段考试比较自由,学生可以请求老师更改考试时间,自由选择是笔试还是口试。在高中阶段的评价体系中,小组讨论表现、平时成绩、社会活动参与情况都非常重要。毕业时学生需要参加数学和捷克语等考试，顺利通过后颁发毕业证书。

高等教育采取申请制，申请学校的数量没有限制。大学入学的最低要求是完成中学教育，并获得中学毕业证书(maturitní zkouška)。大多数大学通常也会有入学考试，各校入学考试内容不同，申请大学的学生需要参加并通过申请院校的入学考试。

在高等教育阶段，捷克的第一级高等教育为2～3年学制的专科，学生结业后可就业或继续第二级学业；第二级高等教育2～3年，完成后可获得本科学士学位；不分级的本科教育4～6年。研究生教育分硕士、博士两级，可在职或脱产学习。

(五) 成绩评价制度

捷克学校一般采用5分制数字成绩评价制度。如果学生在学期结束时不及格，可以重新参加考试。如果学生重考仍然不及格，则必须重修。捷克成绩评价制度见表1。

表1　捷克成绩评价制度

成绩评价	描述	对应中文意义
1	vyborne	卓越
2	velmi dobre	优秀
3	dobre	良好
4	zapocitane	通过
5	nevyhovel	不及格

(六) 常见教育证书

捷克常见教育证书见表2。

表2　捷克常见教育证书

序号	证书	证书描述
1	Vysvedceni	基础教育证书，完成9年基础教育学业获得该证书
2	Maturitni Vysvedceni	高中毕业证书，完成8年文理中学(基础教育学校5年级时入学)/6年文理中学(基础教育学校7年级时入学)/普通高中4年/技术高中4年/职业高中4年学业后获得该证书

（续表）

序号	证书	证书描述
3	Absolutorium	专科文凭，完成 2 年高等教育学业后获得该证书，入学条件为获得高中毕业证书
4	Bakalar/Bakalar Umeni	学士学位，完成 3～4 年高等教育学业后获得该证书，入学条件为获得高中毕业证书
5	Absolvent	本科毕业证书，完成 4～5 年大学学业后获得该证书，入学条件为获得高中毕业证书
6	Promovany	高等教育文凭，在高等教育学院完成 4～5 年大学学业后获得该证书，相当于中国学士学位，入学条件为获得高中毕业证书
7	Diplom o Absolvovani Ucitelskeho Studia Prvni	基础学校小学教师毕业证书，学制 4 年，入学条件为获得高中毕业证书
8	Diplom o Absolvovani Ucitelskeho Studia Ucitele Vseobecne	普通教育教师毕业证书，学制 4～5 年，入学条件为获得高中毕业证书
9	Inženýr	工程师文凭，学制 5 年，入学条件为获得高中毕业证书
10	Akademicky Architekt	建筑工程师，学制 6 年，入学条件为获得高中毕业证书
11	Doktor Medicíny/Veterinární	医学/兽医学专业学位，学制 6 年，入学条件为获得高中毕业证书
12	Magistr	硕士学位，学制 1～3 年，入学条件为获得学士学位
13	Doktor Přírodních Věd (RNDr.)	自然科学博士，完成 1 年学业并通过国家最终考试后授予该学位，入学条件为获得硕士学位
14	Kandidát Věd	理科副博士学位，至少完成 3 年研究生学业后获得该证书，入学条件为获得硕士学位
15	Doktor (Ph.D.)	哲学博士学位，完成 3～4 年研究生学业，通过原创性研究完成论文，并通过论文答辩和国家考试后获得该学位

瑞士的教育证书评估研究

一、国家概况

瑞士全名瑞士联邦，位于中欧的内陆国。与奥地利、列支敦士登、意大利、法国和德国接壤。地处北温带，受海洋性气候和大陆性气候交替影响，气候变化较大，年平均气温9℃。瑞士面积41 284平方千米，其首都为伯尔尼。全国人口873.8万人（2024年），其中外籍人口约占26.5%。德语、法语、意大利语及拉丁罗曼语4种语言均为官方语言，居民中讲德语的约占62%，法语23%，意大利语8%，拉丁罗曼语0.5%，以及其他语言。居民主要信仰天主教、新教。

瑞士是高度发达的工业国。实行自由经济政策，政府尽量减少干预。对外主张自由贸易。瑞士矿产资源匮乏，仅有少量盐矿、煤矿、铁矿和锰矿。生产生活所需能源、工业原料主要依赖进口。水力资源丰富。森林面积131.3万公顷，森林覆盖率为31.8%。机械制造、化工、医药、高档钟表、食品加工是瑞士的主要支柱产业。工业技术水平先进，产品质量精良，在国际市场具有很强的竞争力。除ABB、雀巢、诺华、苏尔寿等著名大公司外，绝大多数为中小企业。金融业发达，2021年全国共有银行239家。最大城市苏黎世是国际金融中心之一，是仅次于伦敦的世界第二大黄金交易市场。外贸在经济中占重要地位。95%的原料、能源和60%的消费品依靠进口；工业产品的70%～90%外销，商品和服务出口占国内生产总值的40%。

二、教育

（一）教育概况

瑞士的教育事业由各州管理，自筹经费，自编教材。全国实行11年义务教育，各类学校1万余所。有30多所高等院校，其中苏黎世联邦理工大学和洛桑联邦理工大学直属联邦。2021/2022年度义务教育学生约98.8万人。2022/2023年度高等院校学生 27.5 万人。

（二）教育体系

瑞士的教育体系为 2—6—3—3＋，其中义务教育阶段为 11 年。学年通常在 7 月开始。瑞士教育体系的特点是初中普及，高中比重小，职业学校比重大，职业教育是瑞士教育的一大亮点。瑞士教育体系见图 1。

年龄

29 28 27 26 25 24 23 22 21 20 19 18 17 16 15 14 13 12 11 10 9 8 7 6 5 4

年级

23 22 21 20 19 18 17 16 15 14 13 12 11 10 9 8 7 6 5 4 3 2 1 0

博士
Doktor
一般至少3年

硕士学位
Master
1.5～2年

高级职业技术文凭
Eidgenössisches
Diplom/Diplôme Fédé
ral/Diploma Federale
3年

应用技术大学/
师范教育大学
毕业文凭或学士学位
Diplom FH/Diplôme
HES/Diploma SUP
3年

大学本科
学士学位
Bachelor
3年

职业教育和培训
职业高中毕业证书
Berufsmaturitätszeugnis/Maturité
Professionelle/Maturità Professionale
2～4年

高级中等专业教育
专业高中毕业证书
Fachmittelschulzeugnis/
Maturité Spécialisé
e/Diploma di Maturità
Specializzata
3年

文理高中
文理高中毕业文凭
Maturitätszeugnis/
Maturité
Gymnasiale/Diploma di
Maturità 3～4年

初级中等教育
3年

小学教育
6年

学前教育
2年

图 1　瑞士教育体系

（三）详述

1. 初等教育

初等教育一般开始于 4 岁，共 8 年，包括 2 年的幼儿园和 6 年的小学。初等教育的目标是激发孩子们的潜能，教学侧重个体发展。各个州的教学大纲不尽相同，在小学阶段，学生们主要学习语言、数学与自然科学、社会与人文科学、音乐、艺术设计、体育健康等科目。初等教育中对学生的评估通常不采用考试分数，而是老师对孩子学习能力、自理能力、性格成长等各方面的观察评价。大约在 11～12 岁的时候，有的州会组织一次毕业考试来决定学生进入哪种初中。有些州在小学最后一年的第二个学期举行考试，有些州则在第二个学期举行考试但结合第一和第二学期的综合成绩进行评估。一般情况下，通过毕业考试后即可升入初中，个别未通过者需要留级再考。

2. 中等教育

初中是义务教育的第二阶段，通常是 3 年（提契诺州是 4 年）。初中有几种不同类型，教育结构各州有较大不同。初中教育阶段主要是为了促进学生的全面发展和个性培养，并鼓励他们终身学习，培养学生的责任感和主动性，鼓励学生识别和解决问题、处理冲突，并且能够在个人或团队中工作。初中的主要课程包括语言、第二外语、数学、生物、化学、物理、地理、历史、公民教育、音乐、艺术和设计、体育健康、职业指导和职业教育等。

完成义务教育后，学生们会进入高级中学教育阶段，并可以选择普通高中项目，包括文理高中和高级中等专业学校，或者进入职业学校参加职业教育与培训。每年大约三分之二的学生选择进行职业教育和培训，而三分之一的学生就读于文理高中或高级中等专业学校。在职业学校学生可以在学校学习技能，并通过公司提供的学徒制和跨公司课程获得第一手经验。这些课程通常持续 2～4 年，使学生能够获得技术和实践经验。通过职业学校学习，学生可以获得职业高中毕业证书，并进入就业市场。而文理高中是为学生进入大学深造做准备，通常为 3～4 年，课程包括语言、数学、科学、商业、经济、法律、艺术等。高中结束后，通过考核的学生将获得高中毕业证书，并可以进入大学学习。高级中等专业学校是为学生在医疗保健、社会工作和教育等领域的职业生涯提供专业学习，学制 3 年，在课程结束时，学生须参加毕业考试。通过考试后，获得高级中等专业学校证书，并继续在专业教育与培训学院深造。

3. 职业教育

在瑞士，大约三分之二的年轻人在完成义务教育后开始接受职业教育和培训。

这种在高级中等教育阶段的职业教育和培训，即学徒制，通常在 15 岁开始，并在 18～19岁时完成。这种以实践为导向的基础教育使瑞士与其他国家的教育体系有所不同。职业教育和培训主要基于双轨系统：每周有 3～4 天的时间在培训公司进行实践培训（学徒制），1～2 天在学校进行理论课程（职业和一般教育科目）。此外，职业教育和培训的学生还会参加跨公司课程，以增强职业实践技能。有大约 230 种官方认定的不同职业的职业教育和培训项目，如医疗护工、售货员、IT 工作人员、电工、快递员、厨师等。课程的持续时间根据职业不同，可能是 2 年、3 年或 4 年。通过最终考试后，学徒可以获得国家认可的职业教育证书并从事相关的专业工作。学生在修完额外的课程并通过联邦职业教育文理中学毕业证书考试后，还可获得联邦职业高中毕业证书（德语为 Berufsmaturitätszeugnis，法语为 Maturité Professionelle，意大利语为 Maturità Professionale），并有资格进入相关的应用科技大学学习。

由于瑞士的职业教育与就业市场的紧密联系，瑞士保持了较低的青年失业率。瑞士职业教育和培训体系的特点是高度渗透性，学生可以在基础和高级培训期间选择不同的方向，甚至相对容易地改变职业路径。

4. 高等教育

瑞士高等教育包括大学教育和高等专业教育。大学提供各种学术或实践导向的学位课程，主要包含 3 类，综合大学、应用科技大学和师范教育大学。综合大学是传统的高等教育学术机构，包括十个州立大学和两个联邦管理的联邦理工学院，通常进入综合大学需要文理高中毕业证书或者补充性的大学入学测试。博士学位只能在大学完成。应用技术大学是具有职业导向并提供基于科学、侧重实践的大学教育。目前在瑞士有 8 所公立和 1 所私立的应用科技大学。通常，进入应用科技大学需要联邦职业高中毕业证书。师范教育大学负责教师的教育与培训以及继续教育与培训，从类型上讲，它们属于应用科技大学。高等专业教育是为高要求的职业领域和领导岗位提供课程的教育形式，以劳动力需求为导向，使完成职业教育和培训的专业人士能够专攻某一领域并提升他们的技能和知识。

瑞士于 1999 年开始进行“博洛尼亚宣言”改革，逐步实施欧洲统一的 3—2—3 文凭制度，即 3 年获得学士学位，2 年获得硕士学位，3 年获得博士学位。尽管瑞士只有 10 所州立大学、2 所联邦理工大学、9 所应用科技大学及 17 所师范类大学，但其物理、化学、医学和地质学的研究世界一流。瑞士大学一般分为不同的学院，包括法律和社会科学学院、文学院、自然科学学院和医学院等。这些大学下设许多研究所，其基础理论水平比较高，不少科研成果在国际上都享有盛誉。另外，瑞士还有一些专业学院，主要培养专业技术人员，如工程师、建筑师或经济、行政管理人才等。其各个顶级大学、应用科技大学、理工学院以及许多私人公司都积极参与尖端研究活动，吸引了来自世界各地的科学家，这使瑞士赢得了丰硕成果。按人口计算，瑞士的人均诺贝尔得奖率与人均专利均居世界首位。

（四）考试、升级与证书制度

在瑞士，学生们通常在 8 年的基础教育结束后升入初中。小学结束时的表现、教师的推荐（通常包括家长的意见）以及毕业考试成绩，决定着学生将升入哪种初中。进入初中后，在大多数州，学生每年收到两次成绩单。成绩评价使用 1～6 的评分等级（6 为最佳成绩，4 为合格，低于 4 为不合格）。除了成绩单外，学校还会与学生及其家长进行评估讨论，对学习行为、社交行为和学习态度进行评估。要升入下一年级，通常总体平均成绩需要合格，并且核心科目成绩需要达标。如果 2 次成绩单不合格，则会面临留级或降级的风险。因为在义务教育阶段没有全国统一的毕业考试，因此也没有相应的毕业证书。少数州在初中结束时会对核心科目进行最终考试，并发放初中毕业证书。

高中阶段瑞士既没有全国性的，也没有州一级的统考。文理高中对学生的考评可简单地概括为日常考评、毕业考试和毕业论文三个方面。在日常考评方面，教师一般通过考试对学生的基础知识和基本技能进行考核，在每一学习单元结束后进行一次测验。学期末学校要对学生的学习行为做出评价。在毕业论文方面，文理高中的学生在高中的最后一年要完成一个毕业论文。教师最后要根据一定的标准给论文打分，论文的写作情况占 60%，另外 40%是论文答辩，包括论文介绍和回答老师的问题。论文成绩不计入学生的学业成绩中，但只有毕业论文成绩在及格以上才允许参加毕业考试。在毕业考试方面，文理高中毕业考试分口试和笔试两部分，两者各占 50%。毕业考试科目有德语、英语、法语、数学和专业课笔试。毕业考试的成绩占学生学业成绩的 50%，其余 50%是学生最后一年的平时考核成绩。学生的总体学业成绩在及格以上就可以毕业。获得文理高中毕业证书（德语为 Maturitätszeugnis，法语为 Maturité Gymnasiale，意大利语为 Diploma di Maturità）的学生可以选择进入大学。

（五）成绩评价制度

瑞士成绩评价体系为等级制，其中 6 为最高分，1 为最低分，4 为及格的最低标准；任何低于 4 的分数表示不及格，具体见表 1。

表 1 瑞士成绩评价制度

6 分制成绩评价	百分制成绩评价	描述	对应中文意义
6	95～100	very good(sehr gut,très bien,molto bene)	卓越
5.5	85～95	good to very good	优秀
5	75～85	good(gut,bien,bene)	良好
4.5	65～75	satisfying(befriedigend)	中等
4	55～65	sufficient (genügend,suffisant,sufficiente) sufficient(genügend,suffisant, sufficiente)	及格
3	35～55	nsufficient(ungenügend,insuffisant,insufficiente)	不及格
2	15～35	poor(schwach,mauvais)	差
1	0～15	very poor(sehr schwach,très mauvais)	非常差

（六）常见教育证书

瑞士常见教育证书见表 2。

表 2 瑞士常见教育证书

序号	证书	证书描述
1	Berufsmaturitätszeugnis/Maturité Professionelle/Maturità Professionale	职业高中毕业证书,完成 4 年职业高中学业后获得该证书
2	Fachmittelschulzeugnis/Maturité Spécialisée/Diploma di Maturità Specializzata	专业高中毕业证书,完成 3 年高级中等专业教育学业后获得该证书
3	Maturitätszeugnis/Maturité Gymnasiale/ Diploma di Maturità	文理高中毕业证书,完成 3～4 年文理高中学业后获得该证书
4	Eidgenössisches Diplom/Diplôme Fédéral/ Diploma Federale	高级职业技术文凭,在职业技术领域完成 3 年高级职业教育学习后获得该证书,准入条件为获得职业高中毕业证书
5	Diplom FH/Diplôme HES/Diploma SUP	应用科技大学毕业文凭,完成 3 年应用科技大学学业后获得该证书,准入条件为获得高中毕业证书

（续表）

序号	证书	证书描述
6	Bachelor	学士学位，完成 3 年大学本科学业后获得该证书，准入条件为获得高中毕业证书
7	Master	硕士学位，完成硕士学业后获得该证书，准入条件为获得学士学位
8	Doktor	博士学位，完成博士学业后获得该证书，准入条件为获得硕士学位

斯洛伐克的教育证书评估研究

一、国家概况

斯洛伐克共和国，简称斯洛伐克，欧洲中部内陆国。东邻乌克兰，南接匈牙利，西连捷克、奥地利，北毗波兰。属海洋性向大陆性气候过渡的温带气候。面积 4.9 万平方千米，人口 543 万人(2024 年 7 月)。官方语言为斯洛伐克语。主要外语为英语、德语和俄语。居民约 62%信奉天主教，人口密度 111 人/平方千米。

早年为农业区，基本无工业。捷克斯洛伐克共产党执政期间逐步建立了钢铁、石化、机械、食品加工及军事工业，缩小了同捷克在经济上的差距。1989 年剧变后，斯洛伐克根据联邦政府提出的“休克疗法”开始进行经济改革，导致经济大衰退。1993 年 1 月独立后，推行市场经济，加强宏观调控，调整产业结构。近年来，政府不断加强法制建设，改善企业经营环境，大力吸引外资，逐渐形成以汽车、电子产业为支柱，出口为导向的外向型市场经济。斯洛伐克于 2006 年被世界银行列入发达国家行列，2007 年 12 月 21 日成为申根公约会员国，2009 年 1 月起加入欧元区。

二、教育

(一) 教育概况

斯洛伐克实行 10 年制义务教育(6～16 岁)，国家对食宿给予补贴。公立小学和中学提供免费教育，高等教育对不超过标准学习年限的全日制学生也是免费的。私立和教会学校会收取费用。斯洛伐克语是大多数学校的教学语言，但也有用少数民族语言作为教学语言的学校。除官方语言外，还使用匈牙利语、乌克兰语、保加利亚语、鲁塞尼亚语和德语等。

斯洛伐克教育、科学、研究与运动部(Ministerstvo školstva, vedy, výskumu a

športu Slovenskej republiky)是负责教育的中央公共管理机构,制定教育内容、目标和方法。当地政府在其管辖范围内提供学前、小学和初中教育,区域政府在其管辖范围内提供高中教育。2022 年,全国有 3 137 所幼儿园、2 069 所小学、233 所中学、420 所职业中学、17 所音乐学校、33 所大学。2022 年高校就读人数 10.98 万,其中外国留学生 18 666 人。最著名的高等院校有考门斯基大学、斯洛伐克技术大学、布拉迪斯拉发经济大学、马杰・贝尔大学等。

(二) 教育体系

斯洛伐克实行 4—5—4—3+教育体系。小学 9 年,分为 2 个阶段,第一阶段 4 年,第二阶段 5 年;中学 4 年。大学本科学制通常 3～4 年,硕士学制 1～3 年。从 2021 年 9 月 1 日起,8 月 31 日之前满 5 周岁的儿童必须接受一年的学前义务教育。斯洛伐克义务教育时间由原来的 9 年改为 10 年。学年有 2 个学期,分别为 9 月～12 月,2 月～6 月。斯洛伐克教育体系见图 1。

(三) 详述

1. 初等教育

自 1997 年以来,小学(základné školy)由 9 个年级组成,分为 2 个阶段:第一阶段为 1～4 年级,学生在满 6 岁时可进入一年级,学习阅读、写作,做基本的算术题等;第二阶段为 5～9 年级,通常根据学生的兴趣和技能进行分班。

2. 中等教育

斯洛伐克中学学制为 4 年。主要有普通中学(gymnáziá)、职业中学(stredné odborné školy)和艺术中学(konzervatória)。中学课程分为全日制、兼读制或合并制。学生接受全日制教育的前提是顺利通过入学考试。普通中学一般学制 4 年,也有的普通中学从 5 年级开始,学制 8 年。

3. 职业教育

职业中学(stredné odborné učilište)提供技术、经济、教育、卫生、社会法律、行政、艺术或文化方面的专业教育,部分还提供后中学教育和第三级职业教育。高中体育学校(stredné športové školy)专注于培养学生的体育天赋,应用艺术学校(školi umeleckého priemyslu)为学生提供以艺术和设计为重点的综合艺术教育,音乐学校(konzervatória)是提供初中、高中,甚至第三级特殊艺术教育的学校。

中专学校为学生提供职业中等教育和职业高等教育,为行业提供专业性人才,例如建筑、运输、农业、食品工业、服务、经济、金融部门、文化、国家行政管理和社会生活的其他领域。同时,为学生的后续职业教育做准备。

中等职业学校教育培训的内容分为普通教育和职业教育两部分。以职业(实

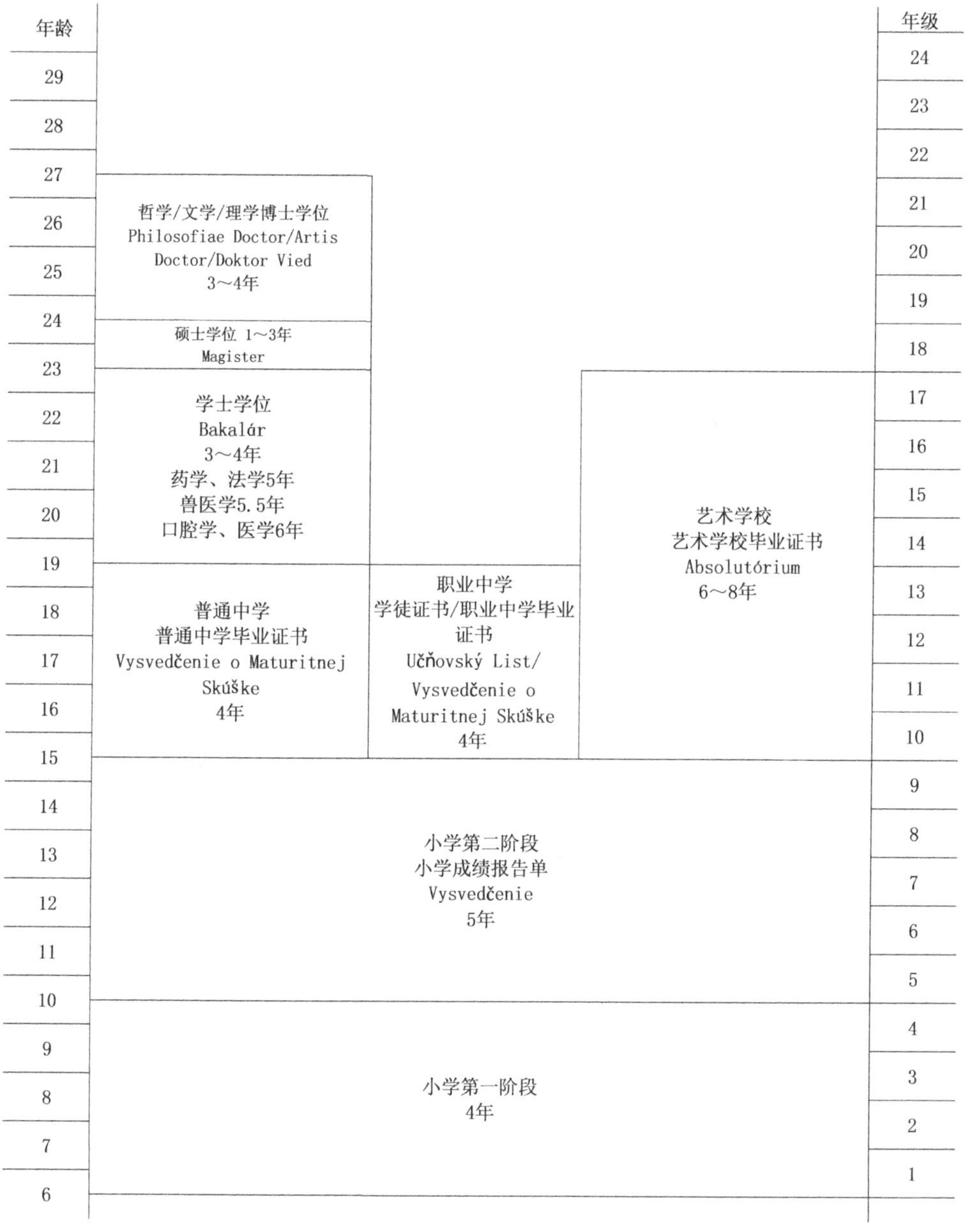

年龄 29 28 27 26 25 24 23 22 21 20 19 18 17 16 15 14 13 12 11 10 9 8 7 6

年级 24 23 22 21 20 19 18 17 16 15 14 13 12 11 10 9 8 7 6 5 4 3 2 1

哲学/文学/理学博士学位
Philosofiae Doctor/Artis Doctor/Doktor Vied
3～4年

硕士学位 1～3年
Magister

学士学位
Bakalár
3～4年
药学、法学5年
兽医学5.5年
口腔学、医学6年

普通中学
普通中学毕业证书
Vysvedčenie o Maturitnej Skúške
4年

职业中学
学徒证书/职业中学毕业证书
Učňovský List/Vysvedčenie o Maturitnej Skúške
4年

艺术学校
艺术学校毕业证书
Absolutórium
6～8年

小学第二阶段
小学成绩报告单
Vysvedčenie
5年

小学第一阶段
4年

图 1　斯洛伐克教育体系

践)训练为基础的教育占主导地位,培训涉及 600 多个研究领域及其专业。

4. 高等教育

斯洛伐克有各种各样的大学和其他高等学府,包括国立高等教育机构、州立高等教育机构和私立高等教育机构。2020年高校就读人数10.87万,其中外国留学生11 272人。著名的高等院校有考门斯基大学、斯洛伐克技术大学、布拉迪斯拉发经济大学、马杰·贝尔大学等。最大的高等院校为布拉迪斯拉发夸美纽斯大学,1919年成立于捷克斯洛伐克,拥有3万多名学生和2 000多名教职员工,包括医学、药学、法律、哲学、自然科学、数学、物理、信息学、体育、教育、管理、福音派神学和罗马天主教神学等专业。

(四)考试、升级与证书制度

小学阶段的评估和评分是形成性或总结性的,可以用任何一种评分量表来表示。小学学生必须参加个别科目的口头和书面考试,或者实际上每学期至少参加2次考试。教师有义务记录学生成绩。只有通过考试的学生才能升入高年级。教师主要监测学生表现,通过各种考试(书面、口头、图形、实践、身体技能)分析学生的不同活动或与学生及其监护人面谈,获得学生评价和评分的信息。

所有小学对五年级学生进行测试(Testovanie 5-2015或T5-2015),包括斯洛伐克语言和文学、匈牙利语言和文学以及数学。该测试对应国际教育标准分类(International Standard Classification of Education,简称ISCED)2级别开始前对学生进行的知识和技能的入学评估,在全国范围内监测ISCED 1级别学生的知识和技能,以此了解学生在ISCED 1级别向2级别过渡过程中是否做好了准备,便于教师了解学生基本情况后可以更好地提高教育和教学质量。

小学九年级时,也会在全斯洛伐克范围内对学生(智力缺陷的学生除外)进行测试,称为测试9(Testovanie 9),测试科目包括数学、斯洛伐克语言和文学、匈牙利语言和文学、乌克兰语言和文学等科目。在完成义务教育时不及格的学生通常可以留级一次。

小学1～9年级期间,第二学期结束时最多两门必修科目"不及格"的学生,可根据校长的决定重新参加考试。补考一般安排在暑假的最后一周,校长设定日期。如果学生因特殊原因不能重新参加考试,校长允许推迟考试时间。在此之前,学生有条件地进入下一年级课程学习。但是重考不合格的学生必须留级。小学阶段每学期结束时,学校应要求发布第一学期学习成绩和行为评估记录。学年结束时,学校给学生颁发包含第一学期和第二学期成绩的证书。

中学阶段学生每门科目成绩考虑的因素包括:学生的系统学习方法、个人和社会能力、责任、努力程度、主动性、在整个学习过程中表现的合作意愿和能力。学生最终成绩不是根据考试获得的分数平均值来确定,而是考虑到每个部分的权重。在每个年级末,学生都会获得证书。证书显示每个科目的数字成绩和行为评估。

在没有分数的科目(道德教育、宗教)中,显示“通过”或“失败”。由于健康原因,学生可以免修部分科目(如体育)。中学生在学年的第一和第二学期末都会收到总评成绩:优秀、良好、通过、不通过。学校会表彰学生的优秀成绩或模范行为,对过失给予不同程度的警告或谴责。对于严重或多次违反校规、共存原则、人权,或社会道德不端行为的学生,如果他们已经完成义务教育,则可能会被有条件开除或直接开除学籍。

在普通中学完成至少4年、最多8年的教育课程,在中等职业学校完成至少4年、最多5年的教育课程,在艺术学校完成4年或8年教育课程后,学生参加离校毕业考试。毕业考试证书是学生达到高中教育水平的证明。

进入高等教育第一阶段本科学习的基本条件是完成普通或职业高中教育。高等教育机构中只有认证过的专业才能招录学生,录取人数由每个高等教育机构/学院决定。入学考试由学校直接组织。学校确定入学要求,并向社会公布入学考试考核的形式、内容和方式。根据《教育法》规定,考试内容不得超过完整高中教育阶段的知识范围。高等教育机构也可以根据学生高中成绩录取申请人。

入学考试主要以书面形式举行。一些学校还包括选定课程的口试或面试。目的是整体上评估申请人对所选学习科目所具备的先决条件和语言技能等。入学程序可能需要进行特长考试。才艺或实践考试主要针对那些打算进入小学教师培训项目的申请人或体育、音乐和艺术教育的学科教师培训项目的申请人。体育、新闻、建筑学习课程和所有艺术方向课程项目一般也要求进行才艺或实践考试。

高等教育第二阶段项目包括硕士项目(magisterské)、工程师项目(inžinierske)或医学类项目(doktorské),学习年限一般1~3年,入学要求为完成高等教育第一阶段学业并获得教育证书。

第三阶段博士项目侧重于科学研究和独立创造性活动或文科领域的独立理论和创造性活动。一般学制3~4年,非全日制最多5年。博士研究包括两部分:课程学习和研究。只有成功完成第二阶段高等教育的学生才能申请博士项目。

(五)成绩评价制度

斯洛伐克中小学生成绩评价采用5分制,具体见表1。

表1 斯洛伐克中小学成绩评价制度

成绩评价	描述	对应中文意义
1	výborný	优秀

（续表）

成绩评价	描述	对应中文意义
2	vel'mi dobrý	良好
3	dobrý	中等
4	dostatočný	合格
5	nedostatočne	不合格

（六）常见教育证书

斯洛伐克常见教育证书见表 2。

表 2　斯洛伐克常见教育证书

序号	证书名称	证书描述
1	Vysvedčenie	小学成绩报告单，学生完成 9 年小学教育时获得该证书
2	Vysvedčenie o Maturitnej Skúške	中学毕业证书，完成 4 年普通中学和职业中学学业后获得该证书
4	Absolutórium	艺术学校毕业证书，在艺术学校完成 6～8 年学业后获得该证书
5	Učňovský List	学徒证书，在中等职业学校完成 4 年学徒后获得该资格证书
6	Bakalár	学士学位，2002 年实施博洛尼亚进程后完成高等教育 3～4 年学业获得该学位
7	Doktor Farmácie/Práv	药学学士学位/法学学位证书，完成 5 年学业，入学要求为获得中学毕业证书，相当于第一级专业学位
8	Doktor Všeobecného Lekárstva/ Doktor Zubného Lekárstva	医学学士学位，完成 6 年学业，入学要求为获得中学毕业证书，相当于第一级专业学位
9	Doktor Veterinárskej Medicíny	兽医学学士学位，完成 5.5 年学业，入学要求为获得中学毕业证书，相当于第一级专业学位
10	Doktor Zubného Lekárstva	口腔学学士学位，完成 6 年学业，入学要求为获得中学毕业证书，相当于第一级专业学位

（续表）

序号	证书名称	证书描述
11	Magister/Inžinier/ Inžinier-architekt	硕士学位/工程师/建筑工程师，学制 1～3 年，入学条件为获得学士学位
12	Philosofiae Doctor/Artis Doctor	哲学博士/文学博士学位，完成考试并完成论文答辩，入学条件为获得硕士学位
13	Doktor Vied	理学博士学位，通过论文答辩并取得突出科研成绩，入学条件为获得博士学位，相当于中国博士后

匈牙利的教育证书评估研究

一、国家概况

匈牙利是中欧内陆国。东邻罗马尼亚、乌克兰，南接斯洛文尼亚、克罗地亚、塞尔维亚，西靠奥地利，北连斯洛伐克，边界线全长 2 246 千米。匈牙利属大陆性气候，凉爽湿润。面积 93 023 平方千米。人口 958 万(2024 年 1 月)。主要民族为匈牙利(马扎尔)族，约占 90%。少数民族有斯洛伐克、罗马尼亚、克罗地亚、塞尔维亚、斯洛文尼亚、德意志等族。官方语言为匈牙利语。居民主要信奉天主教(66.2%)和基督教(17.9%)。

匈牙利属中等发达国家，经合组织(OECD)成员国。经济目标是建立以私有制为基础的市场经济。经济转轨顺利，私有化基本完成，市场经济体制已经确立。目前，私营经济的产值约占国内生产总值的 86%。工业发展较快，2021 年工业生产总值同比上升 9.6%，总产值 42.6 万亿福林。其中加工工业占 95%，工业从业人员 145.2 万，占全国就业人口总数的 31.3%。自然资源比较贫乏，主要矿产资源是铝矾土，蕴藏量居欧洲第三位，此外有少量褐煤、石油、天然气、铀、铁、锰等。森林覆盖率为 20.9%(2020 年数据)。农业基础较好，主要种植小麦、玉米、甜菜、土豆、葡萄等。服务业发展迅速，各种小商店、小饮食店、小旅馆和其他服务网点的私有化已经完成。

二、教育

(一) 教育概况

匈牙利实行 12 年制义务教育，幼儿免费入托，小学免费教育。除公办学校外，还有教会学校、私立学校和基金会学校。1986 年 9 月实施新教育法，扩大各类学校业务上和经济上的自主权，促使学校生活民主化。1993 年通过了第一部高等教育法。2019年教育预算支出18 039亿福林,约占总预算4.3%。

匈牙利的教育水平在欧洲一直处于领先地位。教育体系完善,教育水平居世界领先地位。匈牙利高等教育已有600多年历史,拥有完备的高等教育体系,是欧洲文化的组成部分。第一所大学"佩齐大学"成立于1367年,在欧洲排名第七位。匈牙利国会早在1868年就通过了全民义务教育基本法,比以全民义务教育第一著称的英国还要早两年。

匈牙利是世界上最爱看书的国家之一。匈牙利诺贝尔奖得主就有14位,涉及物理、化学、医学、经济、文学、和平等众多领域,若按人口比例计算,匈牙利是当之无愧的"诺奖大国"。据说,20世纪80年代是匈牙利人发明的黄金时代,平均每年的发明专利都在400件以上,堪称是名副其实的"发明大国"。平时我们日常生活用的好多东西都是匈牙利人发明的,比如计算机、全息技术、圆珠笔、魔术方块、宝马柴油发动机、双筒望远镜、维生素C、苏打水、安全火柴等等,这些都与这个国家的受教育程度息息相关。

(二) 教育体系

匈牙利的教育体系是8—4—3+,其中小学8年,中学(包括职业中学)4年,大学本科3~6年,医科大学7年。匈牙利的正规公共教育系统由小学(általános iskola)、普通中学(gimnázium)、职业中学(szakközépiskola)和职业技术学校(szakmunkásképzö iskola)等组成。在小学开始前,匈牙利幼儿园提供学前教育课程。

在匈牙利,入学制度较为灵活,儿童通常在6~7岁就读小学。小学的初等教育属于义务教育,由8个年级组成,分为低年级(1~4年级)和高年级(5~8年级)。高年级不仅教授基本技能,还教授专业科目,相当于初中水平。匈牙利教育体系见图1。

(三) 详述

1. 初等教育

儿童通常在达到6岁学龄时开始上小学。初等教育学制有4年、6年和8年,其中8年制是最普遍的,包括4年制的初级小学和4年制高级小学,即初中阶段。另外两个学制模式是在20世纪90年代初提出的。匈牙利语是主要授课语言。在接受初等教育之前,学生在学前班主要学习一些基本技能。进入小学后,开始学习学术科目和一两门外语。学习的科目包括文学、语法、数学、音乐、艺术、体育、环境研究(1~5年级开设)、生物学(6年级开始开设)、地理(6年级开始开设)、历史(5年级开始开设)、艺术史、物理(6年级开始开设)、化学(7年级开始开设),一种或两种外语(通常是英语、德语或法语)。在1990年之前,俄语是必修外语科目。

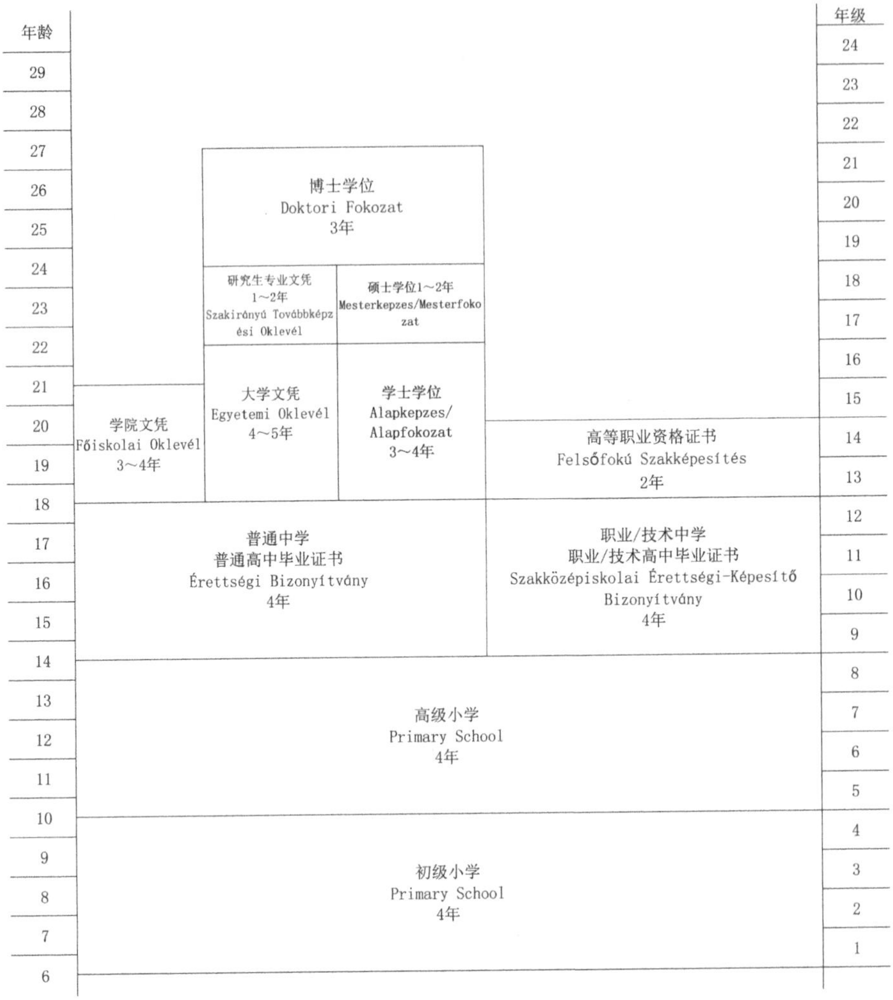

年龄 29 28 27 26 25 24 23 22 21 20 19 18 17 16 15 14 13 12 11 10 9 8 7 6

年级 24 23 22 21 20 19 18 17 16 15 14 13 12 11 10 9 8 7 6 5 4 3 2 1

博士学位
Doktori Fokozat
3年

研究生专业文凭
1～2年
Szakirányú Továbbképzési Oklevél

硕士学位1～2年
Mesterkepzes/Mesterfokozat

学院文凭
Főiskolai Oklevél
3～4年

大学文凭
Egyetemi Oklevél
4～5年

学士学位
Alapkepzes/
Alapfokozat
3～4年

高等职业资格证书
Felsőfokú Szakképesítés
2年

普通中学
普通高中毕业证书
Érettségi Bizonyítvány
4年

职业/技术中学
职业/技术高中毕业证书
Szakközépiskolai Érettségi-Képesítő Bizonyítvány
4年

高级小学
Primary School
4年

初级小学
Primary School
4年

图 1　匈牙利教育体系

2. 中等教育

中等教育通常为 4 年。但普通中学(Gimnáziums)也有 6 年或 8 年的，具体取决于学生在此之前接受了几年的初等教育。自 1997 年以来，中学学制多为 4 年。学生可以选择以下三种类型的中学：普通中学(Gimnázium)，为学生接受高等教育做准备，至少教授 2 门外语；中等职业学校(Szakközépiskola)，提供“中学毕业考试”，开放高等教育课程；职业技术学校(Szakmunkásképzö Szakiskola)，提供“桥梁”计划，帮助小学成绩差的学生赶上并加入通常的职业学校课程。

3. 职业教育

在匈牙利,约三分之一的学生在中学毕业后选择在职业学校或职业学院接受职业教育。职业学院与职业学校不同,提供更专业的课程,例如健康或立体摄影。每门课程持续3年,最终以期末考试的形式检测成绩。通过全部考试后,学生将获得文凭。而职业学校通常持续3～4年,理论内容有限,涉及工作实习。学生只有在获得学校或通过特定公司提供的工作实习机会的情况下才能进入职业学校。

4. 高等教育

2006年,匈牙利新的高等教育结构生效。其高等教育由应用科学大学和大学提供。应用科学大学和大学的项目学制不同,一般应用科学大学的本科项目学制为3～4年,综合性大学的本科项目学制为4～5年,大学医学课程项目学制为6年。新的博洛尼亚体系包括三个阶段的学位项目:第一阶段,学士学位,为期3～4年,获得博洛尼亚学分体系中的180～240学分;第二阶段,硕士学位,为期1～2年,获得博洛尼亚学分体系中的60～120学分;第三阶段,博士学位,学制至少3年,获得博洛尼亚学分体系中的180学分。只有研究型大学才可以授予博士学位,应用科学大学和普通大学可以授予学士和硕士学位。

学生必须通过外语的中级语言考试才能获得学位,英语和德语是最受欢迎的。近年来,西班牙语学习者的数量一直在增长,也有许多学生选择世界语和罗姆语作为语言考试科目。因为这两种语言的词汇量相对较小,语法也相对简单。

(四)考试、升级与证书制度

在匈牙利,3～6岁孩子可以上幼儿园。幼儿园的最后一年是强制性的。义务教育包括幼儿园的学前教育,通常在5岁时开始,随后学生进入小学接受8年的初等教育。完成小学后,学生进入中等教育阶段学习更广泛更深入的课程。在中学毕业时,学生要参加中学毕业考试(Matura,匈牙利语为érettségi)。从2005年开始,考试科目包括数学笔试,文学和语法的口头和书面考试,外语、历史以及学生选择科目的书面和/或口头考试。该考试也是大学和学院的入学考试。

接受高等教育的学生人数是有限的。申请人的排名基于他们的中学成绩和中学毕业考试成绩,或仅基于后者。学士学位项目和与第一阶段不可分割的硕士学位项目的入学要求为必须参加中学毕业考试,获得普通中学毕业证书(Érettségi Bizonyítvány)。某些项目的录取还要基于额外的能力测试或实践考试。学生只有拥有学院文凭(Föiskolai Oklevél)或大学文凭(Egyetemi Oklevél)或学士学位,才可以进入硕士学位(Master)项目学习。拥有大学文凭或学士学位,才可以申请研究生专业文凭。只有拥有大学级学位或硕士学位,才可以申请博士项目。高等教育机构可能还会对硕士和博士项目的入学设置额外要求。

（五）成绩评价体系

匈牙利成绩评价制度一般按 5 分制或 3 分制，具体见表 1 和表 2。

表 1　匈牙利成绩评价制度（一）

成绩评价	描述	对应中文意义
5	jeles/kiváló	优秀
4	jó	良好
3	közepes	中等
2	elégséges	及格
1	elégtelen	不及格

表 2　匈牙利成绩评价制度（二）

成绩评价	描述	对应中文意义
3	kivaloan megfelelt	优秀
2	megfelelt	中等
1	nem felelt meg	不及格

（六）常见证书

匈牙利常见教育证书见表 3。

表 3　匈牙利常见教育证书

序号	证书	证书描述
1	Érettségi Bizonyítvány	普通中学毕业证书，完成普通高中 4 年学业获得该证书，入学要求为获得小学毕业证书
2	Szakközépiskolai Érettségi-Képesítö Bizonyítvány	职业/技术中学毕业证书，在职业/技术中学完成 3～4 年制课程后获得该证书，入学要求为获得小学毕业证书
3	Felsöfokú Szakképesítés	高等职业资格证书，完成为期 2 年的职业课程后获得的高等教育证书，相当于完成了 2 年高等教育，一般为技术课程

（续表）

序号	证书	证书描述
4	Alapkepzes/Alapfokozat (i)	学士学位，学制 3 年，博洛尼亚教育体系第一阶段学位，相当于获得 180ECTS 学分，毕业后可攻读 2 年制硕士学位项目，准入条件为获得中学毕业证书
5	Alapkepzes/Alapfokozat (ii)	学士学位，学制 4 年，博洛尼亚教育体系第一阶段学位，相当于获得 240ECTS 学分，毕业后可攻读 1 年制硕士学位项目，准入条件为获得中学毕业证书。
6	Föiskolai Oklevél (i)	学院文凭，完成 3 年制学院学业获得该证书，准入条件为获得中学毕业证书
7	Föiskolai Oklevél (ii)	学院文凭，完成 4 年制学院学业获得该证书，准入条件为获得中学毕业证书
8	Egyetemi Oklevél	大学文凭，完成 4～5 年制大学学业获得该证书，准入条件为获得中学毕业证书
9	Mesterkepzes/Mesterfokozat (i)	硕士学位，博洛尼亚教育体系中第二阶段学位证书，一般要获得 120ETCS 学分，学制通常 2 年，应用科技大学和综合大学都可以颁发该学位，准入条件为获得 3 年制学士学位
10	Mesterkepzes/Mesterfokozat (ii)	硕士学位，博洛尼亚教育体系中第二阶段学位证书，一般要获得欧洲学分转换体系中的 60ECTS 学分，应用科学大学和普通大学都颁发该学位，准入条件为获得 4 年制学士学位
11	Szakirányú Továbbképzési Oklevél	研究生专业文凭，完成 1～2 年研究生层次学业后获得该证书
12	Mester Oklevél	硕士文凭，完成至少 3 年的硕士研究生层次学业后获得该证书，学习期限可能会有所不同
13	Doktori Fokozat	博士学位，博洛尼亚第三阶段学位证书，2006 年在匈牙利第一次授予，需要获得 180ETCS 学分并通过论文答辩，只有研究型大学才有资质授予该学位
14	Doktori Oklevél	博士文凭，完成至少 3 年的博士研究生层次课程，同时通过 2 门外语中级水平考试，以及口试和论文答辩，并取得原创科研成果后获得该证书，学习期限可能会有所不同

西欧国家

爱尔兰的教育证书评估研究

一、国家概况

爱尔兰位于欧洲西部的爱尔兰岛中南部，首都都柏林。国土面积 7 万平方千米，西濒大西洋，东北与北爱尔兰接壤，东隔爱尔兰海同大不列颠岛相望。爱尔兰海岸线长 3 169 千米，属于温带海洋性气候。

爱尔兰全国人口 527.148 万（2023 年 12 月），绝大部分为爱尔兰人。其中，天主教徒占 74.6%，其余主要信奉新教。爱尔兰官方语言为爱尔兰语和英语。

爱尔兰作为高度发达的资本主义国家，是欧盟、经济合作与发展组织、世界贸易组织和联合国成员国。爱尔兰早期的传统经济以农牧业为主。1959 年设立的香农开发区是世界上首个经济特区，被誉为区域性开发的成功典范。20 世纪 80 年代以来，爱尔兰大力发展软件和生物工程等高科技产业，以良好投资环境吸引大量海外高新技术投资，经济结构迅速完成由农牧型向知识型的跨越，经济增长率一度高居欧盟成员国榜首，同时也成了世界经济发展速度最快的国家之一，拥有“欧洲小虎”的美誉。

二、教育

（一）教育概况

爱尔兰优秀的教育水平被世界所公认，早在中世纪，爱尔兰就是西方教育界的佼佼者。爱尔兰的教育分为三个阶段：小学、中学和高等教育，其中小学和中学属于义务教育，高等教育包括职业教育、技术培训、本科教育和研究生教育等。爱尔兰大部分中小学是私立的，由当地组织或宗教教派拥有，其中大多数享有国家资助，对学生实行免费政策，仅有约 27 所小学和 55 所中学是收费的。爱尔兰的大学由国家提供部分经费，学生需要支付部分费用。

爱尔兰各届政府把教育作为重要的发展方向并不断加大投资和支持力度，公共教育开支占政府经常性支出的14%左右，约占国内生产总值的5%，这使得爱尔兰成为世界上受教育程度最高的国家之一。截至2020年，爱尔兰51%的成年人完成了高等教育。爱尔兰主要高等学府有爱尔兰国立大学(在都柏林、科克、戈尔韦和梅努斯分别设有4所学院)、圣三一大学等。

（二）教育体系

爱尔兰的教育体系为8—3—(1)—2，包括三个阶段：8年初等教育(幼儿班2年，小学6年)、3年初中教育、1年过渡学年、2年高中教育。高等教育提供职业教育、技术培训、本科和研究生等广泛的课程。爱尔兰的义务免费教育阶段是从6岁到15岁。爱尔兰教育体系详见图1。

爱尔兰学校从周一到周五开放，课程通常在上午8:30到上午9:30之间开始。小学学年从9月至次年6月底，除去公共及宗教假期、7月和8月暑假外，学校必须至少开课183天，小学后阶段则至少开课167天。

（三）详述

1. 初等教育

爱尔兰的初等教育学制8年，面向4～12岁儿童，属于义务教育，包括2年学前教育和6年小学教育。尽管不属于义务教育，但爱尔兰绝大多数儿童从4岁便开始进入学前教育学习。初等教育阶段的课程旨在从精神、道德、认知、情感、想象力、审美、社交和体能等各个方面培养儿童，分为语言(爱尔兰语和英语)，数学，社会、环境和科学教育，艺术教育(视觉艺术、音乐和戏剧)，体育，社会、个人和健康教育。爱尔兰的初等教育机构包括国家资助的小学、特殊学校和私立小学。其中国家资助的学校包括教会学校、非教会学校、多教会学校和爱尔兰语学校。由于历史原因，爱尔兰大多数小学都是国家资助的教会学校，不过这种模式正在逐渐发生变化。

2. 中等教育

爱尔兰的中等教育学制5～6年，面向12～18岁青少年，包括3年初中(3年)和2～3年高中。中等教育机构包括普通中学、职业中学和社区综合学校。普通中学是私立的，由私人拥有和管理，职业中学由国家设立，并由爱尔兰教育和培训委员会管理，而社区综合学校则由不同地区的管理委员会管理。随着教育的发展，这三类学校的区别正逐渐弱化，且均可提供普通高中教育和职业高中教育，因此也被统称为小学后学校。

学生通常从12岁开始初中课程的学习，3年后参加初中毕业证书考试。爱尔年龄 29 28 27 26 25 24 23 22 21 20 19 18 17 16 15 14 13 12 11 10 9 8 7 6 5 4

年级 23 22 21 20 19 18 17 16 15 14 13 12 11 10 9 8 7 6 5 4 3 2 1 0 0

博士后学位
Higher Doctorate

博士学位
Doctoral Degree
3～4年

授课型/研究型硕士学位
Taught/Research Masters Degree
1～2年

1年的研究生文凭教育
Postgraduate Degree

1年的研究生文凭教育
Postgraduate Degree

基础证书/高级证书
Foundation Certificate/Higher Certificate
1～2年

普通学士学位
Ordinary Bachelor Degree
3年

荣誉学士学位
Honours Bachelor Degree
4年

高中教育 Upper Secondary Education
普通高中毕业证书/职业高中毕业证书/应用高中毕业证书
The Leaving Certificate/The Leaving Certificate Vocational Program/The Leaving Certificate Applied Program
2年

过度学年（选修） The Transition Year
1年

初中教育
Lower Secondary Education
初中毕业证书
Junior Certificate
3年

小学教育
Primary Education
小学毕业证书
Primary Certificate
6年

学前教育 Early Learning
2年

图 1 爱尔兰教育体系

兰初中阶段的主要目标是让学生接受广泛的课程教育，同时发展其知识和技能，使他们能够继续接受高中教育。高中阶段为 2～3 年，面向 15～18 岁青少年。学生可在初中毕业后立即进入2年的高中课程，也可以选择先参加1年的过渡学年教育，再进入2年的高中课程。高中教育分为三种：普通教育（the Leaving Certificate Programme，简称LCP）、职业教育（the Leaving Certificate Vocational Programme，简称LCVP）和应用教育（the Leaving Certificate Applied Programme，简称LCAP）。每个类别的学生完成学业后均须参加由国家考试委员会组织的全国毕业证书考试并获得相应的毕业证书。高中毕业生中，约55%进入高等教育机构，约28%进入继续教育或培训机构继续学习，以获得更高水平的证书、文凭或学位。

3. 高等教育

爱尔兰的高等教育机构大部分是公立的，主要由综合性大学、技术学院、教育学院和私立/非营利性独立学院组成。其中，7所综合性大学是根据《1997年大学法》设立的，13所技术学院是根据《2006年技术学院法》设立的，都柏林理工大学是根据《2006年都柏林理工大学法》设立的。此外，还有其他高等教育机构提供的艺术与设计、医学、商业研究、农村发展、神学、音乐和法律等领域的专业教育。

近几十年来，爱尔兰高等教育发展迅速，包括基础设施的改善、新的立法框架、课程多样化、新的教学形式、研究活动的扩展、新的管理结构、质量保证程序和现代化的问责措施等，这意味着这些广泛而积极的政策方法已然深刻地改变了爱尔兰的高等教育。爱尔兰在高等教育方面的成就在国际上位居前列。

爱尔兰的高等教育制度受英国的传统影响，取得普通学士学位一般需要3年。个别专业如计算机需要4年时间。在取得学士学位的基础上，攻读硕士学位还需1～2年时间，继续攻读博士学位则至少需要3年。

（四）考试、升级与证书制度

爱尔兰的初等教育强调以孩子为中心，提倡多样化教学、结合儿童身心发展特点来实现个性化发展，所以小学阶段的正式考试较少。初等教育期间，学校会定期对学生进行评估，并定期向学生及其家长报告评估结果。此外，教育部要求所有小学在5月到6月期间对2年级、4年级和6年级的所有学生进行标准化考试，并将这些测试的信息报告给家长、管理委员会和教育部。标准化测试被用来测试儿童的阅读和数学成绩，并确定儿童在这些领域的学习进步情况。识字和算术在儿童学习所有课程方面都具有重要作用，所以该测试所反馈的信息至关重要。完成初等教育的学生均须进入中等教育阶段继续学习。

学生在完成3年的初中教育后参加由国家考试委员会（State Examinations Commission，简称SEC）组织的初中阶段性考试，从而取得初中毕业证书（Junior Certificate），这也是初中教育结束的标志。初中毕业生可选择直接就业，但90%

以上的学生选择进入高中阶段继续学习。

初中阶段结束之后，学生可选择进入1年的过渡学年或直接进入高中阶段学习。过渡学年不仅仅以考试为中心，学校会根据教育科学部的规定安排一些社会实践活动和实习，以帮助学生更好地认识世界，培养学生的全面发展能力。

高中阶段2年的学习是以取得高中毕业证书(Leaving Certificate)为目的。学生在毕业前需要参加国家考试委员会组织的全国毕业证书考试，相当于中国的高考。爱尔兰高考在每年6月举行，考试时间约为1个月，这意味着学生有充裕的时间复习上课内容以便更好地完成考试。爱尔兰高考科目至少为6门，考试科目数量不设上限。高考总成绩是根据学生单科成绩最高的6门来计算，是学生申请大学的重要参照。除高考总成绩达标外，学生必须满足各高校的单科准入要求，例如数学和爱尔兰语等规定学科的最低分数要求。

爱尔兰高考科目按照难度高低分为高等级(High Level)和普通级(Ordinary Level)。高等级科目满分为100分，普通级科目满分为60分。相对应地，大学志愿有两类选择，即普通学士学位专业和荣誉学士学位专业。学生在高考中必须通过2门及以上的高等级科目才能申请荣誉学士学位专业，否则只能选择普通学士学位专业。值得注意的是，在爱尔兰完成大学本科学业后，仅荣誉学士学位的毕业生可申请硕士研究生项目。而且，相比普通学士学位毕业生，拥有荣誉学士学位的毕业生在职场上更具竞争力。

综合性大学、技术学院、教育学院和其他高等教育机构本科项目的申请由中央申请办公室(Central Application Office，简称CAO)以高效、公平的方式统一集中处理。高等教育管理局(Higher Education Administration，简称HEA)是爱尔兰高等教育与研究的法定规划与发展机构，对整个高等教育部门拥有广泛咨询权，也是高等教育机构的资助单位。

(五) 成绩评价制度

爱尔兰成绩评价制度详见表1和表2。

表1　爱尔兰中等教育成绩评价制度

等级	百分制评价
A1	90～100
A2	85～89
B1	80～84

（续表）

等级	百分制评价
B2	75～79
B3	70～74
C1	65～69
C2	60～64
C3	55～59
D1	50～54
D2	45～49
D3	40～44
E	25～39
F	0～24

表 2　爱尔兰国家证书和国家文凭评价制度

百分制评价	描述	对应中文意义
70～100	distinction	卓越
60～69	merit	优秀
40～59	pass	通过
0～39	fail	不及格

（六）常见教育证书

爱尔兰常见教育证书见表 3。

表 3　爱尔兰常见教育证书

序号	证书	证书描述
1	Primary Certificate	小学毕业证书，完成 6 年小学教育后获得该证书
2	Junior Certificate	初中毕业证书，学制 3 年，准入条件为获得小学毕业证书
3	The Leaving Certificate	普通高中毕业证书，学制 2 年，准入条件为获得初中毕业证书

（续表）

序号	证书	证书描述
4	The Leaving Certificate Vocational Program	职业高中毕业证书，学制 2 年，准入条件为获得初中毕业证书
5	The Leaving Certificate Applied Program	应用高中毕业证书，学制 2 年，准入条件为获得初中毕业证书
6	Foundation Certificate	基础证书，学制 1 年，准入条件为获得高中毕业证书
7	Higher Certificate	技术学院高级证书，学制 2 年，准入条件为获得高中毕业证书
8	Ordinary Bachelor Degree	普通学士学位，学制 3 年，准入条件为获得高中毕业证书
9	Honours Bachelor Degree	荣誉学士学位，学制 4 年，准入条件为获得高中毕业证书
10	Postgraduate Degree	研究生文凭，学制 1 年，准入条件为获得普通学士学位或荣誉学士学位
11	Taught Masters Degree	授课型硕士学位，学制 1～2 年，准入条件为获得荣誉学士学位
12	Research Masters Degree	研究型硕士学位，学制 1～2 年，准入条件为获得荣誉学士学位
13	Doctoral Degree	博士学位，学制 3～4 年，准入条件为获得授课型/研究型硕士学位
14	Higher Doctorate	博士后，学制不限，准入条件为获得博士学位

比利时的教育证书研究

一、国家概况

比利时王国,简称比利时,位于欧洲西部沿海,首都为布鲁塞尔。比利时陆地面积 30 688 平方千米,领海及专属经济区 3 454 平方千米,北连荷兰,东邻德国,东南与卢森堡接壤,南和西南与法国交界,西北隔多佛尔海峡与英国相望,海岸线长 66.5 千米。比利时属海洋性温带阔叶林气候。

比利时总人口 1 176.4 万(比利时统计局网站,2024 年 1 月),官方语言为荷兰语、法语和德语。约 80%的居民信奉天主教,约 20%信奉基督教或其他宗教。其他宗教包括伊斯兰教、新教以及犹太教。

比利时是一个高度发达的资本主义国家,欧盟和北约创始会员国之一,也是世界十大商品进出口国之一,外贸为其经济命脉。比利时拥有极其完善的工业体系,以及港口、运河、铁路以及公路等基础设施。首都布鲁塞尔不仅有闻名于世的滑铁卢古战场,也是欧盟与北约的总部所在地。2023 年,比利时国内生产总值同比增长 1.5%,通货膨胀率 2.4%。2024 年国内生产总值预计增长 1.4%。

二、教育

(一) 教育概况

自 1966 年始,比利时政府设两个教育部:法语和荷兰语国民教育部,分别负责各自语言区的教育工作并提供大部分财政支持。在 40 个经合组织国家中,比利时的教育投资是最高的,2022 年教育经费占公共财政支出的 12%。1970 年,比利时开始普及免费学前教育;1983 年普及 12 年制义务教育。

比利时的基础教育是世界上最先进的基础教育,十分重视课程的实践性、综合性、个别性和探究性。在经合组织年度报告中,比利时的教育排名在前 10 位,学生在科学、数学和阅读方面的表现高于平均水平。比利时注重素质教育，对各级各类教育的培养目标有着明确的要求，不允许“拔苗助长”提前讲授超出学生正常接受能力的课程，注重培养孩子的个性，寓教于乐。同时，比利时重视加强教师队伍建设，不断改善教师待遇，维护教师权益，严格教师准入，普遍提升教师的职业道德和教学水平。

比利时高等教育收费低廉，普通高等教育和职业技术高等教育已实现大众化，形成了自幼儿教育到高等教育较为完备的教育体系。全国共有大学 12 所，高等专科学院 45 所，高等艺术学院 17 所。在全国 6 所综合性大学中，建于 1425 年的鲁汶天主教大学历史最为悠久。

（二）教育体系

比利时的教育体系为 6—2—4，包括小学 6 年，普通中等教育第一阶段 2 年，第二、第三阶段 4 年，学士学位项目学制一般为 3 年，详见图 1。比利时实行 6～18 岁义务教育制，涵盖了小学及普通中等教育阶段。在义务教育学龄前，比利时为 2～5 岁的儿童提供免费的学前教育。

一般来讲，比利时的学年分为两个学期，第一学期从 10 月初到次年 1 月中旬；第二学期则从 1 月底到 6 月中旬。

（三）详述

1. 初等教育

比利时初等教育，即小学教育学制 6 年，对象为 6～12 岁儿童，分三个阶段，每阶段两年，开设语文、算术、地理、历史、自然常识、卫生常识、音乐、美术、体育、交通安全知识、体力劳动等课程。

比利时小学教育体系以其多元化、多语种、小班授课、个性化课程和高素质教职人员等特点而著称。首先，比利时主要分为三个不同的语言社区：荷兰语区、法语区、德语区，各个语言区都有自己独立的教育体系、教育制度和学校入学的规定，学生可以根据自己的母语选择就读学校。其次，比利时推行双语教育，让学生能够掌握多种语言。再次，相对于其他国家的大班制度，比利时小学注重保持较小的班级规模，以便更好地关注每个学生的发展和需求。比利时小学根据每个学生的兴趣、能力和需求，课程会进行调整和定制，以确保每个学生都能得到最佳的学习体验和成果。最后，比利时注重培养高素质的教职人员，他们具备专业知识和丰富的经验，能够提供高质量的教学。

比利时小学既有公立学校，也有私立学校。公立学校通常收费较低，但班级人数相对较多。私立学校可能收费较高，但通常班级规模较小，拥有资源较多。

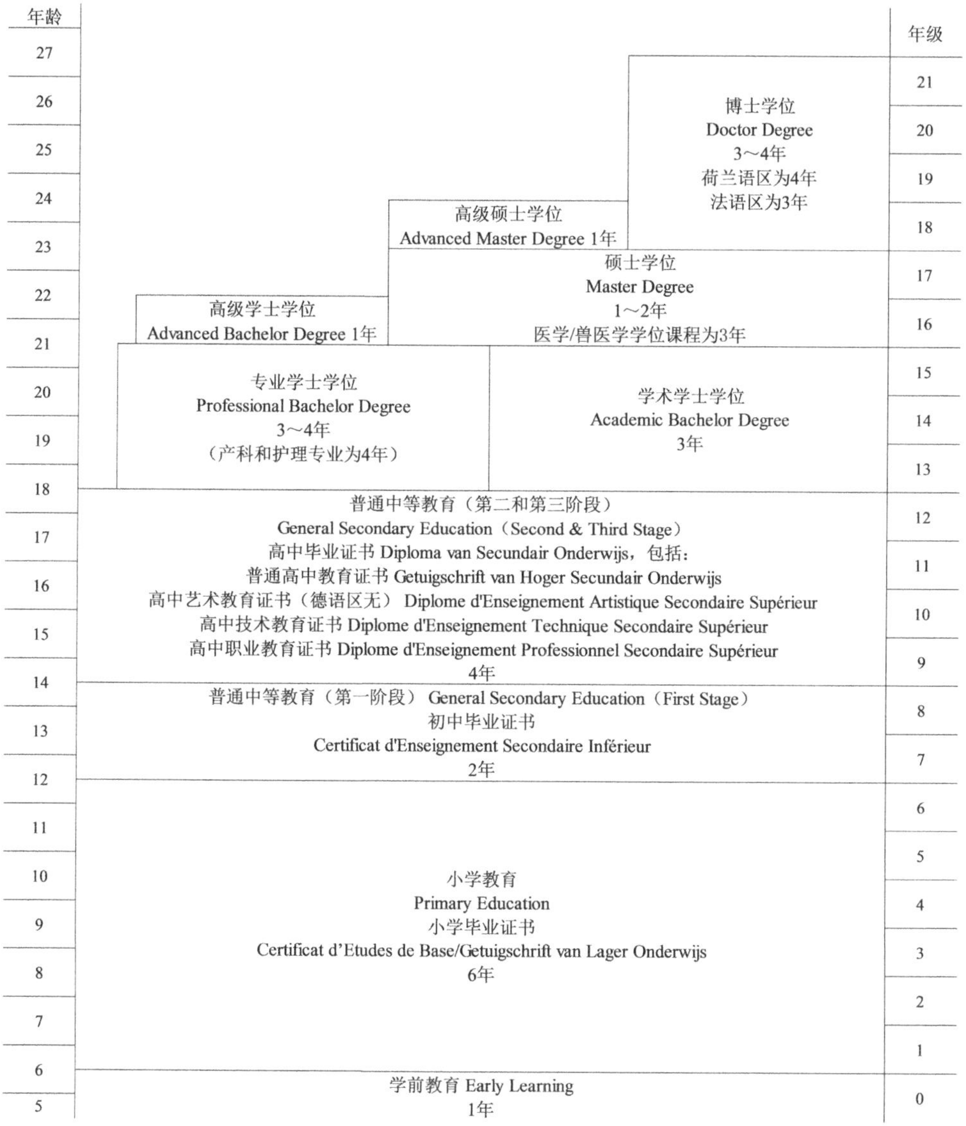

年龄：27 26 25 24 23 22 21 20 19 18 17 16 15 14 13 12 11 10 9 8 7 6 5

年级：21 20 19 18 17 16 15 14 13 12 11 10 9 8 7 6 5 4 3 2 1 0

博士学位
Doctor Degree
3～4年
荷兰语区为4年
法语区为3年

高级硕士学位
Advanced Master Degree 1年

硕士学位
Master Degree
1～2年
医学/兽医学学位课程为3年

高级学士学位
Advanced Bachelor Degree 1年

专业学士学位
Professional Bachelor Degree
3～4年
（产科和护理专业为4年）

学术学士学位
Academic Bachelor Degree
3年

普通中等教育（第二和第三阶段）
General Secondary Education（Second & Third Stage）
高中毕业证书 Diploma van Secundair Onderwijs，包括：
普通高中教育证书 Getuigschrift van Hoger Secundair Onderwijs
高中艺术教育证书（德语区无） Diplome d'Enseignement Artistique Secondaire Supérieur
高中技术教育证书 Diplome d'Enseignement Technique Secondaire Supérieur
高中职业教育证书 Diplome d'Enseignement Professionnel Secondaire Supérieur
4年

普通中等教育（第一阶段） General Secondary Education（First Stage）
初中毕业证书
Certificat d'Enseignement Secondaire Inférieur
2年

小学教育
Primary Education
小学毕业证书
Certificat d'Etudes de Base/Getuigschrift van Lager Onderwijs
6年

学前教育 Early Learning
1年

图 1　比利时的教育体系

2. 中等教育

比利时的中等教育也属于义务教育，学制为 6 年，面向 12～18 岁的青少年，包括三个阶段，每阶段 2 年。中等教育的第二阶段又分为普通、职业、技术、艺术 4 个方向，学生可根据个人意愿、特长自由选择，无论何种方向均可获得中学毕业证书并可免试升入高校（医学等个别专业除外）修读高等教育课程。在普通教育方向，学生深入学习自然科学、人文科学、语言和经济等学科；技术教育强调理论与实践相结合，毕业生可直接升入高等专科学院，也可直接就业；职业教育以就业为主要目的，毕业生可直接就业或通过加修1～2年的衔接教育课程后进入高等教育学习；艺术教育的主要目标是培养具有芭蕾舞、美术、音乐、表演、设计等方面天赋的学生，毕业生可自主就业，也可以升入相应的高等专科学院继续学习。

3. 职业教育

比利时的职业教育机构主要包括中等教育学校、高等专科学院以及成人教育中心和非全日制教育中心。比利时共有12所大学、45所高等职业技术学院、17所高等艺术学院，为学生提供完善的职业教育体系。从18岁开始，学生可以直接进入劳动力市场，也有权利申请进入公立或私立职业培训机构参加职业培训。完成职业教育学业后，学生可以通过技能中心进行资格认证以获得相应职业资格证书。

4. 高等教育

在比利时，高等教育分为普通高等教育和大学外高等教育，普通高等教育机构分为综合性大学和高等学院。综合性大学偏向学科理论学习及科研，至少包括以下5个传统的学院：哲学和文学院、法律学院、理学院、医学院、工学院。目前，比利时共有6所综合性大学，即荷语鲁汶大学、法语鲁汶大学、荷语布鲁塞尔自由大学、法语布鲁塞尔自由大学、法语国立列日大学和荷语国立根特大学。

比利时大学允许学生转校，大学之间学分互认。随着博洛尼亚进程改革，比利时大学之间以及与欧洲其他国家大学之间还建立相关大学联盟，如欧洲研究型大学联盟、欧洲首都大学联盟，共同开设课程，互认学分及授予联合学位文凭。

（四）考试、升级与证书制度

学前教育虽不属于义务教育，但入学率达90%以上。如果孩子们计划在荷兰语或法语区上小学，需要在学龄前学校上对应的语言班。如果不参加语言班，孩子们必须通过基本的语言测试以评估他们的语言水平。

初等教育（小学教育）每个学期末都安排考试，考试时间一般在1月与6月。在小学的最后2年，第二语言课程为必修课，法语区学生学习荷兰语或德语，荷兰区学生学习法语。完成6年教育后，学生将获得小学毕业证书（Certificat d'Etudes de Base 或 Getuigschrift van Lager Onderwijs）。该证书是学生进入中等教育的必要条件。

完成中等教育第一阶段的学生可获得初中毕业证书（Certificat d'Enseignement Secondaire Inférieur），完成第二阶段的学生可获得高中毕业证书（Diploma van Secundair Onderwijs）及接受高等教育资格证书（Bekwaamheidsdiploma dat

Toegang Verleet tot het Hoger Onderwijs)。

随着高等教育的不断发展,比利时实现了高等教育大众化,除医学专业外,所有高等教育实行免试入学,凡持有高中毕业证书者均可进入高等院校学习,入学率较高。但由于比利时高等教育"宽进严出"的特点,大学一年级学生的考试未通过率高达 50%,毕业率则更低。

比利时的大学自 2004 年起按照欧洲博洛尼亚进程要求进行改革,分为三个周期。第一周期为学士学位课程,学制 3 年,学生需修满 180ECTS 学分;获得学士学位后,学生可通过修读一年的高级课程(60ECTS 学分),以获得高级学士学位。第二周期为硕士学位课程,学制一般为 2 年,学生需修满 120ECTS 学分;获得硕士学位后,学生可通过修读一年的高级课程(60ECTS 学分),以获得高级硕士学位。第三周期为博士学位课程,学制一般为 3~4 年,最长 8 年。学院偏重于应用型专业,可以授予学士学位(学制 3 年),部分专业也可以授予硕士学位(学制 2 年)。

(五)成绩评价体系

比利时采用 20 分制作为评分标准,广泛应用于各个教育阶段,详见表 1。

表 1 比利时教育成绩评价制度

成绩评价	荷兰语描述	法语描述	英语描述	对应中文意义
18~20	uitmuntend	excellent	excellent	优秀
16~18	zeer goed	très bien	very good	良好
14~16	goed	bien	good	中等
12~14	ruim voldoende	plus que suffisant	quite satisfactory	一般
10~12	voldoende	suffisant	satisfactory	及格
1~9	onvoldoende	insuffisant	unsatisfactory	不及格

(六)常见教育证书

比利时常见教育证书见表 2。

表 2 比利时常见教育证书

序号	证书	证书描述
1	Certificat d'Etudes de Base/ Getuigschrift van Lager Onderwijs	小学毕业证书,完成 6 年小学教育后获得该证书

（续表）

序号	证书	证书描述
2	Certificat d'Enseignement Secondaire Inférieur	初中毕业证书，学制 2 年，准入条件为获得小学毕业证书
3	Getuigschrift van Hoger Secundair Onderwijs	普通高中教育证书，学制 4 年，准入条件为获得初中毕业证书
4	Diplome d'Enseignement Artistique Secondaire Supérieur	高中艺术教育证书，学制 4 年，准入条件为获得初中毕业证书
5	Diplome d'Enseignement Technique Secondaire Supérieur	高中技术教育证书，学制 4 年，准入条件为获得初中毕业证书
6	Diplome d'Enseignement Professionnel Secondaire Supérieur	高中职业教育证书，学制 4 年，准入条件为获得初中毕业证书
7	Bekwaamheidsdiploma dat Toegang Verleet tot het Hoger Onderwijs	接受高等教育资格证书，学制 4 年，准入条件为获得初中毕业证书
8	Professional Bachelor Degree	专业学士学位，学制 3 年，准入条件为获得高中毕业证书或接受高等教育资格证书
9	Academic Bachelor Degree	学术学士学位，学制 3 年，准入条件为获得高中毕业证书或接受高等教育资格证书
10	Advanced Bachelor Degree	高级学士学位，学制 1 年，准入条件为获得学士学位
11	Master Degree	硕士学位，学制 1～2 年，准入条件为获得学士学位
12	Advanced Master Degree	高级硕士学位，学制 1 年，准入条件为获得硕士学位
13	Doctor Degree	博士学位，学制 3～4 年，准入条件为获得硕士学位

法国的教育证书评估研究

一、国家概况

法兰西共和国，简称法国，位于欧洲西部，首都为巴黎。法国面积为 55 万平方千米(不含海外领地)，边境线总长度为 5 695 千米，是欧盟面积最大的国家。法国与比利时、卢森堡、德国、瑞士、意大利、摩纳哥、西班牙、安道尔接壤，西北隔英吉利海峡与英国相望，西部属温带海洋性气候，南部属亚热带地中海气候，中部和东部属大陆性气候。法国总人口 6 837 万(2024 年 1 月)，主要信仰天主教、伊斯兰教、新教等，官方语言为法语。

法国是世界上最发达的工业国家之一，主要工业有汽车制造、造船、机械、纺织、化学、电子、日常消费品、食品加工和建筑业等，钢铁、汽车和建筑业为三大工业支柱，在核电、航空、航天和铁路方面居世界领先地位。根据法国国家统计和经济研究所数据，2023 年法国经济增长率为 0.9%。法国是欧盟最大的农业生产国和第二大海洋渔业生产国，也是世界主要农产品和农业食品出口国。服务业在国民经济和社会生活中占有举足轻重的地位，自 20 世纪 70 年代以来发展较快，连锁式经营相当发达，已扩展至零售、运输、房地产、旅馆、娱乐业等多种行业。第三产业就业人口占总就业人数的 80%左右。法国大型零售超市众多，拥有家乐福(Carrefour)、欧尚(Auchan)等世界著名品牌。法国是全球旅游主要目的地之一。2023 年法国国际旅游收入再创新高，达 635 亿欧元，同比增长约 12%(法国旅游发展署数据)。

二、教育

(一) 教育概况

法国教育在 20 世纪 50～60 年代进行了两次重大改革，逐渐形成现今全面、多样且高质量的教育体系，该体系在全球范围内享有盛誉。法国的义务教育面向3～16岁学生，公立学校免收学费并免费提供教材。法国教育注重培养学生的综合素质、批判性思维和创新能力，各教育阶段入学率保持在较高水平，确保大部分青少年都能接受良好的教育。

法国政府高度重视教育，近年来在教育领域的资金投入持续增加。《2024年财政法案》数据显示，2024年度法国国民教育总投入预算为636亿欧元，相较于2023年增加39亿欧元，上涨约6.5%。这些资金用于提高教师薪酬、减少班级人数、接纳所有学生进入学校以及确保实现教育生态转型等目标。随着法国政府持续投入和改革，以及国际学生数量的增加，法国高等教育的入学率整体上呈现出上升趋势。法国著名高校有巴黎大学、斯特拉斯堡大学、里尔大学、里昂大学以及巴黎综合理工学院、国家行政学院、巴黎政治学院、巴黎高等商业学院、巴黎高等师范学院、巴黎高等矿业学院等。

（二）教育体系

法国现行教育体系为5—4—3，包括5年初等教育，7年中等教育(4年初中，3年高中)。学前教育一般为3年。法国高等教育由L—M—D体系构成，分别为3年的本科学士学位(Licence)、2年的硕士研究生(Master)和3年的博士研究生(Doctorat)。法国教育体系见图1。

法国的学期安排因地区和学校而异，通常分为冬季学期、寒假、夏季学期和暑假几个阶段。冬季学期一般从9月或10月开始，持续到圣诞节前(通常是12月中下旬)。寒假(包括圣诞和新年假期)集中在1月和2月。夏季学期一般从2月或3月开始，持续到6月或7月初。暑假则一般从7月初或中旬开始，持续至8月底或9月初。

（三）详述

1. 学前教育

学前教育是法国义务教育的第一阶段，但不强制入园，幼儿家庭可以自由选择教育地点和方式。根据法律规定，幼儿居家学前教育是合法的，但家长的教育行为以及幼儿受教育情况必须得到教育主管部门的监督。教育主管部门每年至少对接受居家学前教育的幼儿进行一次测试，以保障幼儿获得基本的知识与技能。如果连续两次测试结果为不合格，相关部门将强制幼儿进入正式托幼机构接受教育，并对其父母进行罚款等其他方式的制裁。

2. 初等教育

法国初等教育即小学教育，学制5年，入学率为100%。法国小学阶段的教学

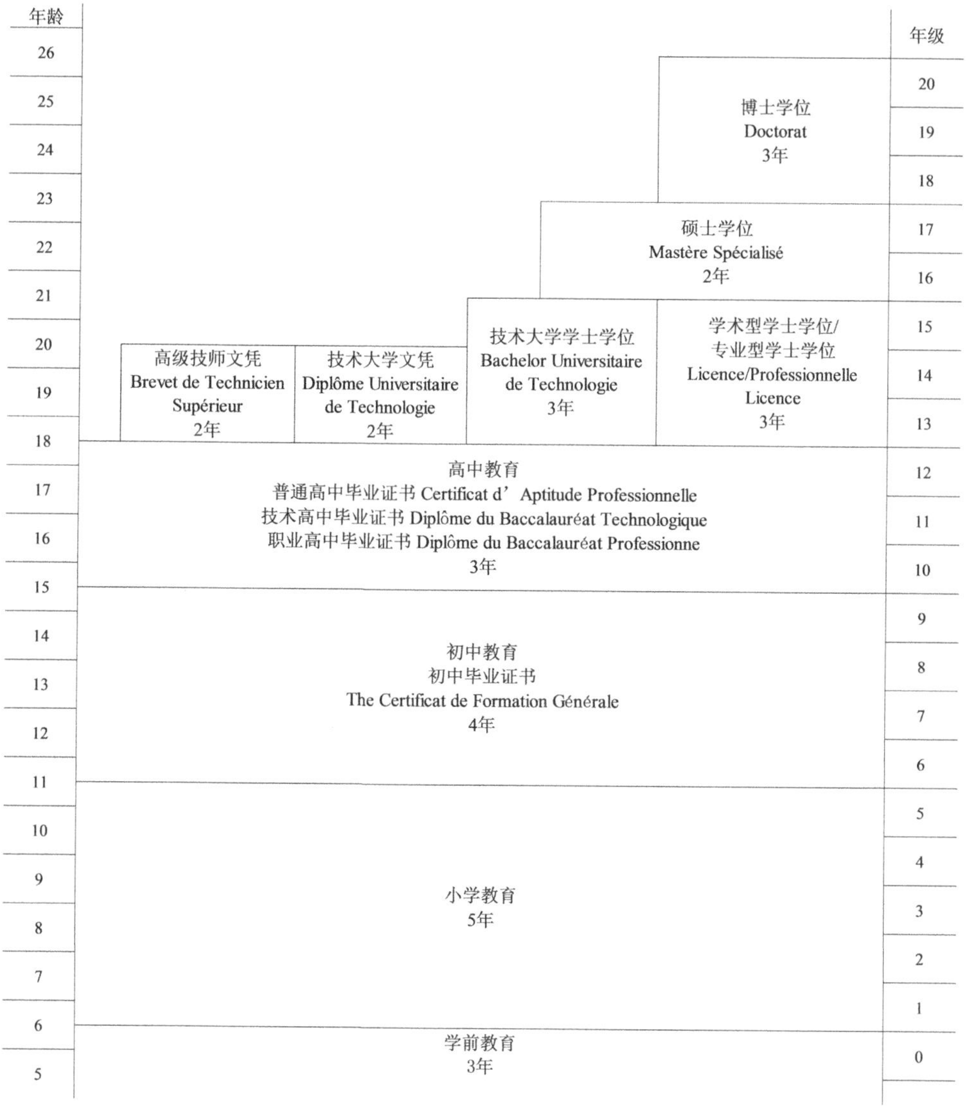

年龄：26 25 24 23 22 21 20 19 18 17 16 15 14 13 12 11 10 9 8 7 6 5

年级：20 19 18 17 16 15 14 13 12 11 10 9 8 7 6 5 4 3 2 1 0

博士学位
Doctorat
3年

硕士学位
Mastère Spécialisé
2年

高级技师文凭
Brevet de Technicien Supérieur
2年

技术大学文凭
Diplôme Universitaire de Technologie
2年

技术大学学士学位
Bachelor Universitaire de Technologie
3年

学术型学士学位/专业型学士学位
Licence/Professionnelle Licence
3年

高中教育
普通高中毕业证书 Certificat d' Aptitude Professionnelle
技术高中毕业证书 Diplôme du Baccalauréat Technologique
职业高中毕业证书 Diplôme du Baccalauréat Professionne
3年

初中教育
初中毕业证书
The Certificat de Formation Générale
4年

小学教育
5年

学前教育
3年

图 1　法国教育体系

目标是让每个学生在 5 年内学会读书和写字以及计算，同时接受历史、地理、实验科学等不同学科的启蒙教育。法国的新教育法令中明确规定小学生每周在校学习时间为 5 天，总教学时长为 24 学时。

法国的小学教育机构为公立小学和私立小学。公立小学是法国小学教育体系的主要组成部分，提供免费教育，由法国国家教育部全权统管；私立小学则相对独立，但在教育内容和质量上也须遵循国家的相关规定和标准。法国的小学采用小班教学模式，每班不超过 30 人，以确保所有学生都能得到教师的充分关注。教师会根据学生的实际情况制定教学内容，除理论教学外，也注重通过实践活动来巩固学生的知识和技能。此外，教师还会对学习成绩较差的同学提供义务的课外辅导，以确保所有学生能顺利进入中等教育。

3. 中等教育

法国中等教育学制 7 年，包括 4 年初中和 3 年高中。其中，初中阶段属于义务教育，学生以基础知识学习为主，课程主要包括数学、物理、化学、生物、历史、地理、外语等，目的是为高中阶段学习打下基础。

法国初中的教学大纲由国家统一制定，每一门课程都有详细的阶段性目标和总目标，但每一门课程的学时数安排很灵活。课程的教学安排由每所学校管理层根据学生的兴趣和需求来决定，并根据形式多样的教学合理安排教师授课。根据教学大纲规定，原则上初一学生的上课时间为每周 26 小时；初二和初三为 25.5 小时；到初四即毕业班时，每位学生的上课时间根据学生所选的高中升学目标而有所不同。值得一提的是，初中的教学大纲把对法语语言的掌握放到了中心位置，不仅法语课的课时数较往年有所增加，大纲还要求教师在其他的课程教学中注意训练学生的法语语言能力。在外语课程方面，英语和西班牙语一直稳固地处在一外或者二外的"大语种"地位上，而选修德语的学生在逐年减少。另外，大纲还提议在初中实行学生课外辅导工作，帮助学生更好地掌握初中课程内容。

法国高中有三种类型，即普通高中、技术高中和职业高中。高中教育机构也分为公立和私立两种，近 80% 的学生选择在公立高中就读。普通高中（Lycée Général）学制 3 年，注重学术教育和通识教育，课程通常包括法语、历史地理、英语及第二外语、社会经济学、数学、物理和化学、生命和地球科学、道德与公民教育、体育教育等。学生完成普通高中学业后，学生可参加法国高考（Baccalauréat），根据高考成绩申请进入大学或高等学院深造。技术高中（Lycée Technologique）学制 3 年，除了普通高中课程外，更侧重于科学、技术和工程领域教育，并注重理论教学与实践相结合。完成技术高中教育后，学生可选择进入工程技术类高等教育学习或直接就业。职业高中（Lycée Professionnel）学制灵活，通常也为 3 年，课程设置以职业技能培训为主，包括普通文化课、职业课和实习课三部分。学生完成职业高中教育后即可直接就业，也可进入职业培训学院进修。

4. 高等教育

法国高等教育历史悠久，拥有完备的高等教育体系，高等教育形式丰富多样，独具特色。法国高等教育、研究与创新部（Ministre de l'Enseignement Supérieur, de la Recherche et de l'Innovation)是国家高等教育行政主管部门(以下简称"高教部")。法国高等教育机构大体上可分为公立综合性大学(Université)和高等专业学院(Ecole Spécialisée)。公立综合性大学规模较大,学科门类齐全。高等专业学院一般规模较小,课程集中围绕特定专业领域开设,法国高等教育体系中最具特色的精英大学(Grande Ecole)就属于这一组成部分。高等专业学院根据其专业领域又可以大致分为工程师学院、商业和管理学院、高等师范学院、高等文化和艺术学院、建筑学院等等。

(四)考试、升级与证书制度

法国的小学入学和小升初不设置任何考试,所有学生均有权利直接入学,接受义务教育。初中学习结束时,学生须参加初中毕业会考(National du Brevet,简称Brevet),以获取初中毕业证书(The Certificat de Formation Générale)。Brevet考试由口语测试、文科笔试和理科笔试构成。口语测试,要求学生须对其跨学科的个人学习计划进行陈述,以检验其口语能力;文科笔试涉及法语、历史与地理、道德与公民教育等学科;理科笔试涉及数学、生命和地球科学、物理与化学、技术等学科。

初中毕业生在完成 Brevet 考试后开始准备申请高中。学生和家长在初中阶段即可开始根据学生的兴趣、目标和学术能力选择适合的高中类型,即普通高中、职业高中和技术高中三选一,称为"定向"。申请时,学生需要填写高中申请表,并提交申请材料,如初中毕业证书、Brevet 考试成绩单、推荐信等。自 2008 年起,法国采用了一种网上管理系统"AFELNET"的方式录取高中新生,录取流程与规则由教育部制定,学校主要依照就近原则筛选学生,学生填报的学校离家越近,录取可能性越大。此外,法国高中招生时将参照学生整个初中阶段的学习成绩,尤其看重学生 Brevet 考试成绩单。这种考查方式,更能体现学生真实水平,也能避免部分学生由于一次考试发挥失常而与志愿学校失之交臂。法国高中招生还有一个标准,即在初中阶段是否获得过奖学金。最后,部分高中可能要求学生参加入学考试或面试,以评估他们的学术能力和适应能力。

高中阶段结束的标志是法国高中毕业会考(Baccalauréat,简称 BAC),这是法国教育体系中一项至关重要的考试,用于评估学生的学术能力和知识水平,确保他们具备进入高等教育或职场所需的基本素养。高中毕业会考一般每年 6 月中旬举行,通常分为三类:普通高中毕业会考(Baccalauréat Général)、技术高中毕业会考(Baccalauréat Technologique)和职业高中毕业会考(Baccalauréat Professionnel)。普通高中毕业会考面向希望进入综合性大学深造的学生,考试内容包括哲学、法语、数学、物理、化学、历史、地理、艺术等多个学科，授予普通高中毕业证书。技术高中毕业会考面向希望在技术或职业领域发展的学生，考试内容分为多个模块，如管理科学与技术、保健科学与技术、工业与可持续发展科学与技术等，授予技术高中毕业证书。职业高中毕业会考面向希望尽快就业的学生，考核内容紧密结合职业需求，授予职业高中毕业证书。高中毕业会考形式包括笔试、口试和实践操作，整体难度相对较高，尤其是哲学和数学等科目。近年来，法国高中毕业会考的通过率保持在较高水平。根据法国国家教育部的数据，2024 年法国高中毕业会考的通过率达到了 91.4%，较往年有大幅提升。通过高中毕业会考的学生均有资格申请进入法国的大学或其他高等教育机构深造。其中，获得职业高中毕业会考证书的学生可以直接进入职场工作。

法国高等教育录取学生时要求学生提供高中三年的成绩单，此外高中毕业会考成绩也是主要参考因素之一。不同高校对成绩的要求不同，但均设有最低录取分数线，部分精英大学或热门专业对高中毕业会考成绩要求更高。部分高校或专业有权利要求申请者参加面试，以评估申请者综合素质和适应能力，通常包括语言能力测试、专业知识考查和综合素质评估等方面。

法国高等教育课程采用欧洲博洛尼亚体系的学士—硕士—博士三个周期学位体制，一般采用“获得高中毕业会考证书＋学习年限”来表示，分别为：学士学位(Licence)或“BAC＋3”层次，学制一般为 3 年，学生需修满 180ECTS 学分；硕士学位(Master)或“BAC＋5”层次，学制一般为 2 年，学生需修满 120ECTS 学分；博士学位(Doctorat)或“BAC＋8”层次，学制一般为 3 年，学生需修满 180ECTS 学分。高等专业学院则保留了法国传统的专业人才培养体制，颁发专业领域文凭，如工程师文凭、高等商校文凭、建筑师文凭、造型艺术文凭等专业文凭，并与欧洲三级学位体制相对应。

法国政府建立了严格的高等教育质量保障体系，授权多个专业评估机构对不同类型的院校、文凭项目及课程进行监管、评估和认证。通过政府或政府授权的官方机构评估认可的高等教育项目，可颁发国家官方认可文凭，具体包括以下四类：国家文凭(Diplôme National)、工程师文凭(Diplôme d'Ingénieur)、国家核准文凭(Diplôme Visé par l'Etat)以及国家职业资格目录文凭(Répertoire National des Certifications Professionnelles，简称 RNCP)。国家文凭由国家高等教育和研究委员会(Conseil National de l'Enseignement Supérieur et de la Recherche)评估合格的学校颁发，且得到高等教育主管部门认可；国家文凭不因学校不同而产生不同效力，相关学校颁发的国家文凭持有者具有同等权利。工程师文凭经由工程师职衔委员会(Commission des Titres d'Ingénieurs)定期评估合格的国家授权学院颁发。根据法国《教育法》规定,获颁工程师文凭的学生同时获得硕士学位。国家核准文凭由私立高等技术院校和商学院颁发。其中,商业和管理学院所颁发的国家核准文凭经商业管理文凭认证委员会(Commission d'Evaluation des Formations et Diplômes de Gestion)评估,该类文凭有学士学位和硕士学位两个层次。国家职业资格目录文凭是由法国政府授予的一种官方认证的职业文凭,由隶属于法国劳工部的法国国家职业认证委员会(Commission Nationale de la Certification Professionnelle,简称 CNCP)负责监管和认定。该文凭涵盖了工程师、管理、艺术、设计、酒店等多个领域,共分为 8 级,从低到高依次对应不同的学术和职业水平。其中,RNCP6 级相当于学士学位,RNCP7 级相当于硕士学位,RNCP8 级相当于博士学位。

值得一提的是,高等精英大学联盟(Conférence des Grandes Ecoles)成员院校所颁发的专业硕士文凭(Mastère Spécialisé)和理学硕士文凭(Master of Science)在行业内得到较高认可。与此同时,为满足就业市场灵活多变的需求,有些法国高校还自主开设部分课程,课程质量保障由开办高校自行负责,学生毕业后获得校颁文凭。

(五) 成绩评价制度

法国采用数字 0～20 来评价学生学业,广泛应用于各个教育阶段,具体见表 1。

表 1　法国成绩评价制度

成绩评价	描述	对应等级	对应中文意义
16～20	très bien	A	优秀
14～15	bien	A−	良好
12～13	assez bien	B	一般
10～11	passable	C	及格
0～9	ajourné	F	不及格

(六) 常见教育证书

法国常见教育证书见表 2。

表 2　法国常见教育证书

序号	证书	证书描述
1	The Certificat de Formation Générale	初中毕业证书，完成 12 年义务学业后获得该证书，包括学前教育 3 年，小学 5 年，初中 4 年
2	Certificat d'Aptitude Professionnelle	普通高中毕业证书，学制 3 年，准入条件为获得初中毕业证书
3	Diplôme du Baccalauréat Technologique	技术高中毕业证书，学制 3 年，准入条件为获得初中毕业证书
4	Diplôme du Baccalauréat Professionne	职业高中毕业证书，学制 3 年，准入条件为获得初中毕业证书
5	Brevet de Technicien Supérieur	高级技师文凭，学制 2 年，准入条件为获得高中毕业证书
6	Diplôme Universitaire de Technologie	技术大学文凭，学制 2 年，准入条件为获得高中毕业证书
7	Bachelor Universitaire de Technologie	技术大学学士学位，学制 3 年，准入条件为获得高中毕业证书
8	Licence	学术学士学位，学制 3 年，准入条件为获得高中毕业证书
9	Professionnelle Licence	专业学士学位，学制 3 年，准入条件为获得高中毕业证书
10	Mastère Spécialisé/Master Degree	硕士学位，学制 2 年，准入条件为获得学士学位
11	Doctorat	博士学位，学制 3 年，准入条件为获得硕士学位

荷兰的教育证书评估研究

一、国家概况

荷兰王国，简称荷兰，位于欧洲西北部，首都阿姆斯特丹。荷兰国土面积41 528平方千米，海岸线长1 075千米，东邻德国，南接比利时，西、北濒北海，属海洋性温带阔叶林气候。荷兰人口1 797万人（荷兰统计局，2024年4月），其中76.8%为荷兰族，土耳其、摩洛哥、德意志、苏里南等为较大的少数族裔。荷兰官方语言为荷兰语，弗里斯兰省讲弗里斯语。荷兰15岁及以上居民中18.2%信奉天主教，13.2%信奉新教，57.2%无宗教信仰。

荷兰是发达资本主义国家，经济、文化等领域均保持较高水平。荷兰属于外向型经济，80%的原料靠进口，60%以上的产品供出口，其对外贸易的80%在欧盟内实现。荷兰商品与服务出口营收占GDP比重32.6%，其中电子、化工、水利、造船以及食品加工等领域技术先进，金融服务和保险业发达；陆、海、空交通运输十分便利，是欧洲大陆重要的交通枢纽；农业高度集约化，农产品出口额居世界前列。2023年，荷兰经济同比增长0.1%，国内生产总值1.03万亿欧元，首次突破万亿欧元大关。

二、教育

（一）教育概况

荷兰政府在教育投入方面一直保持着较高的水平，达国民预算20%左右，并通过多种方式支持教育事业的发展，这些投入为荷兰教育事业的持续发展提供了有力保障。荷兰实行12年（5～16岁）全日制义务教育，全国共有约7 500所各级各类学校，学生总数约373万人。其中，小学在校生共150余万人，中学在校生95万余人，成人和职业教育学校在校生约51万人，研究型大学在校生30余万人，应用科技大学学生约 46 万人。荷兰高等教育水平位居世界前列,著名高等院校有莱顿大学、乌特勒支大学、阿姆斯特丹大学、阿姆斯特丹自由大学、格罗宁根大学、鹿特丹伊拉斯谟大学、代尔夫特理工大学和瓦格宁根农业大学等。2023 年,11 所荷兰大学跻身《泰晤士高等教育》世界著名大学前 200 名,数量仅次于美国、英国和德国。

(二) 教育体系

荷兰现行教育体系为 8—(4～6),包括初等教育 8 年,中等教育 4～6 年,而高等教育中学士学位项目学制一般 3～4 年、硕士学位项目学制 1～3 年、博士学位项目学制 2～4 年,详见图 1。荷兰的学年一般从每年的 9 月开始,到次年的 6 月或 7 月结束,分秋季学期、寒假、春季学期和暑假等不同阶段。

(三) 详述

1. 初等教育

荷兰初等教育面向 4～12 岁的少年儿童,学制 8 年。初级教育阶段的学生接受全面的基础教育,课程包括语言、数学、科学、艺术、体育等。学校注重培养学生的综合素质和创新能力,为他们未来的学习和生活打下坚实基础。荷兰初等教育机构主要分为公立学校和私立学校两类。公立学校由政府资助,遵循国家教育政策和标准,对学生提供免费义务教育;私立学校则由个人、团体或企业等创办,具有更大的自主权和灵活性,并向学生收取学费。此外,还有一些国际学校提供初等教育,这些学校通常采用英语教学,并融入国际教育理念。

初等教育学生通常会享受到寒假、春假和暑假等多个假期。寒假一般较短,可能只有一到两周的时间;春假则相对较长,可以为学生提供更多的休息和放松时间;而暑假则最长,通常从 6 月或 7 月开始,一直持续到 8 月底或 9 月初。

2. 中等教育

荷兰中等教育分为三类:学制 4 年的中等职业预备教育(Voorbereidend Middelbaar Beroepsonderwijs,简称 VMBO)、学制 5 年的普通高中教育(Hoger Algemeen Voortgezet Onderwijs,简称 HAVO)和学制 6 年的大学预科教育(Voorbereidend Wetenschappelijk Onderwijs,简称 VWO)。其中,中等职业预备教育包括基础职业课程、中层管理职业课程、综合课程和理论课程四个学习方向。学生完成中等职业预备教育学业后,可进入中等职业教育(Middelbaar Beroepsonderwijs,简称 MBO)学习 1～4 年,完成学业获得中等职业教育证书;也可以在完成综合课程或理论课程后,继续学习普通高中教育课程。普通高中教育和大学预科教育则为学生进入高等教育阶段做准备。

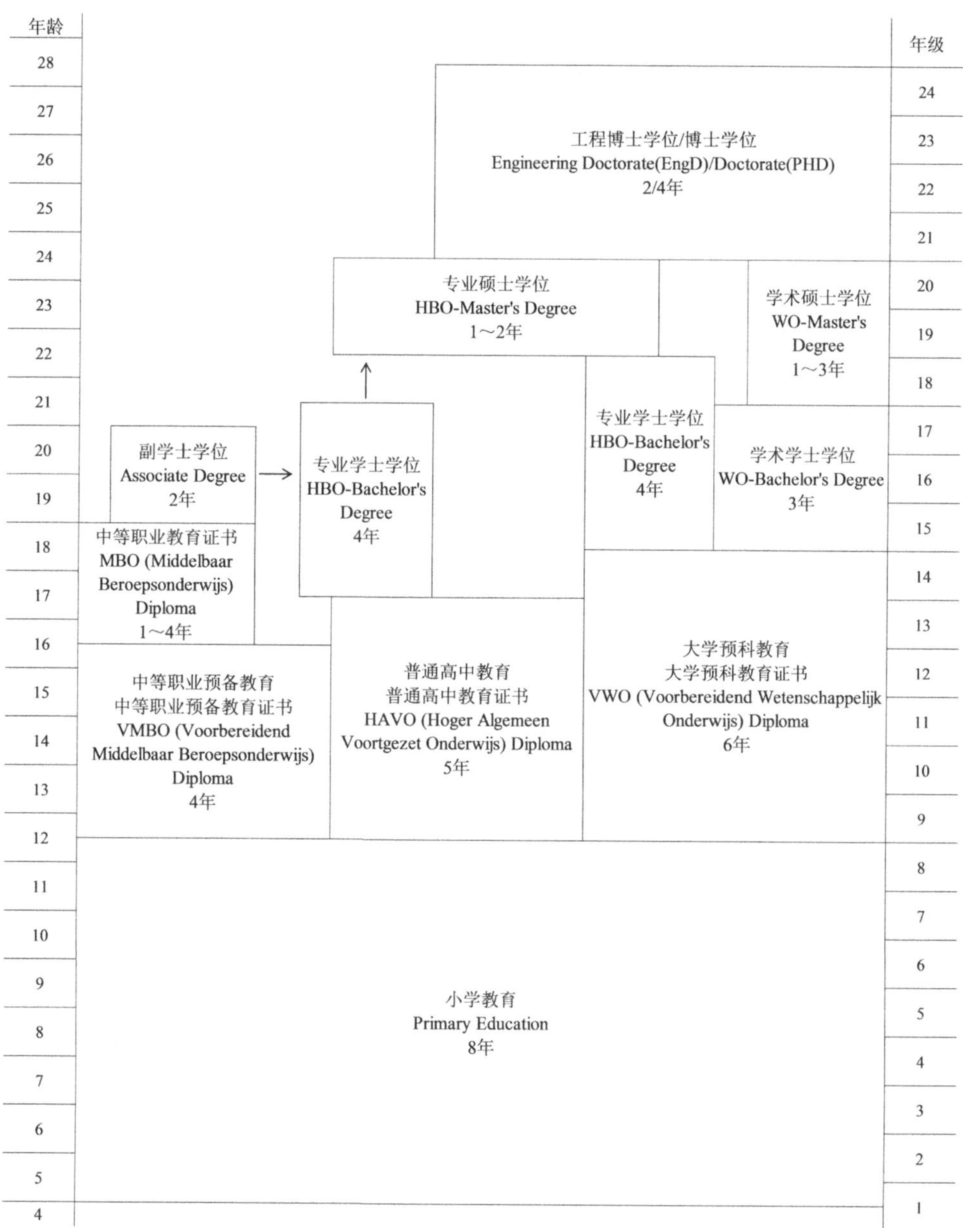

图 1　荷兰教育体系

在课程设置方面，荷兰中等教育阶段的课程内容丰富多样，既包括基础学科学习，也包括专业知识和技能培养，涉及语言、数学、科学、技术、艺术、体育和社会科学等多个领域。其中，中等职业教育为学生提供了多种职业方向选择，如商业、技术、农业等。

3. 高等教育

由于博洛尼亚进程，荷兰的高等教育包括三个周期，即本科教育、硕士研究生教育和博士研究生教育。高等机构主要由研究型大学(Universities)和应用科技大学(Universities of Applied Sciences)组成。

荷兰共有14所公立研究型大学，均以教学和科研为主，提供高水平的学术教育和研究机会，注重培养学生的学术素养和科研能力，鼓励学生参与科研项目和学术活动。研究型大学提供学士、硕士及博士三个层次的教育，学科课程广泛，涵盖人文、社会科学、自然科学、工程技术等多个领域。学校与工业界、政府部门等保持密切合作，为学生提供实习和就业机会。荷兰的研究型大学在全球享有很高的声誉，多所大学在QS世界大学排名中名列前茅，如代尔夫特理工大学、阿姆斯特丹大学、乌得勒支大学等。

荷兰有43所应用科技大学，均以培养应用型人才为主，提供职业培训的课程，注重实践性和应用性，旨在培养学生的职业技能和就业能力。应用科技大学提供副学士、学士、硕士三个层次的教育。学校与工商界保持密切合作，为学生提供丰富的实习机会和就业指导。毕业生在就业市场上具有较高的竞争力，能够满足社会对高技能人才的需求。

（四）考试、升级与证书制度

自2014/2015学年起，荷兰所有小学生都必须参加小学毕业测试，以衡量学生的语言、算术和数学技能，该阶段不授予任何证书。完成小学学业后，学生根据自身情况从三种类型的中等教育(中等职业预备教育、普通高中教育和大学预科教育)中选择一种继续学习。小学毕业成绩较好的学生多选择就读大学预科教育。大学预科教育证书是进入研究型大学的必要条件，而普通高中教育证书则适用于入学应用科技大学。获得中等职业教育证书的学生在完成学业后可直接就业或进入应用科技大学深造。

荷兰的中等教育学校会采用多种评价方式，如平时成绩、作业、考试、项目等，以全面评估学生的学习情况和发展水平。此外，所有学生在毕业时均须参加全国统一的高中毕业会考，其高中毕业会考成绩及中等教育期间所有评价均“及格”方可毕业。荷兰的中等教育与高等教育紧密相连，学生可根据其中等教育阶段的学习情况以及个人兴趣和职业规划选择合适的高等教育方向。

荷兰的高等教育机构并未设置招生考试或生源甄选制度。学生在选择院校时，不必考虑院校的排名，而更多考虑学校的地点、重点专业、学术气氛以及自己所感兴趣的专业等因素。荷兰应用科技大学招收普通高中教育、大学预科教育以及中等职业教育毕业生,研究型大学仅招收大学预科教育毕业生。中等职业教育毕业生进入应用科技大学完成 2 年学业后可获得副学士学位,完成 4 年学业后可获得专业学士学位。普通高中教育和大学预科教育毕业生进入应用科技大学完成 4 年学业后可获得专业学士学位。专业学士学位获得者继续在应用科技大学完成 1～2年硕士项目后可获得专业硕士学位。大学预科教育毕业生进入研究型大学完成 3 年学业后可获得学术学士学位。学术学士学位获得者继续在研究型大学完成 1～3 年硕士项目后可获得学术硕士学位。专业型和学术型硕士学位获得者均可进入研究型大学继续攻读博士学位项目。一般来讲,博士学位项目学制 4 年,工程博士学位项目学制 2 年。

(五) 成绩评价制度

荷兰采用数字 1～10 来评价学生学业情况,广泛应用于教育的各阶段,详见表 1。

表 1　荷兰成绩评价制度

成绩评价	对应等级	描述	对应中文意义
10	A	excellent	优秀
9	A	very good	优良
8	A	good	良好
7	B	very satisfactory	中等
6	C	satisfactory	及格
5	D	almost satisfactory	基本及格
4	F	unsatisfactory	不及格
3	F	very unsatisfactory	非常不满意
2	F	poor	差
1	F	very poor	非常差

(六) 常见教育证书

荷兰常见教育证书见表 2。

表 2　荷兰常见教育证书

序号	证书	证书描述
1	VMBO（Voorbereidend Middelbaar Beroepsonderwijs）Diploma	中等职业预备教育证书，学制 4 年，准入条件为完成初等教育
2	MBO（Middelbaar Beroepsonderwijs）Diploma	中等职业教育证书，学制 1～4 年，准入条件为获得中等职业预备教育证书
3	HAVO（Hoger Algemeen Voortgezet Onderwijs）Diploma	普通高中教育证书，学制 5 年，准入条件为获得初等教育
4	VWO（Voorbereidend Wetenschappelijk Onderwijs）Diploma	大学预科教育证书，学制 6 年，准入条件为获得初等教育
5	HBO（Hoger Beroepsonderwijs）Bachelor's Degree	专业学士学位，学制 4 年，准入条件为获得中等职业教育证书、普通高中教育证书或大学预科教育证书
6	WO（Wetenschappelijk Onderwijs）Bachelor's Degree	学术学士学位，学制 3 年，准入条件为获得大学预科教育证书
7	HBO（Hoger Beroepsonderwijs）Master's Degree	专业硕士学位，学制 1～2 年，准入条件为获得专业学士学位
8	WO（Wetenschappelijk Onderwijs）Master's Degree	学术硕士学位，学制 1～3 年，准入条件为获得学术学士学位
9	Doctorate（PHD）	博士学位，学制 4 年，准入条件为获得硕士学位
10	Engineering Doctorate（EngD）	工程博士学位，学制 2 年，准入条件为获得硕士学位

卢森堡的教育证书评估研究

一、国家概况

卢森堡大公国，简称卢森堡，位于欧洲西北部，首都卢森堡市。卢森堡国土面积 2 586.3 平方千米，东邻德国，南毗法国，西部和北部与比利时接壤，属海洋—大陆过渡性气候。卢森堡总人口 66 万（卢森堡统计局，2024 年 4 月），其中卢森堡人占 52.6%，外籍人占 47.4%（主要为葡、法、意、比、德、英、荷侨民）。卢森堡官方语言是法语、德语和卢森堡语。法语多用于行政、司法和外交；德语多用于报刊新闻；卢森堡语为民间口语，亦用于地方行政和司法。卢森堡 97%的居民信奉天主教。

卢森堡是发达资本主义国家，国小民富，人均国内生产总值连续多年位居世界前三。卢森堡自然资源贫乏，市场狭小，经济对外依赖性大。钢铁工业、金融业和卫星通信业是卢森堡经济的三大支柱产业，其中金融业占国内生产总值 25%。截至 2023 年底，共 20 多国超 120 家银行在卢森堡注册，是世界第二、欧洲最大的基金管理中心，管理资金超 5 兆亿欧元，占全球基金市场份额 56%。

二、教育

（一）教育概况

卢森堡政府高度重视教育，鼓励国民接受教育，对教育的投入一直高居国家财政预算比例的前三位。卢森堡的义务教育面向 3～16 岁的学生，从幼儿园开始直到中学的公立教育全部免费，私立学校则根据实际情况收取一定学费。卢森堡的教育质量在整个欧洲乃至全球都处于领先位置，不仅拥有优秀的教育资源和师资力量，同时鼓励学生出国进修，拓宽视野。卢森堡的学校非常关注学生综合素质的培养，除了日常学术教育外，学校开设体育、艺术和社会实践等各类课外活动。

卢森堡的高等教育起步较晚。2003 年以前，卢森堡没有一所严格意义上的大学，只有一个大学中心和几所高等教育机构，学生基本到邻国接受高等教育。随着知识经济的到来，卢森堡政府也开始重新建构其高等教育体系，并于2003年7月，在欧盟和卢森堡共同支持下创立了卢森堡大学（University of Luxembourg）。根据2024年QS世界大学排名，卢森堡大学位列全球第381位，其学术研究、教学质量、国际化程度等方面均具有较高水平。

（二）教育体系

卢森堡现行教育体系为3—6—3—4/（3～5）。根据国际教育标准分类（International Standard Classification of Education，简称ISCED），卢森堡教育从ISCED 0到ISCED 7共八个阶段，包括ISCED 0学前教育3年、ISCED 1初等教育（小学）6年、ISCED 2中等教育（初中）3年、ISCED 3中等教育（高中）4年或3～5年，ISCED 4后中学教育，ISCED 5短期高级技术培训课程，ISCED 6～7高等教育（本科、硕士研究生和博士研究生）。卢森堡的公立小学和中学的学年通常从9月初开始到次年的6月底或7月初结束，卢森堡大学的学期安排因学院或专业而有所不同。卢森堡教育体系见图1。

（三）详述

1. 学前教育（ISCED 0）

卢森堡学前教育于2006年延长至3年，面向3～6岁的儿童，包括原有的1年早期教育和2年学前教育。与大多数发达国家不同，卢森堡政府将学前教育列为义务教育范围，但早期教育依然是非强制性的，家长可以根据自己的实际情况选择将孩子送到幼儿园还是留在家里学习。学前义务教育不仅照顾孩子，更遵循儿童发展特点，帮助儿童塑造健康且独特的人格，并为即将到来的初等教育做准备。

2. 初等教育（ISCED 1）

初等教育或称小学教育，学制6年，是卢森堡义务教育的第二阶段。根据卢森堡法律，年满6周岁的儿童必须进入学校学习。小学教育一般由市（镇）政府创办的公立学校负责，提供免费教育。另外，也有少部分由个人或社会团体创建的私立小学，这类学校通常需要交纳注册费。卢森堡政府规定了全面而广泛的小学教育内容，旨在使学生在德、智、体各方面得到全面发展，主要课程有卢森堡语、法语、德语、数学、科学启蒙、自然科学、历史、地理、信息技术、音乐、艺术、体育、宗教知识与德育或者德育与社会教育等。卢森堡对小学教育中三种语言的学习做了合理分工。在小学一年级，卢森堡语作为日常生活中的口头交流语言被优先使用。德语主要用于阅读，逐步成为第一教学语言。学生从二年级下学期起开始学习法语。

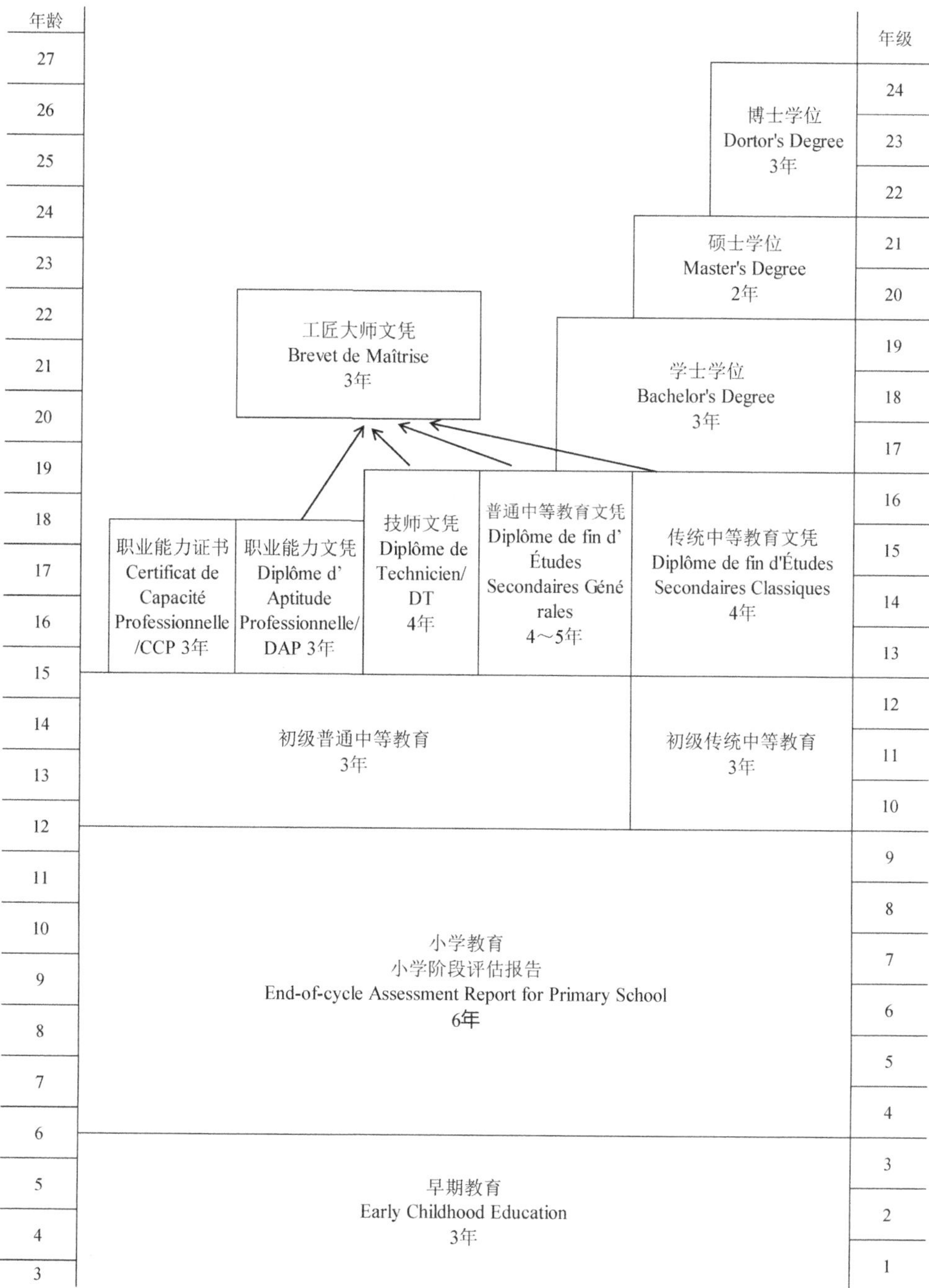
年龄
27
26
25
24
23
22
21
20
19
18
17
16
15
14
13
12
11
10
9
8
7
6
5
4
3
年级
24
23
22
21
20
19
18
17
16
15
14
13
12
11
10
9
8
7
6
5
4
3
2
1
博士学位
Dortor's Degree
3年
硕士学位
Master's Degree
2年
工匠大师文凭
Brevet de Maîtrise
3年
学士学位
Bachelor's Degree
3年
职业能力证书
Certificat de Capacité Professionnelle /CCP 3年
职业能力文凭
Diplôme d' Aptitude Professionnelle/ DAP 3年
技师文凭
Diplôme de Technicien/ DT
4年
普通中等教育文凭
Diplôme de fin d' Études Secondaires Générales
4～5年
传统中等教育文凭
Diplôme de fin d'Études Secondaires Classiques
4年
初级普通中等教育
3年
初级传统中等教育
3年
小学教育
小学阶段评估报告
End-of-cycle Assessment Report for Primary School
6年
早期教育
Early Childhood Education
3年

图 1　卢森堡教育体系

3. 中等教育(ISCED 2～3)

卢森堡的中等教育包括3年初中和3～5年高中。其中,初中教育属于免费义务教育,高中教育虽不属于义务教育,但基本也是免费的。学生可根据个人的兴趣及未来规划选择进入传统中等教育(Enseignement Secondaire Classique,简称ESC)或普通中等教育(Enseignement Secondaire Général,简称ESG)。事实上,选择后者的学生数量远多于前者,约占中等教育学生总人数的2/3,且有不断增多的趋势。

卢森堡的传统中等教育学制共7年,包括3年初中和4年高中。传统中等教育以理论教学为主,课程包括数学、科学、社会科学、语言艺术等,旨在培养学生的批判性思维能力、解决问题的能力以及跨学科的知识整合能力,为进入中学后教育或大学做准备。传统中等教育的大多数学生选择在公立中学就读,这些学校由政府资助并严格遵循国家教育政策进行教学和管理。此外,还有一些私立学校,这些学校通常具有更灵活的教学方式和更丰富的课程选择,但学费相对较高。

卢森堡的普通中等教育学制为6～8年,包括3年初中和3～5年高中。普通中等教育侧重培养学生职业技能,旨在培养学生掌握一门专业技术,使学生具有就业能力,在性质上相当于我国的职业中等教育。卢森堡的普通中等教育非常务实,教学内容直接面向社会各行各业的职业需求。学生毕业后既能直接进入社会工作,也可以继续升学。目前,卢森堡的普通中等教育都是免费的,既可以面向义务教育阶段的青少年,也可以面向成人学习者。卢森堡全国一共有18所普通中等教育机构,包括综合性技术学校和专门技术学校,例如农业技术学校、阿莱克斯·汉克旅馆业技术学校等。此外,卢森堡还有一些接受国家资助的私立普通中等教育机构。

4. 中学后教育(ISCED 4～5)

卢森堡的中学后教育主要是工匠大师文凭(Brevet de Maîtrise)的预备课程。这些课程由商会为持有职业能力文凭(Diplôme d'Aptitude Professionnelle,简称DAP)或其他认可资格的工匠组织。工匠大师文凭持有者作为独立工匠工作,并培训学徒。此外,卢森堡有几所提供不同领域短期培训课程并授予高级技师文凭(Brevet de Technicien SupéRieur,简称BTS)的中学以及法国"精英大学"专业预科班。

5. 高等教育(ISCED 6～7)

卢森堡高等教育由本科教育、硕士研究生教育和博士研究生教育组成。卢森堡大学是卢森堡目前唯一的大学,也自然而然成为卢森堡高等教育的主要阵地,可授予学士学位、硕士学位和博士学位。卢森堡大学是一所多语言、多科性的综合研究型大学，虽然规模相对较小，但其在多个领域的研究和教学中都享有很高声誉。卢森堡大学下设三个学院和两个跨学科研究中心。三个学院分别是科学、技术以及通信学院，法律、经济和金融学院以及语言文学、人文、艺术以及教育学院。

（四）考试、升级与证书制度

在卢森堡的初级教育阶段，学校会在每学期末组织期末考试，评估学生在该学期的学习情况。对于学习困难的学生，教师将提供额外辅导，以保证所有学生顺利升入下一年级。此外，学生在毕业时需参加法语、数学、德语三门主要课程的标准考试。

完成初等教育学业的学生可直接进入中等教育继续学习，无需参加中学入学考试。由小学教师、普通中学教师和职业中学教师组成的升学指导委员会依据学生在初等教育阶段的考试成绩及法语、数学、德语三门主要课程的标准考试成绩来评估学生的知识水平和能力，并给予中等教育方向选择的指导意见和建议。大部分学生依据此意见选择中等教育类别，如果学生或家长持有不同意见，可以要求重新参加考试，根据考试成绩决定就读哪类学校。实际上，卢森堡准许学生在学习中途，在两种中等教育类别之间转换，尤其是 3 年初中阶段。

无论是传统中等教育还是普通中等教育，在每个学年结束时，学校均会组织期末考试以评估学生的学业情况。在完成 3 年初中学业后，所有学生必须参加初中毕业考试，类似于中国的中考。该考试旨在评估学生初中 3 年所学知识和技能的掌握情况，判断学生是否满足进入高中阶段学习的要求。卢森堡的初中毕业考试包含数学、语言（法语、德语或卢森堡语）、科学（物理、化学、生物等）、社会科学以及艺术等科目。考试的形式包括笔试、口试、项目任务或实际操作等，以确保全面而准确地评估学生的学习状况及能力。

参加初中毕业考试且各科成绩全部合格的学生即可进入高中阶段。传统中等教育学生在完成 4 年高中学业后，可获得传统中等教育文凭（Diplôme de fin d'Études Secondaires Classiques），这是进入高等教育的必要条件。普通中等教育高中阶段的学习期限和所获文凭因学生所选择的课程类别的不同而有所区别，具体分为三类：职业培训，是获得职业资格最直接的方式，学制 3 年，授予职业能力文凭（Diplôme d'Aptitude Professionnelle，简称 DAP）和职业能力证书（Certificat de Capacité Professionnelle，简称 CCP），毕业生可作为合格从业人员进入就业市场。另外，获得职业能力文凭的毕业生可通过额外 3 年的学习获得工匠大师文凭（Brevet de Maîtrise）；技师培训旨在培养高技能的劳动力，学制 4 年，涵盖农业、手工业、电机工程、土木工程、化学行业、行政与商务、酒店与旅游业、机械行业、信息业等专业方向，授予技师文凭（Diplôme de Technicien，简称 DT），毕业生可直接就业或者进行高等技术研究；技术培训（Régime Technique），学制 4～5 年，涵盖行政与商务（4 年）、医疗与社会（5 年）、一般性技术（4 年）三大专业方向，授予普通中等教育文凭（Diplôme de fin d'Études Secondaires Générales）。该文凭与传统中等教育文凭分量相当，毕业生可直接进入职场，也可进入高等教育深造。

卢森堡是博洛尼亚进程和欧洲学分转换体系成员。本科阶段学生一般须在 6 个学期内获得 180ECTS 学分或 8 个学期内获得 240ECTS 学分；硕士阶段学生一般须在 2 年内获得 120ECTS 学分，也有 1 年制硕士项目，仅需获得 60ECTS 学分，但要求在学生本科阶段获得 240ECTS 学分，即本科和硕士加起来须完成 300ECTS 学分。

（五）成绩评价制度

卢森堡采用满分 60 分的成绩评价体系，满分是 60 分，以 30 分为界限，30 分及以上分为优秀、良好、及格，30 分以下均为不及格，详见表 1。

表 1　卢森堡成绩评价制度

成绩评价	法语描述	英语描述	对应中文意义
50～60	très bien	very good	优秀
40～49	bien	good	良好
30～39	assez bien	satisfactory	及格
20～29	insufficient	insufficient	不及格
10～19	/	/	不及格
0～9	/	/	不及格

（六）常见教育证书

卢森堡常见教育证书见表 2。

表 2　卢森堡常见教育证书

序号	证书	证书描述
1	End-of-cycle Assessment Report for Primary School	小学阶段评估报告，学制 6 年，准入条件为完成 3 年早期教育

（续表）

序号	证书	证书描述
2	Certificat de Capacité Professionnelle/CCP	职业能力证书，学制 3 年，准入条件为完成普通中等教育的初中阶段
3	Diplôme d'Aptitude Professionnelle/DAP	职业能力文凭，学制 3 年，准入条件为完成普通中等教育的初中阶段
4	Diplôme de Technicien/DT	技师文凭，学制 4 年，准入条件为完成普通中等教育的初中阶段
5	Brevet de Technicien Supérieur/BTS	高级技师文凭，学制 1～2 年，准入条件为获得职业能力文凭
6	Diplôme de fin d'Études Secondaires Générales	普通中等教育文凭，学制 4～5 年，准入条件为完成普通中等教育初中阶段
7	Diplôme de fin d'Études Secondaires Classiques	传统中等教育文凭，学制 4 年，准入条件为完成传统中等教育初中阶段
8	Brevet de Maîtrise	工匠大师文凭，学制 3 年，准入条件为获得职业能力文凭、技师文凭、普通中等教育文凭或传统中等教育文凭
9	Bachelor's Degree	学士学位，学制 3 年，准入条件为获得普通中等教育文凭或传统中等教育文凭
10	Master's Degree	硕士学位，学制 2 年，准入条件为获得学士学位
11	Doctor's Degree	博士学位，学制 3 年，准入条件为获得硕士学位

摩纳哥的教育证书评估研究

一、国家概况

摩纳哥公国，简称摩纳哥，位于欧洲西南部。摩纳哥地形狭长，国土面积 2.08 平方千米，其中约 0.5 平方千米为填海造地，边境线长 5.47 千米，海岸线长 4.86 千米，东西长约 3 千米，南北最窄处仅 200 米，是世界上第二小的国家。摩纳哥三面被法国包围，南濒地中海，属于亚热带地中海式气候。摩纳哥人口数量为 39 050（摩纳哥国家经济研究与统计局，2022 年 12 月），其中摩纳哥籍 9 686 人，其他人口来自 130 多个国家，以法国人、意大利人居多。摩纳哥官方语言为法语，通用语言为意大利语和英语，另有摩纳哥方言，仅为老人及在初级教育中使用。摩纳哥 86%的人口信奉天主教。

摩纳哥经济发达，其金融业、旅游业和高科技产业也高度发达。摩纳哥人民生活水平很高，2021 年人均国内生产总值 81 710 欧元，位居世界前列。政府不征收个人所得税，因此吸引了数量可观的富裕避税移民。根据摩纳哥公国统计局发布的数据，2022 年国民经济营业额约为 188.32 亿欧元，同比增长 15%。摩纳哥一年一度的国际汽车“F1”大奖赛闻名世界。

二、教育

（一）教育概况

摩纳哥对 6～16 岁的儿童实行义务教育，教育体制与法国相同，国际化程度较高，教育机构分为公立学校和私立学校两种。摩纳哥政府高度重视教育事业，全民教育普及率和入学率几乎达到了 100%。摩纳哥共有 10 所公立学校，包括 7 所幼儿园及小学、1 所初中、2 所高中；私立学校仅有 1 所小学和 1 所小学至高中一贯制学校。此外，摩纳哥还有部分合同制的私立教育，如弗朗索瓦 · 德 · 阿西斯-尼古拉斯·巴雷学校(François d'Assise-Nicolas Barré,简称 FANB)。高等院校包括摩纳哥国际大学、造型艺术学院和格蕾丝公主医院中心的护理培训学院等。其中,摩纳哥国际大学是国内著名的高等学府,提供英文授课的工商管理、金融和奢侈品管理等专业的学士学位、硕士学位和博士学位课程。

(二)教育体系

摩纳哥教育与法国紧密相关,其教育体系也借鉴了法国的教育体系,现行的教育体系为 3—5—4—3,包括学前教育 3 年,初等教育 5 年,初中教育 4 年,高中教育 3 年,详见图 1。

摩纳哥的学期安排因地区和学校而异,一年分为冬季学期和夏季学期。冬季学期一般从 9 月底或 10 月初开始,持续到 12 月中下旬。寒假(包括圣诞和新年假期)集中在 1 月和 2 月。夏季学期从 2 月底或 3 月初开始,持续到 6 月底或 7 月初。暑假则一般从 7 月初或中旬开始,持续至 9 月初。

(三)详述

1. 初等教育

摩纳哥的初等教育即小学教育学制 5 年,面向 6～11 岁儿童。学生通常从3 岁开始接受学前教育。摩纳哥的初等教育为学生提供全面的基础教育,注重培养学生的思维能力、创造力以及社交技能,课程包括语言(法语、英语、摩纳哥语)、数学、科学、历史、社会科学、艺术和体育等。其中,历史为必修课。初等教育机构分为公立和私立两类共 9 所学校,其中公立幼儿园和小学 7 所,为学生提供免费教育;私立学校有 1 所小学(摩纳哥英语学校)和 1 所小学至高中一贯制学校(摩纳哥国际学校),向学生收取一定学费。

2. 中等教育

摩纳哥的中等教育学制为 7 年,主要分为两个阶段:4 年初中(Collège)和 3 年高中(Lycée),面向 11～18 岁青少年。

在初中阶段,学生接受相同的通识教育,核心课程包括法语、数学、科学(物理、化学、生物)、社会科学(历史、地理)、第二外语(英语、德语、西班牙语等)、体育等。此外,学校还提供各种类别的选修课程和实践活动。这些课程旨在为学生提供广泛的基础知识和基本技能。摩纳哥有 1 所公立初中,即查理三世初中(Collège Charles III),也有部分私立初中,如弗朗索瓦·德·阿西斯-尼古拉斯·巴雷(Franois d'Assise-Nicolas Barré)学校。

摩纳哥的高中阶段对学生实施分科教学,学生可以根据个人兴趣和职业规划选择普通教育或职业技术教育。普通教育方向适合计划参加普通中学毕业会考

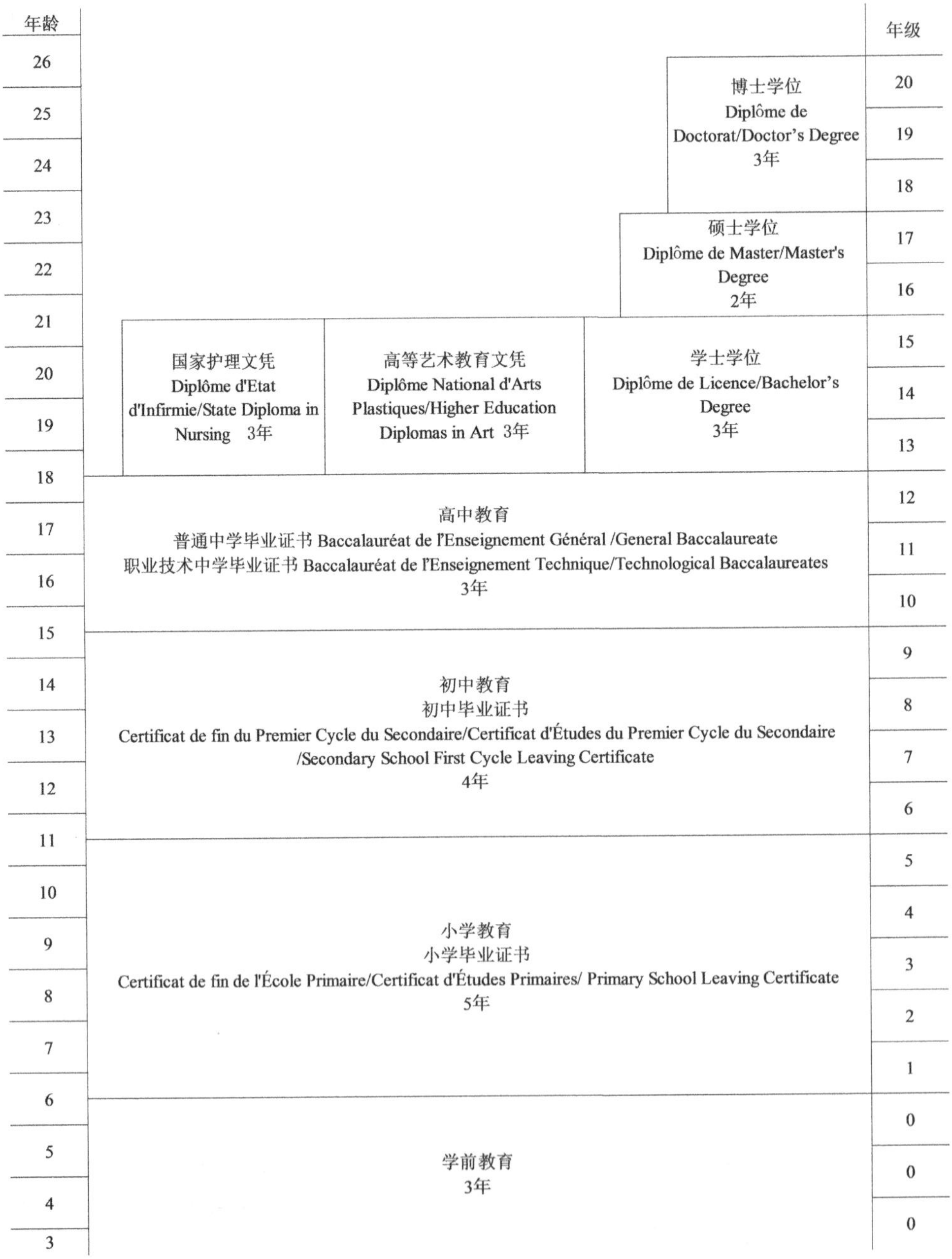

年龄: 26 25 24 23 22 21 20 19 18 17 16 15 14 13 12 11 10 9 8 7 6 5 4 3

年级: 20 19 18 17 16 15 14 13 12 11 10 9 8 7 6 5 4 3 2 1 0 0 0

博士学位
Diplôme de Doctorat/Doctor's Degree
3年

硕士学位
Diplôme de Master/Master's Degree
2年

国家护理文凭
Diplôme d'Etat d'Infirmie/State Diploma in Nursing 3年

高等艺术教育文凭
Diplôme National d'Arts Plastiques/Higher Education Diplomas in Art 3年

学士学位
Diplôme de Licence/Bachelor's Degree
3年

高中教育
普通中学毕业证书 Baccalauréat de l'Enseignement Général /General Baccalaureate
职业技术中学毕业证书 Baccalauréat de l'Enseignement Technique/Technological Baccalaureates
3年

初中教育
初中毕业证书
Certificat de fin du Premier Cycle du Secondaire/Certificat d'Études du Premier Cycle du Secondaire /Secondary School First Cycle Leaving Certificate
4年

小学教育
小学毕业证书
Certificat de fin de l'École Primaire/Certificat d'Études Primaires/ Primary School Leaving Certificate
5年

学前教育
3年

图 1　摩纳哥教育体系

(Baccalaureate)的学生，该考试类似于中国的高考。普通教育的大部分毕业生会进入高等教育机构深造，并根据自己的普通中学毕业会考成绩和兴趣选择合适的专业方向。职业技术教育方向的学生在毕业时需参加服务业、工业或酒店和餐饮业的职业技术中学毕业会考(Technological and Professional Baccalaureates)。职业技术教育的毕业生大多数会进入高等教育继续学习,也有部分直接进入就业岗位。摩纳哥共有2所公立高中:艾伯特艾尔高中(Lycée Albert Ier)和兰尼埃三世高中(Lycée Rainier III)。其中,艾伯特艾尔高中提供普通中学毕业会考课程和管理技术方向的职业技术中学毕业会考课程。因摩纳哥教育国际化程度较高,艾伯特艾尔高中还提供国际中学毕业会考(The International Option Baccalaureate)课程。兰尼埃三世高中提供服务业、工业或酒店和餐饮业方向的职业技术中学毕业会考课程。

3. 高等教育

摩纳哥国际大学(International University of Monaco,简称IUM)是摩纳哥国内唯一一所私立大学,提供工商管理学士课程、理学硕士课程、工商管理硕士课程和工商管理博士课程。这些课程均为英文授课,涵盖了奢侈品营销、国际金融、体育商业管理、沟通与活动管理、全球业务、数字业务发展、豪华旅游与酒店管理等多个专业领域。摩纳哥国际大学鼓励学生参与国际交流项目,拓宽国际视野。同时,摩纳哥国际大学还与国际知名企业建立合作关系,为学生提供实习和就业机会。

除了摩纳哥国际大学外,摩纳哥还有多所知名的私立院校和教育机构。例如,劳伦索国际学校(Le Rosey),这所学校因其高质量的教育和丰富的教育资源而闻名,许多国家的王室成员都在这里接受过教育,因此也被称作"国王学校"。此外,摩纳哥造型艺术学院、格雷斯医院护理培训学院等其他高等教育机构,为学生提供多样化的学习选择。

(四)考试、升级与证书制度

在摩纳哥,学生完成5年初等教育学业后需参加小学毕业考试(初级教育阶段性评估),旨在对其基础知识、技能和能力的掌握进行全面评估。该考试的内容包括小学阶段学习的核心科目,但具体的考试科目、内容和形式因学校或地区而异。初等教育毕业生可获得小学毕业证书(Primary School Leaving Certificate/Certificat de fin de l'École Primaire/Certificat d'Études Primaires),这标志着初等教育阶段的结束。

所有初等教育毕业生均可直接进入中等教育阶段学习,无须参加中学入学考试。学生在完成初中4年学业后需参加相应的考试和评估,即初中毕业考试,旨在评估学生在各个学科领域的知识掌握程度和应用能力,相当于中国的中考。该考试在摩纳哥的教育体系中具有重要地位，是学生高中阶段选择普通教育或职业技术教育的重要参照。初中毕业考试形式主要为笔试和口试，考试科目包括数学、物理、化学、生物、地理、历史、语言（法语、英语等）以及可能的其他选修科目。初中毕业生可获得初中毕业证书（Secondary School First Cycle Leaving Certificate/Certificat de fin du Premier Cycle du Secondaire/Certificat d'Études du Premier Cycle du Secondaire）以及国家升学考试证书（Diplôme National du Brevet，简称DNB），这标志着初中教育的结束。

初中毕业生可根据初中毕业考试成绩及个人职业规划选择进入高中的普通教育或职业技术教育，无需参加高中入学考试，高中亦不筛选学生。学生在完成高中学业后，需参加高中毕业考试（Baccalaureate）。该考试通常包括对学生在整个高中阶段学习成果的综合评估，涉及多个学科的笔试和项目作业，具体的考试科目、内容和形式因学校、地区或专业方向的不同而有所差异。高中毕业考试是摩纳哥高中毕业生最重要的考试，考试成绩将直接关系到学生进入普通大学还是职业学院学习，从而影响学生未来的学术发展和职业规划，其重要程度相当于中国的高考。因高中教育方向的不同，高中毕业考试分为普通中学毕业会考和职业技术中学毕业会考，通过考试的学生可获得普通中学毕业证书（Baccalauréat de l'Enseignement Général）或职业技术中学毕业证书（Baccalauréat de l'Enseignement Technique），前者是学生进入高等教育机构学习的重要凭证。

摩纳哥的高等教育机构在录取学生时主要参考学生的高中毕业考试成绩。高等教育阶段的证书因学位层次和学科领域而异，通常包括学士学位证书（Bachelor's Degree/Diplôme de Licence）、硕士学位证书（Master's Degree/Diplôme de Master）和博士学位证书（Doctoral Degree/Diplôme de Doctorat）。学士学位项目学制3年，学生需修满180ECTS学分；硕士学位项目学制2年，学生需修满120ECTS学分；博士学位项目学制3年，学生需修满180ECTS学分。摩纳哥其他私立高等教育机构根据教育领域的不同颁发相应的证书，如摩纳哥造型艺术学院颁发高等艺术教育文凭（Higher Education Diplomas in Art/Diplôme National d'Arts Plastiques），学制3年，学生需修满180ECTS学分；格雷斯医院护理培训学院颁发国家护理文凭（State Diploma in Nursing/Diplôme d'Etat d'Infirmie），学制3年，学生需修满180ECTS学分等。

（五）成绩评价制度

摩纳哥采用法国0～20分的成绩评价制度，满分为20分，但极少有学生能得到18～20分，具体见表1。

表 1 摩纳哥成绩评价制度

成绩评价	法语描述	对应等级	对应中文意义
16～20	très bien	A	优秀
14～15	bien	A－	良好
12～13	assez bien	B	一般
10～11	passable	C	及格
0～9	ajourné	F	不及格

（六）常见的教育证书

摩纳哥常见教育证书见表 2。

表 2 摩纳哥常见教育证书

序号	证书	证书描述
1	Certificat de fin de l'École Primaire/Certificat d'Études Primaires/ Primary School Leaving Certificate	小学毕业证书，完成 5 年初等教育(小学教育)后获得该证书
2	Certificat de fin du Premier Cycle du Secondaire/Certificat d'Études du Premier Cycle du Secondaire /Secondary School First Cycle Leaving Certificate	初中毕业证书，学制 4 年，准入条件为获得小学毕业证书
3	Diplôme National du Brevet/DNB	国家升学考试证书，完成 4 年初中学业，通过初中毕业考试后获得该证书
4	Baccalauréat de l'Enseignement Général/General Baccalaureate	普通中学毕业证书，学制 3 年，准入条件为获得初中毕业证书和国家升学考试证书
5	Baccalauréat de l'Enseignement Technique/Technological Baccalaureates	职业技术中学毕业证书，学制 3 年，准入条件为获得初中毕业证书和国家升学考试证书
6	Brevet de Technicien Supérieur Support à l'Action Managériale/BTS in Support for Managerial Activities	高级技师文凭(行为管理方向)，学制 3 年，由 Lycée Albert Ier 颁发，准入条件为获得初中毕业证书和国家升学考试证书

（续表）

序号	证书	证书描述
7	Brevet de Technicien Supérieur Management en Hôtellerie et Restauration/BTS in Hotels and Catering	高级技师文凭（酒店和餐饮管理方向），学制 3 年，由 Lycée Rainier III 颁发，准入条件为获得初中毕业证书和国家升学考试证书
8	Brevet de Technicien Supérieur Comptabilité et Gestion/BTS in Accounting and Management	高级技师文凭（会计和管理方向），学制 3 年，由 Lycée Rainier III 颁发，准入条件为获得初中毕业证书和国家升学考试证书
9	Diplôme de Comptabilité et de Gestion, DCG/Diploma in Accounting and Management	会计与管理文凭，学制 3 年，由 Lycée Rainier III 颁发，准入条件为获得初中毕业证书和国家升学考试证书
10	Diplôme d'Etat d'Infirmie/State Diploma in Nursing	国家护理文凭，学制 3 年，由 IFSI -格雷斯医院护理培训学院颁发，准入条件为获得普通中学毕业证书或职业技术中学毕业文凭
11	Diplôme National d'Arts Plastiques/Higher Education Diplomas in Art	高等艺术教育文凭，学制 3 年，由 ESAP-摩纳哥造型艺术学院颁发，准入条件为获得普通中学毕业证书或职业技术中学毕业文凭
12	Diplôme de Licence/Bachelor's Degree	学士学位，学制 3 年，准入条件为获得普通中学毕业证书
13	Diplôme de Master/Master's Degree	硕士学位，学制 2 年，准入条件为获得学士学位
14	Diplôme de Doctorat/Doctor's Degree	博士学位，学制 3 年，准入条件为获得硕士学位

英国的教育证书评估研究

一、国家概况

大不列颠及北爱尔兰联合王国，简称英国，首都伦敦。英国位于欧洲西部，由大不列颠岛（包括英格兰、苏格兰、威尔士）、爱尔兰岛东北部和一些小岛组成，总国土面积为 24.41 万平方千米（包括内陆水域），属于海洋性温带阔叶林气候。英国总人口数约 6 840 万（英国国家统计局，2023 年），官方语言为英语。英国居民多信奉新教，占总人口的 51%，另有天主教会及伊斯兰教、印度教、锡克教、犹太教和佛教等较大的宗教社团。

英国是世界第六大经济体，欧洲第二大经济体。私有企业是英国经济的主体，占国内生产总值的 90%以上。2022 年英国国内生产总值 2.2 万亿英镑，同比增长 4%。英国是世界文化大国之一，文化产业发达。全国约有 2 500 家博物馆和展览馆对外开放，其中不列颠博物馆、国家美术馆等闻名于世。英国皇家芭蕾舞团、伦敦交响乐团等艺术团体具有世界一流水准。英国每年举行 500 多个专业艺术节，其中爱丁堡国际艺术节是世界上规模最大的艺术节之一。

二、教育

（一）教育概况

英国的教育以其悠久的历史和高质量的教学而闻名于世，全国文盲率不到 1%。英国的义务教育和高等教育分别由地方政府和中央政府负责。英格兰、威尔士和苏格兰实行 5～16 岁免费义务教育制度，北爱尔兰地区则实行 4～16 岁免费义务教育制度。义务教育分为初等教育和中等教育两个阶段，这两个阶段又分为四个关键期。自 1988 年起，英国开始实施国家课程标准（National Curriculum），为全国范围内的学校提供标准化教学框架，确保英国所有学生都能接受同样知识内容的基本教育。英国设有公立和私立两种性质的教育机构，公立学校（State Schools）由政府建立，对所有英国学生提供免费教育，且必须严格遵守国家课程标准。私立学校（Private/Independent Schools）由个人或社会团体建立，学费较贵，但无须严格遵守国家课程标准。在私立学校中有一类特殊的学校——公学（Public Schools），是特别为皇室和贵族子女设立的，收费昂贵，如伊顿公学（Eton College）、哈罗公学（Harrow School）、切尔滕纳姆女子学院（Cheltenham Lady's College）。

英国全国有大学和高等教育院校 170 多所，著名的高等教育院校有牛津大学、剑桥大学、帝国理工学院、伦敦政治经济学院、圣安德鲁斯大学、伦敦大学学院、华威大学、曼彻斯特大学、爱丁堡大学等。英国的优质学校众多，这些学校以其卓越的教学质量和丰富的教育资源吸引了世界各地的优秀学生，是全球最受欢迎的留学目的国之一，在校海外学生约 48.6 万人。在高质量高等教育的支持下，英国的科研实力雄厚，涉及领域广泛；发表学术论文占全球总量 9%，引用量为 15.2%；获国际重要奖项人数约占总数的 10%，迄今共有 130 多人获得诺贝尔科学奖项。

（二）教育体系

英国教育体系为 2—6—5—2，包括 2 年学前教育（Early Year Education）、6 年初等教育（Primary Education）、5 年中等教育（Secondary Education）、2 年延续教育（Further Education）。英国教育体系见图 1。

英国学校有权设置自己的教学日历和时间，但总体上遵循统一的模式，通常来说分为 3 个学期。第一学期（秋季学期）一般从 9 月初或中旬持续到 12 月中旬，学期结束后是圣诞节和新年的 3 周假期。第二学期（春季学期）一般从 1 月初持续到 3 月底或 4 月初，学期结束后是复活节假期，时间约 3 周。第三学期（夏季学期）一般从 4 月中下旬持续到 7 月中旬，学期结束后是暑假，持续 2 个月。学校授课时间通常为上午 8 点 30 分或 9 点到下午 3 点 30 分左右，学生在放学后大多会选择留校参加选修课或其他活动。

（三）详述

1. 学前教育

英国的学前教育学制为 2 年，面向 3～5 岁儿童免费提供。学前教育一般在托儿所、幼儿园、社区托班或小学附属早教机构进行，主要培养儿童的生活和社会适应能力，同时训练儿童的语言读写和数学的基本能力，帮助儿童更好地适应小学的学习生活。

年龄

25 24 23 22 21 20 19 18 17 16 15 14 13 12 11 10 9 8 7 6 5 4

博士学位
PhD/Doctorial Degree
3年

硕士学位 Master's Degree
1年

高等职业教育
高等国家文凭
Higher National Diploma
3年

可转→

学士学位
Bachelor's Degree
3～4年

职业教育
商业与技术教育委员会国家文凭
BTEC National Diploma
2年

继续教育
普通教育高级水平证书/国际预科证书 General Certificate of Education Advanced Level/ International Baccalaureate
2年

中等教育
普通中等教育证书 General Certificate of Secondary Education
国际普通中等教育证书 International General Certificate of Secondary Education
5年

小学教育
小学毕业证书
Primary School Leaving Certificate
6年

学前教育
2年

年级

20 19 18 17 16 15 14 13 12 11 10 9 8 7 6 5 4 3 2 1 0

图 1　英国教育体系

2. 初等教育

英国的初等教育即小学教育，学制 6 年，面向 5～11 岁儿童，主要目标是使所有学生具备基本的识字和计算能力，并在科学、数学和其他科目打下基础。小学教育包括义务教育第一关键阶段（Key Stage 1）和第二关键阶段（Key Stage 2）。第一关键阶段学制2年,学习内容主要为英语和数学。第二关键阶段学制4年,课程设置丰富,除英语和数学外,还设置有科学、历史、地理、艺术、音乐以及各类特色课程和活动,以教授学生全面的知识,提高学生的综合素质。英国的小学教育机构分为公立小学和私立小学两类,公立小学是免费的,学生约占总数的93%;私立小学收费,学生仅占总数的7%左右。

3. 中等教育

英国的中等教育注重学生的全面发展和个性化教育,面向11～16岁的青少年,学制5年,包括学制3年的第三关键阶段(Key Stage 3)和学制2年的第四关键阶段(Key Stage 4),相当于中国的初中。中等教育机构类型多样,主要包括公立和私立两大类,大部分学校可同时提供中等教育及延续教育。公立学校主要由综合学校(Comprehensive Schools)和公立文法中学(Grammar Schools)组成,由政府资助,提供免费教育。其中,综合学校面向所有学生开放,但教学质量参差不齐;公立文法中学,相当于国内的重点中学,要求学生参加入学考试(Common Entrance Examinations,简称CEE)并择优录取。私立学校由私人或团体资助,学费较高,但教学质量和设施条件通常较好,课程设置和课外活动也较丰富,分为男校、女校、混校三种类型,在校的国际学生比例较高。英国著名的中学有圣保罗女子中学(St Paul's Girls' School)、伊顿公学(Eton College)、哈罗公学(Harrow School)和温布尔登国王学院(King's College Wimbledon)等。

从课程设置方面来讲,英国中等教育分为3年基础课程和2年普通中等教育证书(General Certificate of Secondary Education,简称GCSE)课程,教学目标是为学生打下坚实的学科基础,培养学生的学习能力和基本技能,课程包括英语、数学、科学(物理、化学、生物)、历史、地理等核心课程,以及体育、音乐、美术等培养综合素质的选修课程。学生通常在众多课程中选择9～10门课程修读,其中,英语、数学和科学是必修课,学生可根据个人兴趣爱好以及未来学习的方向来选修其他科目。此外,国际普通中等教育证书(International General Certificate of Secondary Education,简称IGCSE)课程被英国的国际学校广泛采用。该课程系统由剑桥国际考试委员会开发,是普通中等教育证书的国际版,授课方式更为灵活,适合国际学生。学生在完成中等教育学业时(通常在16岁)需参加普通中等教育证书考试或其他的国家资格考试以取得相应文凭,这标志着中等教育和义务教育的结束。中等教育毕业生可以选择继续参加2年的延续教育或者职业教育,也可以直接就业。

4. 延续教育

英国的延续教育为第五关键阶段(Key Stage 5),学制 2 年,面向 15~16 岁的青少年。延续教育不属于义务教育范畴,教育也不再免费,学业水平略高于中国的高中。除与中等教育阶段相同的中等教育机构提供延续教育外,英国还有专门提供延续教育的学校,即预科学校(Sixth Form College)。因此,延续教育也常被称为预科教育。

在延续教育阶段,大部分学生学习普通教育高级水平证书(General Certificate of Education Advanced Level,简称 A-Level)课程,目的是帮助学生更好地理解和掌握知识,为将来的高等教育或职业发展做准备。普通教育高级水平证书课程涉及范围广,大致可以分为理工科、文科、商科、艺术和综合学科五大类,学生可以选择自己感兴趣且适合未来学术或职业发展的 3~4 门科目进行深入学习,该选择也将直接影响学生的大学专业申请和未来职业发展。如果学生在学习的过程中发现所选课程不合适,可以向学校或考试局申请调整。此外,学生也可以根据自己的兴趣爱好选修其他课程来丰富知识结构或提高艺术修养。学生在毕业时需参加高中毕业考试,即普通教育高级水平证书考试。此后,约 40% 的高中毕业生选择继续进入高等教育深造。

由国际文凭组织提供的国际预科证书(International Baccalaureate,简称 IB)课程在英国也有较高的认可度。国际预科证书课程培养全能型学术人才,更强调学科的广度,激发学生的创造力。特别是其高中阶段(Diploma Programme,简称 DP)课程,可为学生进入世界顶尖大学提供有力支持。

5. 职业教育

在英国,职业教育跟普通学术教育受到同等重视。职业教育的方向紧密结合社会岗位需求开设,培养各行各业的专业技术人才。英国常见的职业教育包括英国商业与技术委员会国家文凭(Business and Technology Education Council National Diploma,简称 BTEC National Diploma 或 BTEC Nationals)课程、国家职业资格(National Vocational Qualification,简称 NVQ)课程、城市和行会资格(City and Guilds Qualification,简称 CGQ)课程和学徒制(Apprenticeships)课程四大类。

6. 高等教育

英国高等教育历史悠久,体系完善,以其高质量的教学享誉全球。英国拥有众多世界著名大学,进入 2024 年 QS 世界大学排名前十的就有 4 所,即剑桥大学(University of Cambridge)、牛津大学(University of Oxford)、帝国理工学院

(Imperial College London)和伦敦大学学院(University College London)。英国的高等教育在国际上具有广泛的影响力,吸引了来自世界各地的学生前来就读,高校国际化程度非常高。

英国的高等教育机构主要有大学(University)和高等教育学院(Higher Education Institution),教育周期主要分为本科阶段、硕士研究生阶段和博士研究生阶段。此外,英国的高等教育也提供相当于中国大专文凭的高等国家文凭(Higher National Diploma,简称 HND)或同等学力等课程。英国本科阶段学制为 3 年(苏格兰地区为 4 年,医科、牙科、建筑、兽医学等 5～7 年),专业涵盖人文科学、社会科学、自然科学、工程技术等领域,学位种类有文学学士(Bachelor of Art)、理学学士(Bachelor of Science)、工程学学士(Bachelor of Engineering)、法学学士(Bachelor of Laws)等。英国的硕士研究生学制通常为 1 年,博士研究生学制通常为 3 年。

(四) 考试、升级与证书制度

英国的公立小学,学生根据学区划分,就近入学,但私立小学设有入学考试,择优录取。学生在第一关键阶段(二年级)结束时需参加学校自行组织的英语、数学和科学考试。第二关键阶段(六年级)结束时,所有学生需参加小学毕业考试(National Curriculum Tests,也称 Standard Assessment Tests,简称 SATs),旨在评估学生的识字能力、计算能力及科学素养。小学毕业考试科目为英语、数学和科学。其中,英语和数学测试为国家统一评估,而科学水平的评估由任课老师独立进行。小学毕业考试成绩不影响学生进入中等教育阶段学习。完成小学学业后,学生会获得小学毕业证书(Primary School Leaving Certificate),标志着小学阶段的结束,也是学生进入中学阶段学习的凭证。

此外,希望进入公立文法中学或私立中学就读的小学毕业生还须参加由英国私校考试委员会(Independent Schools Examinations Board,简称 ISEB)主办的统一入学考试(Common Entrance Examination)。该考试分为两个年龄段进行,分别是 11 岁＋和 13 岁＋。11 岁＋的统一入学考试在小学六年级举行,名额较多;13 岁＋的统一入学考试则在八年级举行,只有极少量的名额。该考试每年共有 2 个考试时间,分别为 11 月和 1 月,学生可以任选一个考试时间。该考试科目包括英语、数学、文字推理和非文字推理;考试内容不仅考查学生的学科知识,还注重学生的逻辑思维和问题解决能力;考试形式为标准化笔试,包括选择题、填空题和简答题等。由于英国公立文法中学和私立中学的教育资源相对优越且有限,因此竞争非常激烈。

学生在完成中等教育学业后需参加普通中等教育证书考试，旨在评估学生的知识掌握程度和技能水平。该考试通常在每年的5月中旬至6月底进行，历时一个半月左右，具体考试时间由各个考试局根据考试科目和地区进行安排。考生一般在英语、数学、科学（物理、化学、生物）、历史、地理、外语（如法语、德语、西班牙语等）、艺术、音乐、体育等众多学科领域选择9～13门科目进行考试。其中，英语、数学和科学为必考科目。普通中等教育证书考试主要形式为笔试，部分科目可能包含口试或项目实践。该考试结果不仅评估学生的学术水平，还为学生未来的升学和就业提供重要依据。具体来说，成绩优秀的学生可进入高中或大学预科课程学习；各行各业也可能要求工作者具备特定的普通中等教育证书考试成绩作为入职条件；普通中等教育证书所有科目考试成绩均在7分及以上（旧评分为A或A*），会为学生在申请名牌大学时提供重要支持，提高被录取的概率。完成普通中等教育证书考试的学生即可获得普通中等教育证书，该证书会显示学生的考试科目及各科考试的成绩等级，是学生进入高中阶段的必要申请材料。

延续教育阶段录取学生时主要参照其普通中等教育证书成绩。一般来说，学生需至少有6门课程达到B及以上，才可申请进入普通教育高级水平证书课程或是国际预科证书课程，且重点学校的录取要求更高。完成延续教育学业的学生需参加普通教育高级水平证书考试，考试科目包括数学、物理、化学、生物、经济学、商学、计算机科学、心理学、历史学、地理学、英语文学、法语、德语等；考试时间通常在每年5～7月，具体时间因考试局和地区而有所不同；主要考试形式为笔试，部分科目会包含实践或口头测试。普通教育高级水平证书考试结果对学生进入高等教育以及未来职业选择影响较大，优秀的成绩将成为学生进入高等教育机构的敲门砖。通过普通教育高级水平证书考试的学生即可获得普通教育高级水平证书。同普通中等教育证书一样，该证书显示学生的考试科目及各科考试的成绩等级，是高等教育机构录取学生的重要参照。

英国的公共服务机构——大学和学院招生服务中心（Universities and Colleges Admissions Service，简称UCAS）为英国所有大学提供统一招生服务。大学的入学条件因学校和专业而异，但申请者需持有普通教育高级水平证书、国际预科证书或者其他同等学力文凭。招生专员主要参照学生的普通教育高级水平证书成绩和高等教育机构的面试成绩来确定录取结果。不少名牌大学要求提交普通中等教育证书成绩，若成绩全为7分及以上，学生被录取的概率会大大提高。此外，选择职业教育路线并完成英国商业与技术委员会国家文凭课程的学生亦可进入高等教育深造，并获得高等国家文凭或更高等级的职业教育体系文凭。

英国大学学士学位有两种类型：普通学士（Ordinary Degrees）和荣誉学士（Honours Degrees）。荣誉学士学位是根据学生课程成绩进行等级划分，通常分为一等荣誉学士学位（First Class Degree，成绩需达到70%以上）、高级二等荣誉学士学位（Upper Second Class Degree，成绩需达到60%～69%）、普通二等荣誉学士学位（Lower Second Class Degree，成绩需达到50%～59%）和三等荣誉学士学位（Third Class Degree，成绩在40%～49%）。荣誉学士学位相较普通学士学位而言，社会认可度更高，能为学生在升学和就业方面提供更多更好的机会。部分大学的特定专业规定荣誉学位需要多读一年时间，即4年才可完成。英国的硕士研究生入学标准主要参照学士学位等级，通常至少需要获得高级二等荣誉学士学位，名牌大学或热门专业的要求会更高。硕士研究生的教育体系分为讲授型和研究型，而博士学位以研究型为主。

（五）成绩评价制度

英国各教育阶段的成绩评价体系有所不同。自2017年起，普通中等教育证书考试采用了新的“9～1”数字评分系统，取代了传统的A*至U等级评分制度。新评分系统中，9分为最高分，1分为最低分，详见表1。高中阶段A-Level考试采用等级制评分，分为A*、A、B、C、D、E和U七个等级，详见表2。

表1　英国普通中等教育证书成绩评价制度

新成绩评价	对应旧成绩评价	百分制	对应中文意义
9	A*中最拔尖	90～100	卓越，但极少有学生获得
8	A*～A	85～89	非常优秀
7	A	75～84	优秀
6	B	65～74	优良
5	B～C	55～64	良好
4	C	40～54	中等上
3	D	30～39	中等
2	E	20～29	中等下
1	F～G	10～19	及格
U	U	0～9	不及格

表 2　英国普通教育高级水平证书成绩评价制度

字母成绩评价	百分制成绩评价	对应中文意义
A*	90～100	卓越
A	80～89	优秀
B	70～79	良好
C	60～69	中等
D	50～59	一般
E	40～49	及格
U	0～39	不及格

（六）常见教育证书

英国常见教育证书详见表 3。

表 3　英国常见教育证书

序号	证书	证书描述
1	Primary School Leaving Certificate	小学毕业证书，完成 6 年小学教育学业后获得该证书
2	General Certificate of Secondary Education/GCSE	普通中等教育证书，学制 5 年，准入条件为获得小学毕业证书
3	International General Certificate of Secondary Education/IGCSE	国际普通中等教育证书，学制 5 年，准入条件为获得小学毕业证书
4	General Certificate of Education Advanced Level/A-Level	普通教育高级水平证书，学制 2 年，准入条件为获得普通中等教育证书或国际普通中等教育证书
5	International Baccalaureate Diploma Programme/IBDP	国际预科证书（高中阶段），学制 2 年，准入条件为获得普通中等教育证书或国际普通中等教育证书
6	National Vocational Qualification/NVQ	国家职业资格证书，共 5 个级别，获得时间因证书等级及个人学习进度而异，准入条件为获得普通中等教育证书或国际普通中等教育证书

（续表）

序号	证书	证书描述
7	Business & Technology Education Council National Diploma/BTEC National Diploma	商业与技术教育委员会国家文凭，学制 2 年，准入条件为获得普通中等教育证书或国际普通中等教育证书
8	Higher National Diploma/HND	高等国家文凭，学制 3 年，准入条件为获得商业与技术教育委员会国家文凭
9	Bachelor's Degree	学士学位，学制 3 年（苏格兰地区 4 年，特定专业 5～7 年），准入条件为获得普通教育高级水平证书或国际预科证书（高中阶段）
10	Master's Degree	硕士学位，学制 1 年，准入条件为获得学士学位
11	Postgraduate Diplomas and Qualifications	研究生文凭，学制 1 年，准入条件为获得学士学位
12	PhD/Doctorial Degree	博士学位，学制 3～4 年，准入条件为获得硕士学位

北欧国家

冰岛的教育证书评估研究

一、国家概况

冰岛是欧洲最西部的国家，位于北大西洋中部，靠近北极圈，首都雷克雅未克。面积为10.3万平方千米，其中1/8被冰川覆盖，海岸线长约4 970千米，是欧洲第二大岛。冰岛属寒温带海洋性气候，受墨西哥湾暖流影响，气候相对温和。

受自然条件限制，冰岛境内人口稀少，总人口38.3万(2024年1月)，是世界上人口密度最低的国家之一。冰岛绝大多数为冰岛人，属日耳曼族，外来移民占总人口的8%，主要有波兰人、立陶宛人和菲律宾人。冰岛语为官方语言，英语为通用语言，85.4%的居民信奉基督教路德宗。

渔业是冰岛的经济支柱，工业以炼铝等高能耗工业和渔产品加工业为主，外贸依存度高。冰岛国家经济居于世界前列，是高收入、高福利的国家。

二、教育

(一) 教育概况

冰岛对教育极其重视，教育经费约占政府开支的14.79%。全民文化程度较高，全国在校学生约11万人，占全国人口近三分之一。冰岛的教育主要包括学前教育、义务教育、高中教育和高等教育4个阶段，学前教育和义务教育由市政府负责，中央政府则负责高中和高等教育机构的运行。冰岛实行10年免费义务教育，对象为6～16岁学童，义务教育是强制性的，6岁儿童入学率为100%。目前，冰岛全国共有7所高等院校，冰岛大学是最大的综合性大学。

(二) 教育体系

冰岛的教育体系为7—3—3(4)—3＋。冰岛法律规定对6～16岁儿童及青少年实行10年义务教育。每学年教学时间至少为9个月，一般在8月21日—9月

1日期间开学,次年5月31日—6月10日间结束。高中教育一般为3~4年,学生年龄为16~20岁。每学年教学时间为180个工作日,通常在每年8月底开学到次年5月底。高等教育学年从9月开始到次年5月结束,分为2个学期,秋季学期以及春季学期。冰岛教育体系详见图1。

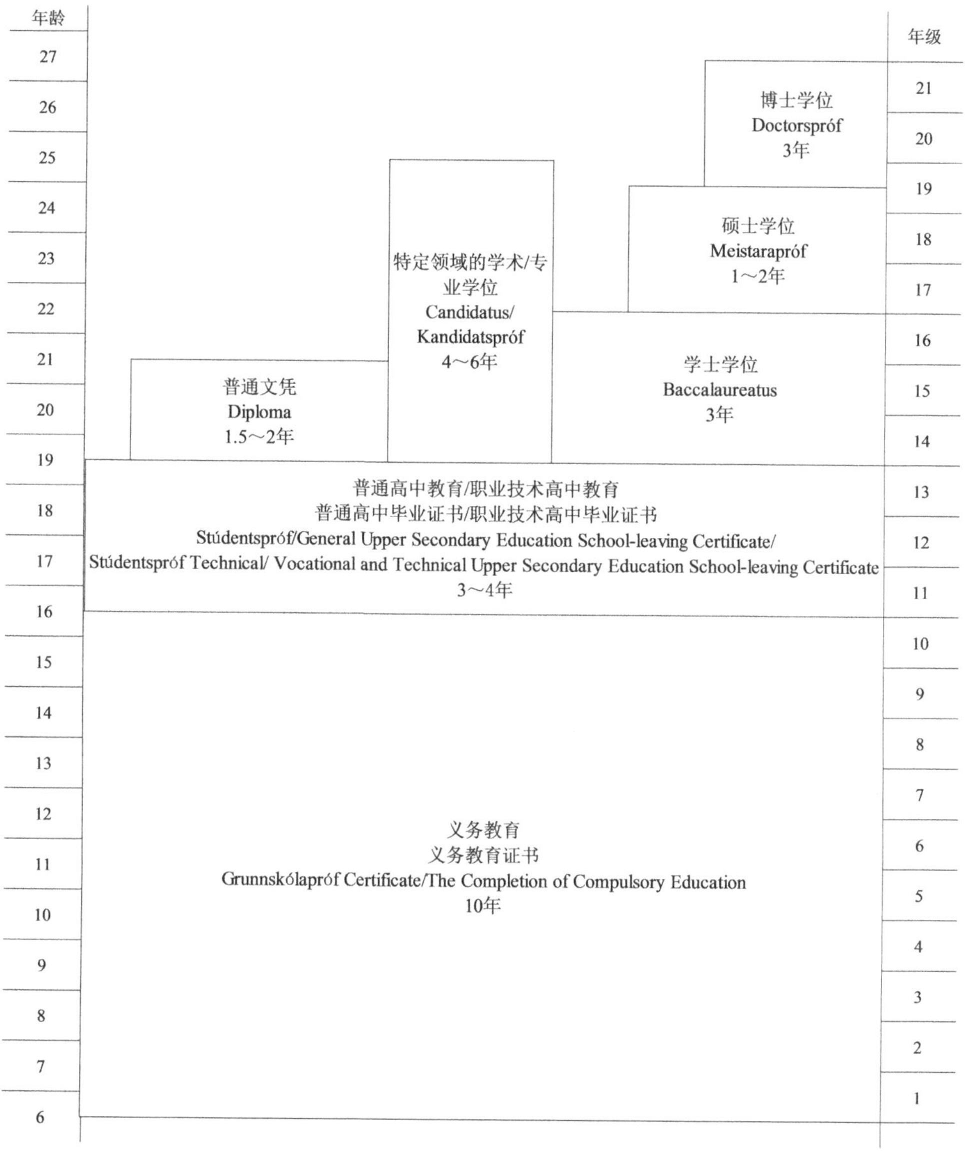

图1　冰岛教育体系

（三）详述

1. 义务教育

冰岛 2014 年修订的义务教育法案规定义务教育期限为 10 年，教育对象为 6～16 岁学童，所有适龄儿童必须接受义务教育。冰岛的义务教育包含小学和初中两个阶段，并且在同一所学校进行。在该阶段，学生每周在校学习五天，每周的最低教学时间为：1～4 年级 1 200 分钟；5～7 年级 1 400 分钟；8～10 年级 1 480 分钟。

冰岛提供义务教育的机构主要有公立义务学校、私立义务学校。义务学校的教学语言为冰岛语，根据《国家课程指南》的要求及具体的课程性质，部分课程可使用冰岛语以外的其他语言进行教学。冰岛的《国家课程指南》规定了义务教育阶段使用冰岛语教学的课程内容和结构，包括冰岛语或冰岛手语、数学、英语、丹麦语或其他北欧语言、工艺美术、自然科学、体育、社会科学、平等权利、宗教、生活技能以及信息和通信技术等。各校校长负责审核学生是否达到《国家课程指南》规定的最终学习成果，从而判断学生是否完成义务教育。完成义务教育的学生可获得义务教育证书，其内容包括义务学校最后一年的考核报告。

2. 中等教育

高中教育是义务教育的延续，面向 16～20 岁学生，任何完成义务教育的学生都有权利进入高中学习，本阶段教育也是免费的。在冰岛，大约有 97%的学生在结束义务教育后选择进入高中学习，辍学率较低。冰岛高中每学年的教学时间为 180 个工作日，学年通常在每年 8 月底至次年 5 月底。学生每个星期上 5 天课，教学时间一般为早上 8 点至下午 4 点。

冰岛的高中教育主要有普通高中、职业技术高中和综合高中三种。普通高中为学生提供为期 3 年的学术教育，结束时学生可参加大学入学考试，适合计划接受高等教育的学生。职业技术高中的项目学制各不相同，从 1 个学期到 10 个学期不等，但最普遍的是 3 年。职业技术高中主要分为工业职业高中和特殊职业高中两类。工业职业高中为学生提供专业所需的理论和实践课程，而特殊职业高中为特殊行业培养人才，如护理人员、幼师等。综合高中是普通高中和职业技术高中的综合，学生入学后可以根据自己的兴趣和能力，选择自己的学习方向。冰岛法律规定，所有类别的高中毕业生都可以进入高等教育学习。

3. 职业教育

冰岛高度重视职业教育，积极为职业教育提供有力的政策支持，形成了完善的职业教育体系。自 1996 年新教育法案颁布以来，职业教育在发展中逐步被细分为个体培训和分阶段授予的职业资格，形成了职业高中的初级职业教育与培训、学徒制、继续职业教育与培训以及高等职业教育等一系列完整的教育体系。目前,全国共有 50 多种职业技能证书。

在冰岛,几乎所有的职业教育都在高中阶段开展,也有部分在中等教育完成后进行,比如导游、工艺大师、具有一年以上工作经验的人员学习创业和培训学徒等。在职业教育中,级别最高的职业是船长和轮机员。

4. 高等教育

由于博洛尼亚进程,冰岛的高等教育包括三个周期,分别为本科教育、硕士研究生教育和博士研究生教育。冰岛的高等教育机构提供各种学习项目,包括完成基础研究授予的普通文凭(Diploma)或学士学位(Baccalaureatus)项目,完成一年或一年以上研究生学业授予的硕士学位(Meistarapróf)项目,以及完成更深入研究授予的博士学位(Doctorspróf)项目。高等教育和学位的标准由教育、科学和文化部(Ministry of Education, Science and Culture)部长发布,具体的教学、研究、学习和教育评估等安排由大学决定。

高等教育为冰岛教育的最高阶段,学生高中毕业并通过大学入学考试后,可向高等教育机构提交入学申请,通过审核或入学考试后,便可正式入学。入学后,学生可以自由选择感兴趣的专业。

目前,冰岛有 7 所高等教育机构,包括 4 所公立大学,2 所非营利机构,1 所私人机构。根据研究领域和所提供课程范围的不同,可分为 2 所农业院校、1 所艺术学院和 4 所综合性院校。冰岛大学和雷克雅未克大学是冰岛具有博士学位授予权的两所高等教育机构。其中,冰岛大学是唯一一所提供完整学科的大学,也是研究和发展最活跃的大学。

(四) 考试、升级与证书制度

冰岛的义务教育对入学的学生没有任何特殊要求,义务教育学校也不设置任何入学考试。在冰岛,6 岁儿童义务教育入学率为 100%。义务教育学校在每学期末都会对学生所学的每门科目进行课程评估或考试,以检测学生的学业状况。课程评估或考试在学校内部进行,不同学校的评估和考试方式及标准不尽相同。学生每年会定期收到来自学校的口头或书面形式给予成绩报告,这些报告将帮助学生清楚地了解自己各门课程的学习状况,更准确地在高中阶段选择适合自己就读的课程。此外,冰岛的义务教育阶段还设有全国统一的考核评估。该考核评估由教育、科学和文化部负责组织,为所有学校的学生提供全国统一考试,共计 3 次,分别为:4 年级末的冰岛语和数学的国家统一考试、7 年级末的冰岛语和数学的国家统一考试以及 10 年级第一学期末的冰岛语、数学和英语的国家统一考试。学生完成义务教育后获得义务教育证书以及义务教育最后一年的考核报告。

义务教育的毕业生均有权利直接进入高中阶段学习，一般来讲，冰岛的高中不设置入学考试。在高中教育阶段，学生需参加每学期末的期末测验。高中的教育评估由各任课教师在校长的监督下，基于《国家课程指南》和《学校课程指南》中规定的课程教学目标进行。学生有权在成绩公布后的5个工作日内要求学校对其最终课程成绩的评估进行解释。若未达到最低评估要求的学生不接受评估结果，可以向校长提出请求，由专门指定的评估专家重新评估。评估专家介入后，其评估结果即为最终决定，学生不可向更高的当局提出上诉。在高中阶段结束时，参加普通高中教育课程且计划进入高等教育阶段学习的学生需参加全国大学入学考试，以获得相应的资格及普通高中毕业证书。而参加职业技术教育的学生在完成各阶段学业后，需参加相应的技工考试，以获得进入行业工作的资格及职业技术高中毕业证书。通过技工考试的学生，经过一定的工作经验积累以及相关课程进修，可以成为工匠大师。

在高等教育方面，通过大学入学考试的学生可申请进入高等教育阶段学习，但最终仍需通过高等教育机构设置的入学考试后才可顺利入学。经教育部批准，高等教育机构可为不符合入学标准的学生提供预科课程。高等院校学生的申请时间通常为每年5～6月，入学考试时间在申请结束后进行。冰岛的高等院校实行学分制课程教学，全日制学生每学年需要完成60ECTS学分的课程学习。学生在通过所有必修课程考试，并完成指定的所有项目后，可获得学位及毕业证。冰岛的高等教育分为学士学位、硕士学位和博士学位三个层次。根据修读学分情况，高校文凭分为：普通文凭，至少完成30～120ECTS学分；学士学位，至少完成180～240ECTS学分；硕士学位，在获得学士学位或同等学位的基础上，至少完成90～120ECTS学分；博士学位，在获得硕士学位的基础上，至少完成180ECTS学分。因此，学生一般需要3～4年完成本科阶段学业，1.5～2年完成硕士阶段学业，3年完成博士阶段学业。

（五）成绩评价制度

冰岛的中等和高等教育机构一般都用0～10的数字成绩评价制度，其中5是最低及格分数，详见表1。

表 1　冰岛成绩评价制度

成绩评价	对应字母等级	成绩描述	对应中文意义
10	A+	excellent	优秀
9	A	very good	很好
8	B+/B	good	好
7	C+/C	almost good	良好
6	C−	very satisfactory	中等
5	D	satisfactory	及格
0～4	F	unsatisfactory	不及格

（六）常见教育证书

冰岛常见教育证书见表 2。

表 2　冰岛常见教育证书

序号	证书	证书描述
1	Grunnskólapróf Certificate	义务教育证书，在完成 10 年小学和初中学业后获得该证书
2	Stúdentspróf	普通高中毕业证书，学制 3 年，准入条件为获得义务教育证书
3	Stúdentspróf Technical	职业技术高中毕业证书，学制 3 年，准入条件为获得义务教育证书
4	Diploma/Certificate	普通文凭，学制 1.5～2 年，准入条件为获得高中毕业证书
5	Candidatus/Kandidatspróf	特定领域的学术/专业学位，由冰岛大学专门授予，获得者有资格从事某一特定职业，如神学、医学、农业科学、药学、助产学、法律、心理学和牙科领域等，学制 4～6 年，学术水平上与硕士相当，准入条件为获得高中毕业证书
6	Baccalaureatus	学士学位，学制 3 年，准入条件为获得高中毕业证书
7	Baccalaureatus Artium/ Educationis /Scientiarum	文学/教育/科学学士，学制 3 年，准入条件为获得高中毕业证书

（续表）

序号	证书	证书描述
8	Baccalaureatus Philologiae Islandicae（B.Ph.Isl.）	冰岛语言/文学学士，学制3年，准入条件为获得高中毕业证书
9	Meistarapróf/ Postgraduate Diploma	研究生毕业证书/硕士学位，学制1～2年，准入条件为获得学士学位
10	Magister Paedagogiae（M.Paed.）	教育学硕士学位，学制1.5～2年，准入条件为获得教育学学士学位
11	Doctorspróf	博士学位，学制3年，准入条件为获得硕士学位
12	Doctor Philosophicus	哲学博士学位，学制至少1年，准入条件为获得哲学硕士学位

丹麦的教育证书评估研究

一、国家概况

丹麦王国，简称丹麦，位于欧洲北部，南同德国接壤，西濒北海，北与挪威、瑞典隔海相望，首都兼第一大城市为哥本哈根。丹麦国土面积 42 951 平方千米（不包括格陵兰和法罗群岛），海岸线长 7 314 千米，地势低平，平均海拔约 30 米，属温带海洋性气候。丹麦人口 594.6 万人（2023 年 12 月），丹麦人约占 85%。丹麦语是丹麦的官方语言。丹麦约 74%的居民信奉基督教路德宗，0.6%的居民信奉天主教。

丹麦是一个高度发达的西方工业国家，也是北约创始国和欧盟成员国之一。丹麦拥有极其完善的社会福利制度，经济高度发达，贫富差距极小，国民享受极高的生活品质。丹麦人均国内生产总值居世界前列，在世界经济论坛 2022 年全球竞争力报告中列第 1 位。

二、教育

（一）教育概况

在丹麦，人人都能接受平等和免费的教育。丹麦教育制度旨在确保所有人获得知识和能力，使他们有资格积极参与、并为推动社会进一步发展作出贡献。丹麦培育了以童话闻名于世的著名作家安徒生、原子物理学家尼尔斯·玻尔等世界文化名人和科学家，在生物学、环境学、气象学、免疫学等方面处于世界领先地位。丹麦奉行使每个社会成员在文化方面具有平等发展的文化方针，鼓励地方发展文化事业和教育事业。

丹麦对 6～16 岁的学生实行免费义务教育，学生在完成义务教育后，可以自由选择他们想要的教育路线，即可以在以学业为导向的普通高中教育和以就业为导向的职业高中教育之间做出选择。高中教育课程结束后，普通高中教育使学生有资格继续接受高等教育，而职业高中教育则使学生有能力进入劳动力市场。根据2020年的数据显示，在丹麦15～29岁青少年中，只有7.6%的人没有接受教育、培训或就业。

（二）教育体系

丹麦实施普通教育、成人教育与继续教育平行的教育体系，其中普通教育体系包括义务教育、普通或职业高中教育以及高等教育三个阶段。丹麦现行学制为10—3—3+，即义务教育10年，高中教育3年，学士学位项目一般为3年，硕士学位项目2年，博士学位项目3年。丹麦学校一般8月中旬开学，并于次年6月底结束，高等教育学年分为2个学期，即9月初开始的秋季学期和2月初开始的春季学期。丹麦教育体系见图1。

（三）详述

1. 义务教育

在丹麦，学生从6岁起接受为期10年的义务教育，包括1年学前教育（0年级），9年小学和初中教育（1～9年级）。此后，学生可以有选择性地参加1年的选修课程（10年级）。丹麦的义务教育机构主要为公立学校（Folkeskole/Grundskole），也有少数私立学校和续读学校（针对8～10年级）等。义务教育阶段一学年通常持续40周，相当于200个工作日，授课课程分为三个学科领域，即人文学科、实践/音乐学科与科学学科。

2. 中等教育

丹麦的高中教育分为普通高中教育（General Upper Secondary Education）和职业高中教育（Vocational Education and Training）两类，面向群体为16～19岁的青少年及有需求的成年人。该教育阶段虽不属于义务教育，但通常也是免费的。根据2021年统计数据显示，在完成义务教育后，约72%的学生选择进入普通高中教育课程，20%的学生选择进入职业高中教育课程，8%申请了其他教育课程。

丹麦的普通高中教育机构主要有文理综合高中、商科高中、工科高中，课程项目分为四类，即在文理综合高中开展的为期3年的普通高中考试项目（Studentereksamen，简称STX）、在商科高中开展的为期3年的商科考试项目（Højere Handelseksamen，简称HHX）、在工科高中开展的为期3年的技术考试项目（Højere Teknisk Eksamen，简称HTX）和在文理综合高中开展的为期2年的高等教育预科考试项目（Højere Forberedelseseksamen，简称HF）。普通高中考试项目和高等教育预科考试项目包括人文、自然科学和社会科学领域的广泛学科，商科考试项目侧重于商业和社会经济学科以及一般学科，技术考试项目侧重于技术和

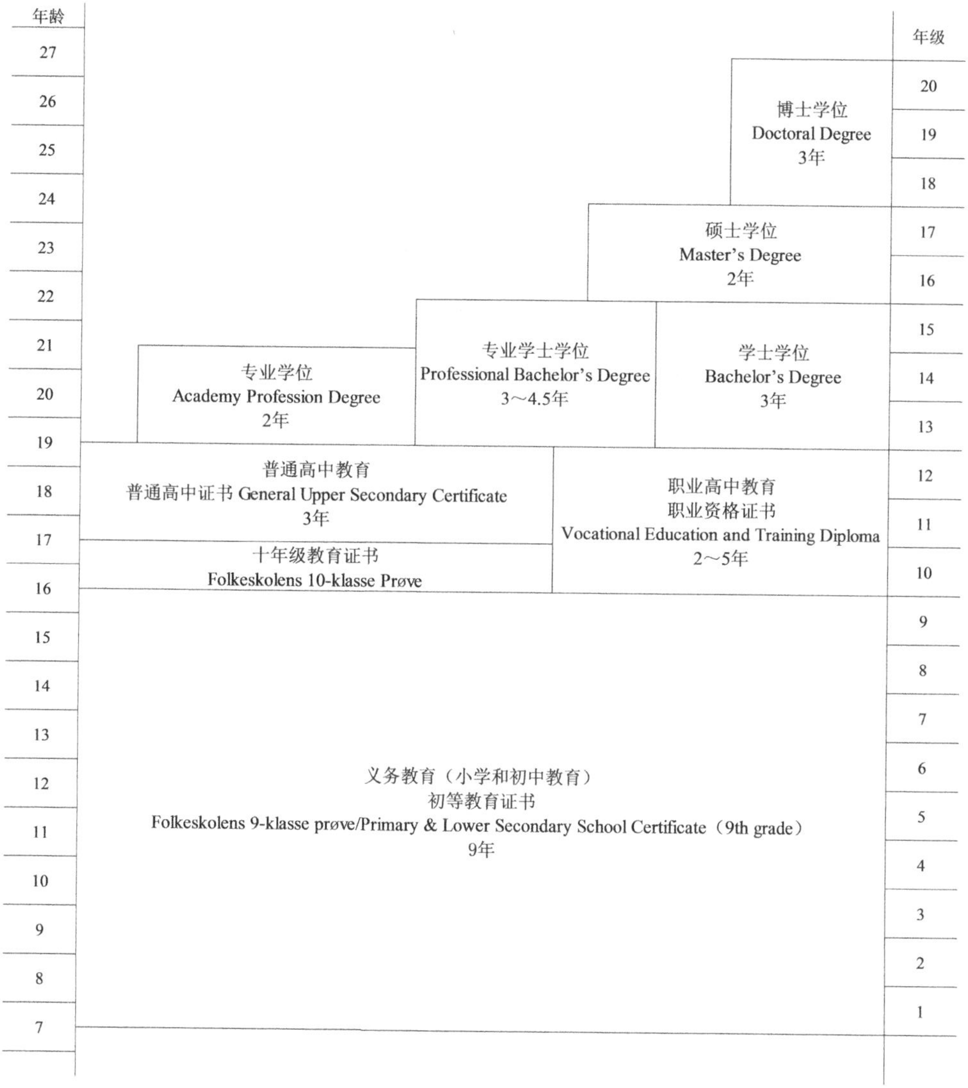

年龄 | 年级

博士学位
Doctoral Degree
3年

硕士学位
Master's Degree
2年

专业学位
Academy Profession Degree
2年

专业学士学位
Professional Bachelor's Degree
3～4.5年

学士学位
Bachelor's Degree
3年

普通高中教育
普通高中证书 General Upper Secondary Certificate
3年

十年级教育证书
Folkeskolens 10-klasse Prøve

职业高中教育
职业资格证书
Vocational Education and Training Diploma
2～5年

义务教育（小学和初中教育）
初等教育证书
Folkeskolens 9-klasse prøve/Primary & Lower Secondary School Certificate（9th grade）
9年

年龄：7, 8, 9, 10, 11, 12, 13, 14, 15, 16, 17, 18, 19, 20, 21, 22, 23, 24, 25, 26, 27
年级：1, 2, 3, 4, 5, 6, 7, 8, 9, 10, 11, 12, 13, 14, 15, 16, 17, 18, 19, 20

图1　丹麦教育体系

科学科目以及一般学科。普通高中考试项目、商科考试项目和技术考试项目的毕业生可直接进入商学院、高等学院和综合性大学接受高等教育。高等教育预科考试项目毕业生可进入商学院和高等学院接受高等教育，或在完成附加课程后再进入综合性大学学习，针对成年人的高等教育预科考试项目课程通常由成人教育中心提供。

3. 职业教育

丹麦的职业教育和培训项目是理论教育、实践教育与实践培训交替进行的综合项目，主要目标是为学生提供职业技能培训和实践经验，帮助他们直接进入职场或继续升学，主要在职业高中进行。职业教育和培训学制在 2～5.5 年不等，最典型的是 3.5～4 年。职业高中的学生毕业后即有资格进入劳动力市场或进入职业技术学院、商学院、社会和医疗保健学院的高等教育机构深造。职业教育和培训主要围绕以下四个学科领域：护理、健康与教育学，行政、商务与商务服务，食品、农业与酒店业，技术、建筑与运输。课程项目结束后，学生需通过技工考试来获取相关文凭。

4. 高等教育

丹麦的高等教育由高等教育和科学部、丹麦文化部（负责艺术领域的中长周期教育）和国防部三个部门协同负责。由于博洛尼亚进程，丹麦的高等教育分为本科教育、硕士研究生教育和博士研究生教育三个周期。高等教育机构主要有三类，即综合性大学、高等学院、高等职业教育学院。此外，也有其他类型的高等教育机构，如艺术和文化类院校、建筑学院等。丹麦的高等教育为学生提供了广泛的选择和丰富的学习资源。丹麦进入 2024 年 QS 世界大学排名前 150 名的高校共 3 所，其中哥本哈根大学位列第 107 名。丹麦的高等教育在科研、教学等方面享有很高的声誉，吸引了全世界各地的学生前往留学，国际化程度较高。

丹麦高等教育第一周期的学士学位分为学术型和专业型两种。综合性大学提供学术学士学位课程，在学生完成 180ECTS 学分后授予，学制通常为 3 年，课程主要集中在人文学科、自然科学、社会科学、法律、神学、健康科学、技术研究和信息技术等科学学科领域。获得学术学士学位的学生可选择就业或继续攻读硕士研究生项目。高等学院提供专业学士学位课程，在学生完成 180～240ECTS 学分后授予，学制为 3～4.5 年。专业学士学位共有约 85 类专业课程，主要集中在医疗保健、教育学、商业和经济、媒体和传播、社会科学、设计、信息技术等领域。专业学士学位课程水平与学术型学士学位课程相当，但更注重专业实践。此外，丹麦还有一种短周期的高等教育，即学院专业课程。这是一个以专业为导向的高等教育课程，在学生完成 90～150ECTS 学分后授予，学制为 2 年。学院专业课程由高等职业教育学院（商学院和海事教育及培训机构等）提供，专业主要集中在商业与经济学、技术、信息技术、实验室技术、社会科学、自动化、设计等领域。

第二周期高等教育项目为硕士学位课程。由综合性大学提供，在学生完成 120ECTS 学分后获得，学制一般为 2～3 年。硕士学位课程主要集中在人文学科、自然科学、社会科学、法律、哲学、健康科学、技术研究和信息技术等科学学科领域。此外，综合性大学还提供4年的非全日制硕士学位项目，学生可以半工半读，课程内容与2～3年的全日制硕士学位项目相同。在第二周期中，也有少数课程不属于硕士学位项目，这些课程通常由公认的私立高等教育机构提供，涉及设计、航空、教学、医疗保健等领域，这些私立课程往往是收费的。

第三周期高等教育项目为博士学位课程，一般由综合性大学提供。博士学位课程有两种类型：师范博士项目，即学生在完成博士学位的同时受雇于大学；工业博士项目，学生受雇于私营公司，同时进入大学学习。丹麦所有综合性大学都在其研究领域提供博士课程，学生在完成180ECTS学分后获得博士学位，学制一般为3年，包括人文科学、自然科学、社会科学、健康科学、技术科学、艺术和神学。

（四）考试、升级与证书制度

丹麦对义务教育阶段学生的评价包括了过程性评价和结果性评价。过程性评价多运用在低年级，目的是及时了解学生情况并制定后续学习计划，评价结果以口头或书面报告的形式每年提供给学生和家长。高年级的学生每年会收到至少两次书面评价报告，且各个科目的评估主要以分数形式展示。完成义务教育学业后，所有学生均需参加全国统一考试，丹麦语和数学是必考科目。全国统一考试用于评估学生是否有能力进入普通高中教育，如果学生不符合普通高中入学要求，则可以选择参加职业高中的入学考试和面试。

所有通过义务教育全国统一考试的学生均可进入高中课程的学习，但高等教育预备考试项目课程要求学生必须在完成义务教育学业后继续完成1年的选修课程（10年级）。丹麦高中对学生学科成绩使用欧洲学分互认体系的标准等级量表来评分。此外，通过/不通过也是常用的评价方式。学生每学期末均需参加阶段性测试并会收到所有科目的学期分数，当学生的每学期期末考试各科成绩的加权平均分均达到02分（合格）时，才会取得相应的高中毕业证书，该证书是进入高等教育必要的申请材料。

丹麦高等教育和科学部（The Ministry of Higher Education and Science）规定了每所高等院校学士学位项目的一般和具体入学要求以及录取名额。高校录取学生时参照学生高中阶段的选修科目和平均绩点，择优录取，某些特定专业需要组织入学考试。硕士学位项目的录取要求除获得相关专业的学士学位或同等学力文凭外，还要求学生必须在取得学士学位后的3年内进入硕士学位项目，且必须在同一所大学完成。博士学位项目的录取要求申请者获取相关专业的硕士学位或同等学力文凭。此外，博士学位项目还有另外两种灵活录取模式："3＋5"模式，即学生完成学士学位后即开始5年的硕博连读项目;"4+4"模式,即学生进入硕士学位项目学习一年后即开始4年的博士项目。

根据丹麦课程管理规定,高等教育第一和第二周期的学生均须通过规定科目的考试或考核,未能通过的学生,学校有权利终止其入学资格。学生完成每个阶段要求的学分以及毕业设计/论文后方可获得相应的学位证书和毕业证书。

(五)成绩评价制度

丹麦各个阶段成绩评价均使用欧洲学分互认体系的标准等级量表,见表1。此外,学校也常使用"通过/不通过"进行评价。

表1 丹麦成绩评价制度

成绩评价	旧成绩评价	欧洲标准等级	成绩描述	对应中文意义
12	13~11	A	excellent performance	优秀
10	10	B	very good performance	良好
7	9~8	C	good performance	中等
4	7	D	fair performance	一般
2	6		adequate performance	合格
0			inadequate performance	不合格
−3			unacceptable performance	非常差

(六)常见教育证书

丹麦常见教育证书见表2。

表2 丹麦常见教育证书

序号	证书	证书描述
1	Folkeskolens 9-klasse Prøve/Primary & Lower Secondary School Certificate(9th grade)	初等教育证书,完成9年义务教育(小学和初中)学业后获得该证书
2	Folkeskolens 10-klasse Prøve/Primary & Lower Secondary School Certificate(10th grade)	十年级教育证书,学制1年,准入条件为获得初等教育证书
3	Vocational Education and Training Diploma	职业资格证书,学制2~5年,准入条件为获得初等教育证书

（续表）

序号	证书	证书描述
4	Højere Handelseksamen（HHX）/Højere Teknisk Eksamen(HTX)/Studentereksamenbevis(STX)	普通高中证书,学制 3 年,准入条件为获得初等教育证书
5	Bevis for Højere Forberedelseseksamen（HF）	普通高中证书,学制 2 年,准入条件为获得 10 年级教育证书
6	Academy Profession Degree	专业学位,学制 2 年,准入条件为获得普通高中证书或职业资格证书
7	Professional Bachelor's Degree/Professions Bachelor	专业学士学位,学制 3～4.5 年,准入条件为获得普通高中证书或职业资格证书
8	Bachelor's Degree(BA/BSc)（universiteit）	学士学位,学制 3 年,准入条件为获得普通高中证书或职业资格证书
9	Candidatus Degree(MA/MSc)	硕士学位,学制 2 年,准入条件为获得专业学士学位或学士学位
10	Doctoral Degree	博士学位,学制 3 年,准入条件为获得硕士学位

芬兰的教育证书评估研究

一、国家概况

芬兰是一个地处欧洲北部，靠近波罗的海的北欧国家，与瑞典、挪威、俄罗斯接壤，南临芬兰湾，西濒波的尼亚湾。海岸线长 1 100 千米。地势北高南低。内陆水域面积占全国面积的 10%，有岛屿约 17.9 万个，湖泊约 18.8 万个，有“千湖之国”之称。芬兰全国 1/3 的土地在北极圈内，属温带海洋性气候。芬兰国土面积 33.8 万平方千米，人口约 561.4 万（芬兰国家统计局，2024 年 5 月），其中芬兰族占 84.9%，瑞典族占 5.1%，还有少量萨米人，63.6% 的居民信奉基督教路德宗。芬兰的官方语言为芬兰语和瑞典语。

芬兰是发达资本主义国家，多年被评为全球幸福感最高的国家。近年来，芬兰经济总体发展稳定，在生态环保、信息通信、清洁技术、新能源、机械制造等领域居世界前列。芬兰在洛桑国际管理学院 2023 年全球竞争力排名中位居第 11 位。

二、教育

（一）教育概况

芬兰教育事业发达，民众受教育水平普遍较高，尤其是年轻人的受教育水平，位于世界前列。从学前教育开始，一直到高等教育，芬兰人一生都可以免费接受教育。芬兰教育资金均来自国民税收，据统计，芬兰每年的教育资金占所有公共资金的 11% 及以上。芬兰的教育机构大多数为公立的，少数私立教育机构的运作均由公共资助，所以不存在以营收为目的的私立教育机构。所有教育机构在招收学生时禁止挑选学生。

从 1917 年独立以来，芬兰一直实行 9 年一贯制免费义务教育。自 2021 年秋季起，芬兰的义务教育延长至 18 岁。芬兰现有各类学校近 3 200 所，在校学生约

190 万人(包括成人教育及各类业余学校的在校生),著名高校有赫尔辛基大学、阿尔托大学、坦佩雷大学等。芬兰全国共有报纸约 250 种,人均借阅量和人均出版量均居世界前列。

(二) 教育体系

芬兰的教育体系为 6—3—3—3+,即基础教育阶段 9 年(小学 6 年,初中 3 年),高中 3 年,本科一般学制 3 年。芬兰教育体系见图 1。

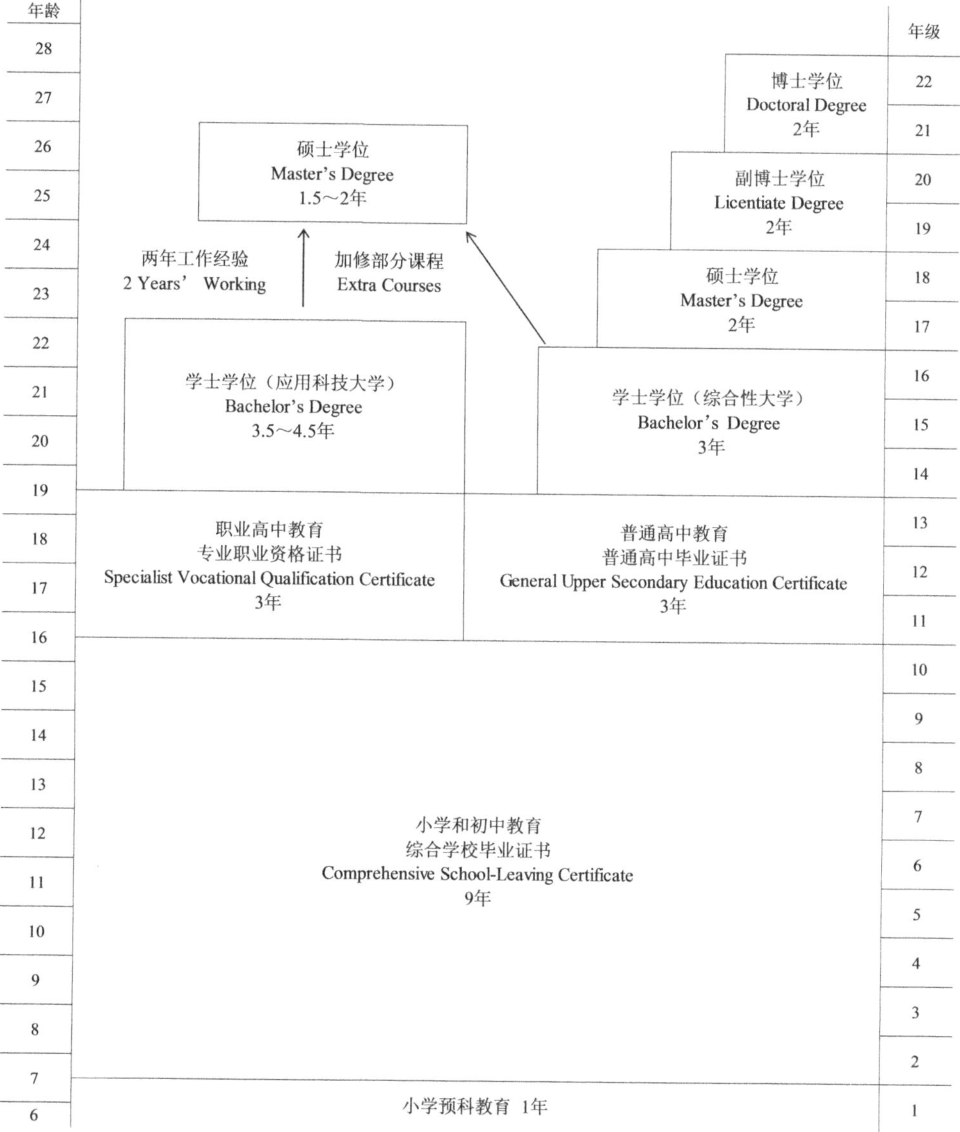

图 1 芬兰教育体系

（三）详述

1. 基础教育

芬兰的基础教育属于义务教育的一部分，学制 9 年，包括 6 年小学和 3 年初中。芬兰的基础教育均在综合学校完成，其中小学阶段的大部分课程由年级教师授课，初中阶段的课程则由学科专职教师任教。芬兰的课堂均为小班教学，每班 20 人左右，每学年一般从 8 月中旬开始，到次年 6 月初结束，每周的最低课时量从 20 节到 30 节不等。芬兰在 9 年基础教育后还设有 1 年的高中预科教育，该教育是非强制的，旨在帮助学习欠佳的学生获得进入高中阶段学习所需的知识、技能和能力提供额外支持。

2. 高中教育

芬兰的普通高中实行 2～4 年弹性学制，绝大部分学生选择 3 年毕业。高中课程丰富，大部分学校开设 200 门以上课程，分为必修课、专业课和应用课三类。高中教学以模块化形式进行，不设置固定班级，学生可以自由决定个人的学习科目和时间。每个学习单元完成后都会进行评估，当学生获得足够的必修课程和选修课程学分后，即可获得普通高中毕业证书。

3. 职业教育

芬兰的职业教育和培训是基于学生个人能力，并以客户需求为导向，课程包括必修和选修学习模块，涵盖多个职业领域。芬兰共有 150 多所职业高中、继续教育和专业职业资格证书培训机构。职业教育和培训的学制通常为 3 年，也可能因学生个人能力发展而有一定差异。

4. 高等教育

芬兰的高等教育因其高质量、创新性和国际化享誉全球，其高等教育体系分为综合性大学（Universities）和应用科技大学（Universities of Applied Sciences）两类，前者注重科学研究，提供学士、硕士、副博士和博士学位课程，后者注重实践应用，提供学士、硕士学位课程。完成综合性大学高等教育三个周期的学位体系分别需要 3 年，2 年，2～4 年。事实上，学生获取硕士及以上学位的平均时间远远超过预期，为了缩短毕业时间，政府采取了一系列措施，如提供个人课程、财政激励等。获得应用科技大学的学士学位通常需要 3.5～4 年的全日制学习。此外，在取得至少 2 年相关领域工作经验后，学生才可以申请参加应用科技大学的硕士学位项目学习。应用科技大学的硕士学位学力等同于综合性大学硕士学位，学制一般为 1.5～2年，学生可以边工作边学习，在过去几年里硕士学位变得越来越受欢迎。

（四）考试、升级与证书制度

芬兰基础教育阶段未设置任何国家考试，毕业成绩由学校教师基于各科教学目标和课程规定的评估标准进行评价，并在毕业时颁发。获取综合学校毕业证书的学生可以选择进入普通高中或职业高中接受教育。

普通高中毕业生除获得普通高中毕业证书外，还必须参加国家统一的高等教育入学考试(Matriculation Examination)，以获得综合性大学入学资格。高等教育入学考试由高等教育入学资格考试委员会(The Matriculation Examination Board)负责，分为笔试和面试两个阶段，分别在每年的 2 月份和 3 月份举行，考试科目包括母语、第二民族语言(芬兰语或瑞典语)、一门外语、数学以及一门普通学科(如人文或自然科学等)5 个必考科目和自选考试科目，学生通过笔试后才参加面试，考试最终评估结果是决定学生能否进入综合性大学的重要参数。事实上，高等教育入学考试并非高校录取学生的决定性因素，高校自主招生选拔机制在招生中起更重要的作用。芬兰各高校自主招生考试一般安排在每年的 5 月底至 6 月中旬，评选过程完全透明，客观公正，择优录取。自主招生考试过程一般要求考生读一本或几本高中时期未涉猎的专业书，再根据书目的内容出题，以考查考生的自学能力。

职业高中基于国家规定的教学目标，对学生获取的知识和技能进行过程性评估，即职业能力评价。学生完成职业高中学业并获得专业职业资格证书后，可直接就业，也可以参加大学入学考试，取得进入应用科技大学接受高等教育的资格。

在芬兰高等教育的三个周期学位体系中，取得前一个周期的学位是进入下一个周期学习的必要条件，即学生首先完成学士学位，再攻读硕士学位，最后攻读副博士或博士学位。获得学士学位课程要求学生完成 180ECTS 学分，学制一般为 3 年；硕士学位要求学生获得 120ECTS 学分，学制一般为 2 年；副博士和博士学位分别要求学生获得 120 和 240ECTS 学分，基本学制分别为 2 年和 4 年。应用科技大学的学位课程为学生提供了实用的专业技能，学生可以攻读学士和硕士学位。此外，综合性大学的学士也有资格申请应用科技大学硕士项目，但必须修读额外的课程。副博士和博士学位仅由综合性大学提供，所有硕士学位获得者均有资格申请进入博士学位项目学习。

（五）成绩评价制度

芬兰各个教育阶段的评价制度常用的有 10 分制和 5 分制两类。10 分制主要用在基础教育和普通高中教育阶段，5 分制主要用在中等职业教育和高等教育阶段。高等教育入学考试则采用拉丁文形式，分级系统采用钟形曲线分级，具体见表 1～表 3。

表 1　芬兰基础教育阶段和普通高中教育阶段成绩评价制度

成绩评价	芬兰语	瑞士语	英语	对应等级	对应中文意义
10	erinomainen	utmärkta	excellent	A	优秀
9	kiitettävä	berömliga	praiseworthy	B+	良好
8	hyvä	goda	good	B	中等
7	tyydytävä	nöjaktiga	satisfactory	C+	一般
6	kohtalainen	försvarliga	moderate	C	一般
5	välttävä	hjälpliga	adequate	C−	及格
4	hylätty	icke godkand	failure	F	不及格
0～3				F	不及格(现已不再使用)

表 2　芬兰中等职业教育阶段成绩评价制度

成绩评价	芬兰语	英语	对应等级	对应中文意义
5	kiitettävä	excellent	A	优秀
4	erittäin hyvä	very good	B+	良好
3	hyvä	good	B	中等
2	erittäin tyydytävä	very satisfactory	C+	一般
1	tyydytävä	satisfactory	C	及格
0	hylätty	failure	F	不及格

表 3　芬兰高等教育入学考试成绩评价制度

成绩	缩写	分数	英语	对应中文意义
laudatur	L	7	outstanding	卓越
eximia cum laude approbatur	E	6	excellent	优秀
magna cum laude approbatur	M	5	very good	良好
cum laude approbatur	C	4	good	中等
lubenter approbatur	B	3	satisfactory	满意
approbatur	A	2	pass	及格
improbatur	I	0	fail	不及格

（六）常见教育证书

芬兰常见教育证书见表 4。

表 4　芬兰常见教育证书

序号	证书	证书描述
1	Comprehensive School-Leaving Certificate	综合学校毕业证书,完成 9 年基础教育(小学和初中)学业后获得该证书
2	General Upper Secondary Education Certificate	普通高中毕业证书,学制 3 年,准入条件为获得综合学校毕业证书
3	Specialist Vocational Qualification Certificate	专业职业资格证书,学制 3 年,准入条件为获得综合学校毕业证书
4	Matriculation Examination Certificate	高等教育入学考试证书,完成职业高中或普通高中教育,并参加国家统一的高等教育入学考试后获得该证书
5	Bachelor's Degree(universities)	学士学位(综合性大学),学制一般为 3 年,建筑师、土木工程师、药剂师项目学制一般为 5 年,准入条件为获得普通高中毕业证书,且通过高等教育入学考试和各高校自主招生考试
6	Bachelor's Degree(universities of applied sciences)	学士学位(应用科技大学),学制至少 3.5 年,准入条件为获得专业职业资格证书,且通过高等教育入学考试和各高校自主招生考试
7	Licentiate of Odontology/ Dentistry	牙科医师执照,学制 5.5 年,准入条件为获得高等教育入学考试证书且通过高校自主招生考试
8	Licentiate of Veterinary Medicine	兽医医师执照,学制 5 年,准入条件为获得高等教育入学考试证书且通过高校自主招生考试
9	Licentiate of Medicine	医学执照,学制 6 年,准入条件为获得高等教育入学考试证书且通过高校自主招生考试
10	Master's Degree(universities)	硕士学位(综合性大学),学制 2 年,准入条件为获得学士学位(综合性大学)

（续表）

序号	证书	证书描述
11	Master's Degree (universities of applied sciences)	硕士学位(应用科技大学),学制 1～1.5 年,准入条件为获得学士学位(综合性大学)或学士学位(应用科技大学)
12	Licentiate of Laws	律师执照,学制 2 年,准入条件为获得法学学士学位
13	Licentiate Degree	副博士学位,学制 2 年,准入条件为获得硕士学位(综合性大学)
14	Doctoral Degree	博士学位,学制 2 年,准入条件为获得副博士学位
15	Doctor of Philosophy	哲学博士学位,学制一般为 2 年,准入条件为获得哲学硕士学位

挪威的教育证书评估研究

一、国家概况

挪威王国，简称挪威，位于北欧斯堪的纳维亚半岛西部，首都是奥斯陆。挪威国土面积 38.5 万平方千米（包括斯瓦尔巴群岛、扬马延岛等属地），海岸线长 21 192 千米（包括峡湾），东邻瑞典，东北与芬兰和俄罗斯接壤，南同丹麦隔海相望，西濒挪威海，大部分地区属温带海洋性气候。挪威总人口为 555.0 万（挪威国家统计局，2024 年 2 月），多数人信奉基督教路德宗，教会成员约占人口总数的 64%。挪威的官方语言为挪威语和萨米语（部分地区），英语是挪威最重要的对外交流语言，其次是德语。

挪威是拥有现代化工业的发达国家，工业在国民经济中占有重要地位，海洋石油、化工、航运、水电、冶金等尤为发达。20 世纪 70 年代，挪威近海石油工业兴起，成为国民经济重要支柱，现为世界第三大天然气出口国，第八大石油出口国。

二、教育

（一）教育概况

挪威政府将教育的目标定位为“学术水平、参与性和完成率达到世界顶尖水平”，教育政策的基本原则是教育平等。在挪威，小学和初中教育由市政当局负责，高中教育和培训以及中等后职业教育由各县负责，高等教育由国家政府负责。据挪威教育科研部的有关资料显示，挪威每年的教育支出总额约占国内生产总值的 6.8%，已超出“欧洲经济合作发展组织”提出的 4.9% 这一平均数。在挪威基础教育阶段的所有学校中，除少数私立学校外，所有公立学校均实行免费制度。

挪威自 1997 年起实行十年制义务教育，包括小学和初中两个阶段。挪威的高中教育是非强制性的，完成义务教育学业或具有同等学力的学生均有权接受高中教育和培训。目前,挪威义务教育及高中教育的普及率已达到100%。挪威高等教育学位结构符合博洛尼亚进程,分为本科教育、硕士研究生教育和博士研究生教育三个周期。截至2024年2月,挪威共有高等院校44所,学生约29万人。奥斯陆大学为全国最大的综合性大学,成立于1813年,在校学生约2.7万人,此外还有卑尔根大学、挪威科技大学、特罗姆瑟大学等著名高校。

(二)教育体系

挪威的现行教育体系为7—3—3—3+,即小学7年,初中3年,高中3年,学士学位项目一般为3年。挪威教育体系见图1。

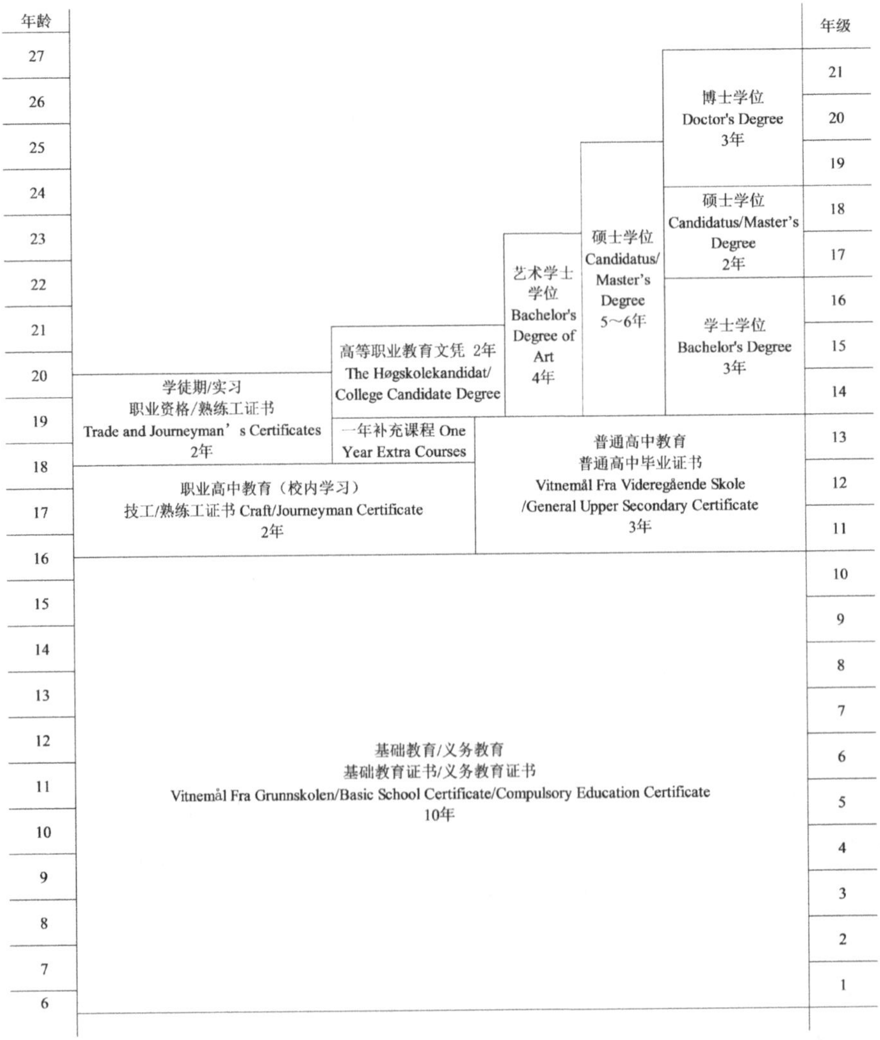

年龄 27 26 25 24 23 22 21 20 19 18 17 16 15 14 13 12 11 10 9 8 7 6

年级 21 20 19 18 17 16 15 14 13 12 11 10 9 8 7 6 5 4 3 2 1

博士学位 Doctor's Degree 3年

硕士学位 Candidatus/Master's Degree 2年

学士学位 Bachelor's Degree 3年

硕士学位 Candidatus/Master's Degree 5～6年

艺术学士学位 Bachelor's Degree of Art 4年

高等职业教育文凭 2年 The Høgskolekandidat/College Candidate Degree

学徒期/实习 职业资格/熟练工证书 Trade and Journeyman's Certificates 2年

一年补充课程 One Year Extra Courses

职业高中教育(校内学习) 技工/熟练工证书 Craft/Journeyman Certificate 2年

普通高中教育 普通高中毕业证书 Vitnemål Fra Videregående Skole /General Upper Secondary Certificate 3年

基础教育/义务教育 基础教育证书/义务教育证书 Vitnemål Fra Grunnskolen/Basic School Certificate/Compulsory Education Certificate 10年

图1 挪威教育体系

（三）详述

1. 基础教育

挪威的基础教育学制 10 年，属于义务教育，面向 6～16 岁学生，包括小学（1～7 年级）和初中（8～10 年级）两个阶段。挪威的小学和初中并没有明显的界线，整个 10 年义务教育在同一个基础学校完成。公立学校的义务教育是免费的，学习材料也是免费的，但私立学校会收取一定学费。挪威义务教育阶段的课程主要包括宗教、生活哲理与道德教育、挪威语、数学、社会科学、艺术与工艺、科学与环境等必修课，以及第二外语、深度语言学习、实践项目等选修课程。挪威小学和初中教育的学年为 38 周，共 190 个上课日。整个教育系统的学年从 8 月中下旬开始，至次年 6 月中旬结束。

2. 中等教育

挪威的高中教育是为取得进一步接受高等教育、高等职业教育或其他更高层次的教育而做准备，面向 16～19 岁的青少年。该阶段虽不属于义务教育，但公立学校的教育依然是免费的。根据 2022/2023 学年数据，挪威共有 419 所高中，其中 318 所为公立学校，101 所为私立学校。在高中教育阶段，一学年有 38 周，共计 190 个上课日。学年一般从 8 月中下旬开始，到次年 6 月中下旬结束，分为两个学期或三个学期。

高中教育可分为普通高中教育（学制 3 年）和职业高中教育（学制 2 年），两类学生同校就读，资源共享，学生在学习期间可转换学习类型，即职业高中教育转为普通高中教育或普通高中教育转为职业高中教育，这是挪威高中教育的一大特色。其中普通高中教育包括 5 个方向，即音乐、舞蹈和戏剧，体育运动，媒体与传播，艺术、设计和建筑。这些方向的共同核心课程为挪威语、数学、自然科学、英语、社会科学、地理、历史、宗教和道德以及体育。完成普通高中教育课程的学生可获得高等教育入学资格。

3. 职业教育

挪威的职业教育通常持续 4 年，其中前两年以校内课程为主，即职业高中教育课程；后两年以实习为主，即学徒制。职业高中教育课程分为 1 年基础课程和 1 年高级课程；学徒制通常包括 1 年全日制教学和 1 年在公共或私营部门企业的生产性工作。在完成校内 2 年课程后，学生也可选择参加职业资格证书考试，以取得就业资格，或者参加为期 1 年的补充课程以获得高等教育入学资格。

与普通高中教育一样，学生进入职业高中教育的年龄一般在 16 岁，学制至少为 3.5 年。从 2020 年起，挪威职业高中开设 200 多门课程供学生选修，共涉及 10

个领域，即电气工程和计算机技术，工艺、设计及产品开发，保健、儿童和青年发展，建筑及营建，农业、渔业和林业，餐饮及食品加工，销售、服务和旅游，技术和工业生产，美发、花卉、室内和零售设计，信息技术和媒体制作。其中，必修核心课程为挪威语、数学、自然科学、英语、社会科学和体育。目前，职业高中教育两年的校内课程要求学生学习至少588个小时的必修核心课程，954个小时的选修课程以及421小时的职业专业教育课程。

4. 高等教育

挪威国家政府负责提供免费高等教育。高等教育机构以公立为主，包括综合性大学、专业大学、高等学院（含高等艺术学院）、专业学院以及私立高等教育机构。其中，综合性大学提供全面且丰富的学科教育和科研，包括人文、社会科学、自然科学、工程、医学等多个领域；专业大学专注于某个特定领域或行业的教育和科研；高等学院提供专业的教育和培训，更注重实践和应用。在众多高校中，奥斯陆大学（University of Oslo）是挪威最古老和最大的大学，在北欧拥有较高的声望。

自2002年挪威高等教育质量改革以来，高等教育分为三个周期，分别为3年制学士学位、2年制硕士学位和3年制博士学位。高等职业教育学制一般为2～2.5年。高等教育阶段一学年为10个月，通常分为秋季和春季两个学期，秋季学期从8月中旬到12月中旬，春季学期从1月初到6月中旬。

（四）考试、升级与证书制度

挪威的义务教育阶段基本不设任何考试，但在最后一年，即10年级结束时，所有学生均需参加国家统一的综合考试，考试科目为挪威语、数学和英语其中之一。每年由挪威教育主管部门指定各个学校的测试科目，并且仅在考试前几天通知学生。对于公立学校的学生来说，该考试是强制性的，无特殊情况均须参加，而私立学校的学生可以免除该考试。此外，大多数学生还须参加由当地教育主管部门组织的口试，口试科目为学校所开设的任意课程（工艺美术、家政学和体育除外）。学生未参加考试的科目，由任课教师根据学生全年的表现进行评估并给出最终分数。

完成十年制义务教育学业的学生，无论是否通过国家统一的综合考试，均有权接受三年的高中教育。高中阶段的每一门课程结束时均有总结性评估，评估结果结合了平时成绩和期末考试成绩。其中，期末考试由分管区县统一组织，分为笔试、口试、实践或实践口试。完成高中学业并通过学业规定的所有科目的考试后，学生将收到普通高中毕业证书，其中包含了所有学习科目及考试成绩，该证书是学生顺利进入高等教育阶段的必要条件。

获得高等教育入学资格有两种方式：一是完成三年普通高中学业，达到学业规定科目的最低水平；二是在完成职业高中教育后，继续完成一年的补充课程。挪威高等教育课程设置参照欧洲学分互认体系，一学年通常可获得 60 ECTS 学分。绝大多数高等教育课程均设有考试，学生必须通过考试才能完成课程。未通过考试的学生可以申请补考，每门课程最多有三次考试机会。挪威高等教育的学士学位课程学制 3 年，学生需完成 180ECTS 学分，唯一的例外是音乐表演专业，学制为 4 年，学生需完成 240ECTS 学分。硕士学位课程学制通常为 2 年，学生需完成 120ECTS 学分(含至少 30ECTS 学分的毕业论文或独立项目)。另外也有 90ECTS 学分或 120ECTS 学分的专业硕士学位，此类硕士学位获得者不具备直接进入博士学位学习的资格。在某些领域，如医学、口腔医学、兽医学、心理学、神学、药学、鱼类科学等，实行 5～6 年制综合硕士学位课程，学生需完成 300ECTS 学分(包括至少 20 学分的独立项目)。自 2017 年起，义务教育和高中教师师范教育由 4 年的普通教师教育课程变更为 5 年制综合硕士课程。博士学位学制通常为 3 年，学生需完成 180ECTS 学分，学生除完成规定的课程外还须提交一篇具有独立研究成果的学术论文至专门的委员会，答辩通过后可获得博士学位证书。

(五) 成绩评价制度

挪威义务教育及高中阶段采用“六级制”成绩评价制度，6 分最高，1 分最低，具体见表 1。在初中阶段(8～10 年级)，引入“六级制”数字评分系统，作为形成性评估和结果性评估的一部分。

表 1 挪威义务教育与中等教育阶段成绩评价制度

成绩评价	成绩描述	对应中文意义
6	excellent	优秀
5	very good	良好
4	satisfactory	中等
3	pass	及格
2	barely passing	及格
1	failure	不及格

(六) 常见教育证书

挪威常见教育证书见表 2。

表 2　挪威常见教育证书

序号	证书	证书描述
1	Vitnemål Fra Grunnskolen/ Basic School Certificate/ Compulsory Education Certificate	基础教育证书/义务教育证书,完成 10 年基础教育/义务教育学业后获得该证书
2	Vitnemål Fra Videregående Skole/General Upper Secondary Certificate	普通高中毕业证书,学制 3 年,准入条件为获得基础教育证书/义务教育证书
3	Craft/Journeyman Certificate	技工/熟练工证书,学制 2 年,准入条件为获得基础教育证书/义务教育证书
4	Trade and Journeyman's Certificates	职业资格/熟练工证书,学制 2 年,准入条件为获得技工/熟练工证书
5	The Høgskolekandidat/ College Candidate Degree	高等职业教育文凭,学制 2 年,准入条件为获得技工/熟练工证书并完成一年补充课程
6	Bachelor's Degree	学士学位,学制 3 年,准入条件为获得普通高中毕业证书
7	Bachelor's Degree of Art	艺术学士学位,学制 4 年,准入条件为获得普通高中毕业证书
8	Candidatus/Master's Degree	硕士学位,学制 2 年,准入条件为获得学士学位;部分领域(牙科、兽医学、心理学、医学等)学制 5～6 年,准入条件为获得普通高中毕业证书
9	Doctor's Degree	博士学位,学制 3 年,准入条件为获得硕士学位

瑞典的教育证书评估研究

一、国家概况

瑞典位于北欧斯堪的纳维亚半岛东半部，西邻挪威，东北接芬兰，东临波罗的海，西南濒北海，同丹麦隔海相望，首都斯德哥尔摩。瑞典国土面积 45 万平方千米，海岸线长 3 218 千米，领海 12 海里，地形狭长，自西北向东南倾斜，大部分地区属温带针叶林气候，最南部属温带阔叶林气候。

瑞典人口 1 055 万(2023 年 8 月)，绝大多数为瑞典人，移民多来自中东、东南欧、非洲等地区，北部萨米族是唯一的少数民族，约 2 万人。瑞典的官方语言为瑞典语，英语为通用语言。基督教路德宗是瑞典的主要宗教，也是国教。

瑞典工业发达，经济也高度发达，以高收入、高税收、高福利为主要内容的“瑞典模式”为保障国家经济发展、抵御危机影响发挥了积极作用。瑞典民众生活水平较高，社会保障制度完善，医疗卫生体系发达，但老龄化较严重。

二、教育

(一) 教育概况

瑞典的教育历史悠久，经过 800 多年的发展，瑞典已经建立起包括学前教育、义务教育、高中教育、高等教育和成人教育在内的一套完整的教育制度。从学前教育到高等教育，瑞典所有的教育都是免费的。在欧盟国家中，瑞典是教育支出占国内生产总值最高的国家之一。

瑞典从儿童的一岁左右便开始提供免费幼儿教育，儿童入学率超过 90%。自 2018 年起，瑞典《教育法》规定所有儿童从 6 岁起都必须进入学前教育学习，所有 7～16岁的儿童都必须接受九年义务教育。瑞典高中面向 16～19 岁青少年，虽不属于义务教育，但入学率达到 85%左右。瑞典有各类高校共 49 所，其中综合性大学 18 所,著名的大学有斯德哥尔摩大学、乌普萨拉大学、隆德大学、皇家工学院等。

(二) 教育体系

瑞典教育体系为 1—9—3—3+,包括 1 年学前教育,9 年义务教育,3 年高中教育。本科教育学制一般为 3 年,硕士研究生教育学制为 2 年以及博士研究生教育学制为 4 年。瑞典教育体系见图 1。

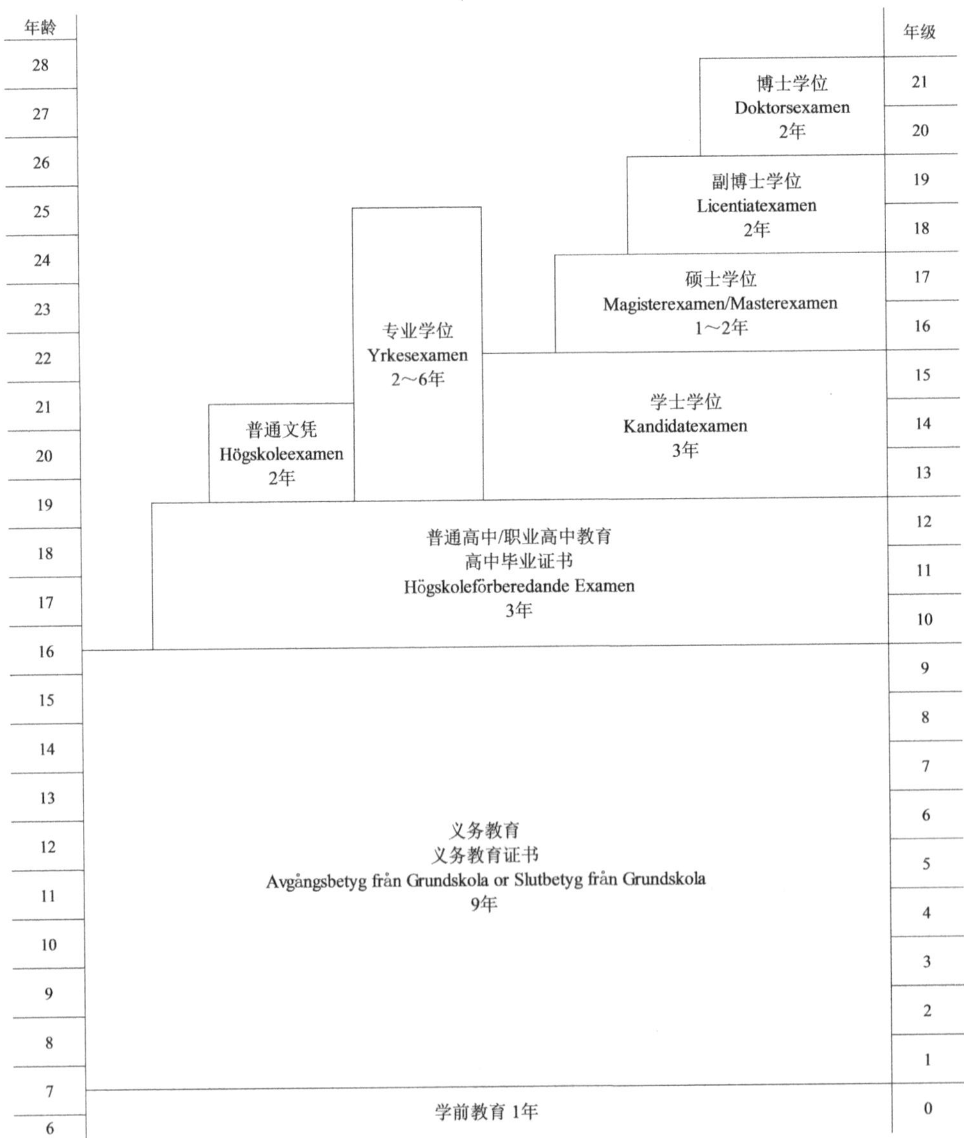

图 1　瑞典教育体系

（三）详述

1. 义务教育

瑞典义务教育为 9 年，相当于小学教育和初中教育。义务教育在 9 年一贯制基础综合学校实施，招收 7～16 岁学生，分为初级阶段（1～3 年级）、中级阶段（4～6 年级）和高级阶段（7～9 年级）。该阶段采用小班教学的模式，每班学生最多不超过 30 人，以确保所有学生可以得到教师的充分关注。瑞典全国共有 4 800 多所义务教育学校，其中 4 000 所左右为公立学校，800 所左右为私立学校。私立学校跟公立学校一样，也由政府资助，不收取任何学费。瑞典语、英语和数学为本阶段必修课程，此外学校设有音乐、文化、体育、科学和外国语言等课程供学生修读。义务教育学年分为春季和秋季两个学期，学年通常在 8 月中旬开始，次年 6 月初结束。

2. 中等教育

瑞典的中等教育包括职业高中教育和普通高中教育，这两类课程在同一所教育机构进行。瑞典的高中分为公立和私立两类，公立高中的教育是免费的，私立高中受政府资助，也是免费的。瑞典全国共有 1 300 多所高中，其中私立高中占 1/3。瑞典高中在校生有 34 万多人，其中约 1/3 的学生选择职业高中课程，其余 2/3 的学生选择普通高中课程，为进入高等教育阶段学习做准备。中等教育学年分为春季和秋季两个学期，共计 40 周，学年从 8 月底开始，到次年 6 月结束。

在课程设置方面，瑞典的高中教育共有 18 个不同的课程项目，其中高等教育预科项目 6 个和职业教育项目 12 个。6 个高等教育预科项目分别为艺术、音乐和戏剧，人文，商业管理和经济，社会科学，自然科学以及技术。12 个职业教育项目分别为：儿童保育、施工和安装、电气和能源、车辆和运输、工商管理、手工艺品、酒店和旅游、工业工程、暖通空调和物业维护、餐饮和食品、自然资源以及护理和治疗。虽然高中教育项目有所区别，但教学内容均围绕以下 8 门核心基础科目设计，即体育与健康、瑞典语、英语、历史、社会、宗教、数学和科学。

3. 职业教育

除了中等教育阶段的职业高中教育外，瑞典的职业教育还可以通过高等职业教育来实现。高等职业教育课程提供特定行业或职业的相关培训，为学生进入劳动力市场做准备。瑞典的高等职业教育涉及的学科领域广泛，包括制造业、医疗保健、媒体和设计等。申请人不论年龄，只要符合一般入学条件（取得高中毕业证书），即可进入高等职业教育深造。

4. 高等教育

由于博洛尼亚进程，瑞典的高等教育遵循三个周期的结构，第一周期为本科教育,学制为 2～3 年;第二周期为硕士研究生教育,学制为 1～2 年;第三周期为博士研究生教育,学制为 2～4 年。另有专业文凭,学制为 2～6 年不等。高等教育学年通常分为两个学期,秋季学期通常在 8 月下旬或 9 月初开始,次年 1 月中旬结束;春季学期从 1 月中旬开始,5 月底或 6 月初结束。

瑞典的高等教育也是免费的,全国共有 50 所不同种类的高等教育机构,其中有 18 所综合性大学(Universet),12 所高等学院(Högskolor),5 所美术、应用和表演艺术学院(Konstnärliga Högskolor),以及 15 所其他独立的高等教育机构(Enskilda utbilningsanordnn)。综合性大学和高等学院在本科教育方面具有同等地位,但综合性大学具有颁发硕士和博士研究生层次学位证书的权限,而高等学院仅能提供硕士研究生层次的学位证书。此外,部分高等教育机构提供各类长短期高等职业教育项目,并具有授予专业文凭的权限。

(四) 考试、升级与证书制度

在义务教育阶段的第三、第六和第九年,学生均被强制性要求参加国家统一考试。3 年级的考试科目为瑞典语和数学,6 年级的考试科目为瑞典语、数学和英语,9 年级的考试科目为瑞典语、数学、英语、一门社会科学科目(地理、历史、宗教研究或社会科学)和一门自然科学科目(物理、化学或生物)。

根据瑞典《教育法》规定,所有市政当局都有义务向完成义务教育或获得同等学力的年轻人提供高中教育,即所有完成义务教育学业的学生均有权利接受高中教育。瑞典高中不设置期末考试,课程结束后,教师会根据学生平时的学习表现来评估学生是否达到了课程目标,并根据评分标准对学生进行评分。通过所有课程的学生在毕业时(通常在每年 6 月初)都会收到一份高中毕业证书,其中包括学生所学课程及成绩。此外,职业教育毕业证书还可以通过学徒计划获得。

高等教育的申请者必须符合一般入学条件,即通过高中毕业证书考试并达到高等教育机构规定的特定入学要求。硕士项目入学条件是获得学士学位或具有同等学力资格,博士项目入学条件是获得硕士学位或具有同等学力资格。此外,高等教育机构有权根据需要安排其他形式的入学测试,择优录取学生。

高等教育课程设置参照欧洲学分互认体系来实施,每学期包括 30ECTS 学分,各个周期的文凭及获取条件如下。

第一周期:

普通文凭:包括 2 年制的高等教育文凭(取得 120ECTS 学分),3 年制的学士学位证书(取得 180ECTS 学分);

美术、应用和表演艺术文凭:包括 2 年制的高等教育文凭(取得 120ECTS 学

分),3 年制的美术学士学位证书(取得 180ECTS 学分);

专业文凭:取得 120~195ECTS 学分。

第二周期:

普通文凭:包括 1 年制的硕士学位证书(取得 60 ECTS 学分,其中 30 个为专业领域的学分,15 个为独立项目学分),2 年制的硕士学位证书(取得 120 ECTS 学分,其中 60 个为专业领域的学分,30 个为独立项目的学分);

美术、应用和表演艺术文凭:包括 1 年制的美术硕士学位证书(取得 60 ECTS 学分),2 年制的美术硕士学位证书(取得 120 ECTS 学分);

专业文凭:取得 240~360ECTS 学分。

第三周期:

普通文凭:包括 2 年制的副博士学位证书(取得 120 ECTS 学分),4 年制的博士学位证书(取得 240 ECTS 学分);

美术、应用和表演艺术文凭:包括 1 年制的美术博士学位证书(取得 60 ECTS 学分,其中 30 个为论文项目的学分),2 年制的美术博士学位证书(取得 120 ECTS 学分,其中 60 个为论文项目的学分)。

(五)成绩评价制度

瑞典各个教育阶段的成绩评价通常使用传统的"三级制",即优秀,及格和不及格。从 2022 年 7 月 1 日起,瑞典对《教育法》进行了修订,引入了新的评分规定。具体见表 1 和表 2。

表 1　瑞典成绩评价制度(三级制)

成绩评价	描述	对应中文意义
väl godkänd	pass with distinction	优秀
godkänd	pass	及格
icke godkänd	fail	不及格

表 2　瑞典成绩评价制度

字母成绩评价	数字成绩评价	成绩描述	对应中文意义
A	20	pass with special distinction	卓越
B	17.5		

（续表）

字母成绩评价	数字成绩评价	成绩描述	对应中文意义
C	15	pass with distinction	优秀
D	12.5		
E	10	pass	及格
F	0	failed	不及格

（六）常见教育证书

瑞典常见教育证书见表 3。

表 3　瑞典常见教育证书

序号	证书	证书描述
1	Avgångsbetyg från Grundskola or Slutbetyg från Grundskola	义务教育证书，完成 9 年义务教育获得该证书
2	Högskoleförberedande Examen	高中毕业证书，完成 3 年高中学业，通过所有课程考试后获得该证书
3	Högskoleexamen	普通文凭，至少完成 120ECTS 学分，准入条件为获得高中毕业证书
4	Kandidatexamen	学士学位，学制 3 年，准入条件为获得高中毕业证书
5	Yrkesexamen	专业学位，学制 2～6 年，准入条件为获得高中毕业证书
6	Magisterexamen	专业硕士学位，学制 1～2 年，准入条件为获得学士学位
7	Masterexamen	学术硕士学位，学制 1～2 年，准入条件为获得学士学位
8	Licentiatexamen	副博士学位，学制 2 年，准入条件为获得硕士学位
9	Doktorsexamen	博士学位，学制 2 年，准入条件为获得副博士学位

参考文献

[1] 外交部.国家和组织[EB/OL].[2024-06-30]. https://www.mfa.gov.cn/web/gjhdq_676201/gj_676203/oz_678770/.

[2] T.N.波斯尔斯韦特.教育大百科全书——各国(地区)教育制度(下)[M].李家永,马慧,姚朋,译审.重庆:西南师范大学出版社,2011.

[3] Principles, countries, history. European Union[EB/OL].[2024-06-30] https://european-union.europa.eu/index_en.

[4] Education systems. The Dutch organization for internationalization in education[EB/OL].[2024-06-30].https://www.nuffic.nl/en/subjects/diploma/education-systems.

[5] Country.The Electronic Database for Global Education. American Association of Collegiate Registrars and Admissions Officers[DB/OL].[2024-06-30].https://www.aacrao.org/edge.

[6] World Higher Education Database. International Association of Universities[DB/OL].[2024-06-30].https://www.whed.net/home.php.

[7] Education-Free Encyclopedia Search Engine[DB/OL].[2024-06-30].https://education.stateuniversity.com/.

[8] National Education System, European Commission [EB/OL]. [2024-06-30]. https://eurydice.eacea.ec.europa.eu/national-education-systems.

[9] Countries.European Commission[EB/OL].[2024-06-30].https://national-policies.eacea.ec.europa.eu/youthwiki/countries.

[10] Global Education Reference.Education-Free Encyclopedia Search Engine [EB/OL].[2024-06-30]. https://education. stateuniversity. com/collection/3/World-Education-Encyclopedia.html.

[11] Estonia.Top Performing Countries[EB/OL].[2024-07-03]. https://ncee. org/country/estonia/.

[12] Higher Education in Estonia. Bureau of Educational and Cultural Affairs[EB/OL].[2024-07-03].https://eca.state.gov/files/bureau/estonia.pdf.

[13] Estonia Education System. Education Estonia[EB/OL].[2025-01-03]. https://www.educationestonia.org/about-education-system/.

[14] Education in the Republic of Belarus. President of the Republic of Belarus [EB/OL]. [2025-01-03].https://president.gov.by/en/belarus/social/education.

[15] Education. Belarus [EB/OL]. [2025-01-03]. https://knoema. com/atlas/Belarus/topics/Education.

[16] Education System of Belarus. belaruseducation. [EB/OL]. [2025-01-04]. https://www.belaruseducation.info/education-system.

[17] Belarus. The European Education Directory [EB/OL]. [2025-01-04]. https://www.euroeducation.net/prof/belarco.htm.

[18] Russia. The European Education Directory [EB/OL]. [2025-01-05]. https://www.euroeducation.net/prof/russco.htm.

[19] Education system. The Ministry of Education and Science.Latvia[EB/OL].[2025-01-05]. https://www.izm.gov.lv/en/education-0.

[20] 孟可.立陶宛为小学生参加课外兴趣班买单[J].世界教育信息,2013(4).

[21] Education System of Lithuania. lithuaniaeducation[EB/OL].[2025-01-20].https://www.lithuaniaeducation.info/education-system.

[22] 汪洁华.立陶宛职业教育学徒制治理结构与特色[J].职业技术教育,2018(6).

[23] 刘进,林松月."一带一路"沿线国家的高等教育现状与发展趋势研究(十五)——以立陶宛为例[J].世界教育信息,2018(10).

[24] 摩尔多瓦[EB/OL].[2025-01-05].http://cs.mfa.gov.cn/zggmcg/ljmdd/oz_652287/medw_654149/.

[25] 齐小鹍.摩尔多瓦高等教育的历史变迁、特点与困境[J].高教探索,2020(12).

[26] Education Code of the Republic of Moldova.the Parliament of the Republic of Moldova [EB/OL].[2025-01-05].https://mecc.gov.md/sites/default/files/education_code_final_version_0.pdf.

[27] Moldova.Education-Free Encyclopedia Search Engine Global Education Reference[EB/OL].[2025-01-06].https://education.stateuniversity.com/pages/1001/Moldova.html.

[28] Education in Ukraine.Education System Profile[EB/OL].[2025-01-07].https://wenr.wes.org/2019/06/education-in-ukraine.

[29] Albania. the European Education Directory [EB/OL]. [2025-01-06]. https://www.euroeducation.net/prof/albanco.htm.

[30] Educationin Albania.the Borgen Project [EB/OL].[2024-01-06].https://borgenproject.org/education-in-albania/.

[31] The Albanian education system. Organization for Economic Co-operation and Development[EB/OL].[2025-01-06].https://www.oecd-ilibrary.org/sites/7f73878b-en/index.html? itemId=/content/component/7f73878b-en.

[32] Govern d'Andorra[EB/OL].[2024-10-27].https://www.educacio.ad/estudis.

[33] Preprimary & Primary Education. Bulgaria[EB/OL].[2024-10-25]. https://education.stateuniversity.com/pages/211/Bulgaria-PREPRIMARY-PRIMARY-EDUCATION.html.

[34] Secondary Education. Bulgaria[EB/OL].[2024-10-25]. https://education.stateuniversity.com/pages/212/Bulgaria-SECONDARY-EDUCATION.html.

[35] Resources For Us Grantees. Fulbright Bulgaria[EB/OL].[2024-10-25]. https://www.fulbright.bg/en/educational-services/education-usa-advising/educational-services-for-visiting-us-schools/educational-system-of-bulgaria/.

[36] 杨鲁新,王乐凡.北马其顿文化教育研究[M].北京:外语教学与研究出版社,2021.

[37] North Macedonia. Education systems. the Dutch organisation for internationalization in education[EB/OL]. [2025-01-07]. https://www.nuffic.nl/onderwijssystemen/noord-macedonie.

[38] Macedonia. The European Education Directory[EB/OL].[2025-01-07]. https://www.euroeducation.net/prof/macenco.htm.

[39] Bosnia & Herzegovina. The European Education Directory [EB/OL]. [2024-08-07]. https://www.euroeducation.net/prof/boherco.htm.

[40] Secondary Education. Bosnia-Herzegovina [EB/OL]. [2024-08-07]. https://education.stateuniversity.com/pages/178/Bosnia-Herzegovina-SECONDARY-EDUCATION.html.

[41] Higher Education. Bosnia-Herzegovina [EB/OL]. [2024-08-07]. https://education.stateuniversity.com/pages/179/Bosnia-Herzegovina-HIGHER-EDUCATION.html.

[42] Education in Montenegro. Government of Montenego[EB/OL].[2025-01-07].https://www.gov.me/en/article/education-in-montenegro.

[43] Education in Montenegro[EB/OL].[2025-01-07].https://www.studycountry.com/guide/ME-education.htm.

[44] Education in Montenegro needs assessment[EB/OL].[2025-01-08].http://www.herdata.org/public/education-needs_assessment-yug-mon-enl-t05.pdf.

[45] Ministry of Science and Education. Republic of Croatia[EB/OL].[2025-01-09].https://mzo.gov.hr/highlights/education/1547.

[46] 柯政彦,张瑞军. 克罗地亚职业教育课程治理及启示[J]. 职业教育,2021(9).

[47] How the Croatian education system looks like, Expat in Croatia[EB/OL].[2025-01-09]. https://www.expatincroatia.com/education-in-croatia/.

[48] Vocational education and training in Croatia. European Centre for the Development of Vocational Training[EB/OL].[2025-01-09].https://www.cedefop.europa.eu/files/4181_en.pdf#:~:text=Vocational%20education%20and%20training%20in%20Croatia%20Short%20description, the%20focus%20was%20on%20developing%20strategies%

20and%20legislation.

[49] Association of recognised accreditation and quality assurance agencies in Europe, the European Consortium for Accreditation in Higher Education[EB/OL].[2025-01-09]. http://www.ecahe.eu/w/index.php/Higher_education_system_in_Croatia.

[50] 罗马尼亚教育体制简介[EB/OL].[2024-05-16].http://ro.china-embassy.gov.cn/jyhz/lmnyjyqk/201907/t20190708_2912022.htm.

[51] Romania Higher Education System.The European Education Directory[EB/OL].[2024-05-16].https://www.euroeducation.net/prof/romco.htm.

[52] K-13 Education. Malta Education[EB/OL].[2024-10-10].http://www.maltaedu.net/.

[53] Education System Overview.Malta Union of Teachers[EB/OL].[2024-10-10].https://mut.org.mt/.

[54] Direcção-Geral do Ensino Superior[EB/OL].[2024-10-5].https://www.dges.gov.pt/.

[55] Education in Serbia. the Royal Family of Serbia[EB/OL].[2024-05-23]. https://royalfamily.org/about-serbia/education-in-serbia/.

[56] Institutions. Study in Serbia[EB/OL].[2024-05-25]. https://www.studyinserbia.rs/.

[57] Structure of the Education System in Serbia. Research Gate[EB/OL].[2024-05-25]. https://www. researchgate. net/figure/Structure-of-the-educational-system-in-Serbia-Source-Dual-vocational-education-in_fig3_307546627.

[58] 驻葡萄牙使馆文化处教育组.关于葡萄牙的职业技术教育[J].世界教育信息,2002(4).

[59] 中国赴英国、葡萄牙教育代表团.英国和葡萄牙基础教育与职业教育的特色[J].职业技术教育,2002(6).

[60] Educational system. Cyprus Ministry of Education, Sport and Youth[EB/OL].[2024-10-20]. https://www.moec.gov.cy/en/index.html.

[61] Higher Education in Cyprus. Study in Cyprus[EB/OL].[2024-10-21]. https://www.studyincyprus.org.cy.

[62] 程鑫.在“一带一路”教育共同体建设中发挥塞浦路斯的战略支点作用——兼谈塞浦路斯高等教育及中塞高等教育合作[J].世界教育信息,2020(11).

[63] Splošne informacije.Državni izpitni center[EB/OL].[2023-05-26]. https://www.ric.si/zakljucni-izpiti/splosne-informacije/.

[64] Izobraževalni in drugi program.Center RS za poklicno izobraževanje[EB/OL]. [2023-05-26].https://cpi.si/poklicno-izobrazevanje/izobrazevalni-programi/.

[65] 魏明.斯洛文尼亚职业教育现状与发展趋势[J].深圳职业技术学院学报,2017(6).

[66] Spanish education system. Study in Spain[EB/OL].[2025-01-08].[https://www.studying-in-spain.com/plan-your-studies/spanish-education-system/.

[67] MINISTERIO DE EDUCACION. FORMACION PROFESIONAL Y DEPORTES[EB/

OL].[2025-01-08]. https://www.csd.gob.es/en.

[68] Education.Hellenic Republic Greece in the World[EB/OL].[2024-06-30].https://www.mfa.gr/missionsabroad/en/about-greece/history-and-culture/society.html? page=6.

[69] Education in Greece.Study in Greece[EB/OL].[2024-06-30].[https://studyingreece.edu.gr/education-in-greece/.

[70] Countries.European Centre for the Development of Vocational Training[EB/OL].[2024-06-30]. https://www.cedefop.europa.eu/en.

[71] Study in Greece. Fulbright Greece[EB/OL].[2024-06-30].[https://www.fulbright.gr/en/study-in-greece/the-greek-educational-system.

[72] How does the school system work? Ministry of Education and Merit[EB/OL].[2024-07-10].https://www.miur.gov.it/.

[73] The Italian Nation. Understanding Italy [EB/OL]. [2024-07-10]. https://www.understandingitaly.com/index.php.

[74] The Italian Educational System. Universita Di Pisa[EB/OL].[2024-07-10]. https://www.unipi.it/index.php/study/item/2265-educational-system.

[75] Unabhängige Statistiken für faktenbasierte Entscheidungen. Statistik Austria[EB/OL].[2024-07-15].https://www.statistik.at/.

[76] Education System. Federal Ministry Republic of Austria Education, Science and Research [EB/OL].[2024-07-15].https://www.bmbwf.gv.at/en.html.

[77] Admissions, Universitat D'andorra[EB/OL].[2024-07-15].[https://www.uda.ad/en/choose-the-uda/admissions/.

[78] THE POLISH EDUCATION SYSTEM IN BRIEF[EB/OL].[2024-04-30]. https://eurydice.org.pl/system-edukacji-w-polsce/the-polish-education-system-in-brief.

[79] Edukacja. Ministerstwo Edukacji i Nauki[EB/OL].[2024-04-30].https://www.gov.pl/web/edukacja-i-nauka/zmiany-w-ramowych-planach-nauczania-dla-szkol-podstawowych-i-ponadpodstawowych.

[80] 何俐芳.德国教育体制探析[J].昆明大学学报(综合版),2003(2).

[81] 吕银芳,罗澜.基于教育标准的德国 Abitur 考试课程选择模式及其启示[J].高教探索,2018(9).

[82] 荀澄.德国中小学的教育体制[J].天津师范大学学报(基础教育版),2008(4).

[83] Ministerstvo vnitra české republiky[EB/OL].[2024-05-01].https://www.mvcr.cz/migrace/soubor/vzdelavani-v-cr-prirucka-pro-rodice-en.aspx.

[84] Education System in the Czech Republic, Embassy of the Czech Republic in Washington, D.C. [EB/OL]. [2024-05-01]. https://www.mzv.cz/washington/en/culture_events/education/education_system_in_the_czech_republic/index.html.

[85] General information. Swiss Education System[EB/OL].[2024-05-10].https://www.edk.ch/en/education-system-ch/.

[86] 刘伟,常双.瑞士文理高中学生评价及对我们的启示[J].大连教育学院学报,2009(6).

[87] European Education and Culture Executive Agency. European Commission[EB/OL].[2024-05-02].https://www.eacea.ec.europa.eu/index_en.

[88] System of Education. Ministry of Education, Science, Research and Sport of the Slovak Republic[EB/OL].[2024-05-02]. https://www.minedu.sk/regional-education/.

[89] Educational System in Slovak Republic[EB/OL].[2024-05-02]. http://web. uips. sk/download/rs/Educational_system_in_Slovak_Republic.pdf.

[90] Mgr. Desana Kiselova. SYSTEM OF EDUCATION IN SLOVAKIA[EB/OL].[2024-05-02]. https://www. jfmed. uniba. sk/fileadmin/jlf/Pracoviska/ustav-cudzich-jazykov/EDUCATIONAL_SYSTEM_IN_SLOVAKIA.pdf.

[91] The Hungarian education system. Eszterhazy Karoly Egyetem[EB/OL].[2024-05-03].https://ofi.oh.gov.hu/4-hungarian-education-system.

[92] Education in Hungary, Infogalactic: the planetary knowledge core[EB/OL].[2024-05-03].http://www.nefmi.gov.hu/english/the-hungarian-higher/the-bologna-system.

[93] Department of Education. Government of Ireland[DB/OL].[2024-09-16]. https://www.gov.ie/en/organisation/department-of-education.

[94] Education.Central Statistics Office of Ireland[DB/OL].[2024-09-16]. https://www.cso.ie/en/statistics/education/.

[95] 李智会.爱尔兰高等教育入学公平性行动计划研究[D].重庆:西南大学,2014.

[96] 胡子祥.爱尔兰高等教育评估中的学生参与机制[J].高教发展与评估,2011(5).

[97] 孙焕丽.爱尔兰高中毕业证书考试科目自选制度研究[D].新乡:河南师范大学,2022.

[98] Education.Official Information and Service[DB/OL].[2024-09-18].https://www.belgium.be/en/education.

[99] 吴秋晨,徐国庆.欧盟国家中等职业教育多样化特征研究[J].职业技术教育,2023(4).

[100] Système éducatif. Ministry of national education of France[DB/OL].[2024-09-18].https://www.education.gouv.fr/.

[101] 陈元.法国基础教育[M].广州:广东教育出版社,2004.

[102] 张梦琦,王晓辉.浅析法国小学新课时改革[J].外国教育研究,2014(03).

[103] 王文新.法国教育研究[M].上海:上海社会科学院出版社,2011.

[104] 李兴业.法国高等教育文凭与学位制度改革[J].比较教育研究,2006(1).

[105] 马燕生,张力玮. 法国高等教育[M].北京:中国科学技术出版社,2022.

[106] Boitier, Marie,Rivière, Anne. Freedom and responsibility for French universities: from global steering to local management[J].Accounting, Auditing & Accountability Journal.

2013(4).

[107] 逄思佳.法国现代学徒制的“多元融通”特征及启示[J].职业技术教育,2022(7).

[108] Government of the Netherlands. Ministry of Education, Culture and Science[DB/OL]. [2024-09-20].https://www.government.nl/ministries/ministry-of-education-culture-and-science.

[109] Statistics Netherlands. Education[DB/OL].[2024-09-20]. https://www. cbs. nl/en-gb/society/education.

[110] 武向荣.荷兰学校督导评估改革特征与趋势[J].外国中小学教育,2018(9).

[111] Publication. Ministry of Education, Children and Youth. The Luxembourg Government [DB/OL].[2024-09-20]. https://menej.gouvernement.lu/en/publications.html.

[112] Adimissions.University of Luxembourg[DB/OL].[2024-09-20]. https://www.uni.lu/en/admissions/.

[113] 朱芳圆.卢森堡入籍制度——质量保证是关键[J].海运情报,2017(4).

[115] Choose a program.University of Monaco[DB/OL].[2024-09-25].https://www.monaco.edu/en/.

[116] Monaco public service. Education [DB/OL]. [2024-09-25]. https://service-public-particuliers.gouv.mc/Education.

[117] About the school. Lycée Albert Ier[DB/OL].[2024-09-25].https://lycee-albert1er.gouv.mc/en.

[118] Enrolments. Lycée Rainier III [DB/OL]. [2024-09-25]. https://lycee-rainier3. gouv.mc/en.

[119] Education and learning.GOV.UK.[DB/OL].[2024-09-28].https://www.gov.uk/browse/education.

[120] Stan Lester. The UK Qualifications and Credit Framework: a critique[J].Journal of Vocational Education & Training,2011(2).

[121] 张志浩,谷峪.从 A-Level 到 T-Level:英国普职并重的课程体系改革[J].外国教育研究,2020(9).

[122] 张文军.英国 14—19 岁普通教育考试制度与高校入学机制的关系研究[J].比较教育研究,2004 (7).

[123] 李贤智.英国高等教育入学政策:扩招与公平[J].湖南师范大学教育科学学报,2012(1).

[124] 安晓敏,任晓玲.英国中小学教育督导评价制度及启示[J].外国中小学教育,2015(6).

[125] 李俊,穆生华. 职业教育公共政策的两难政策——北欧职业教育的现状、改革与启示[J].高等工程教育研究,2021(3).

[126] 马早明.“冰上丝绸之路”视域下中国与北欧五国教育合作政策研究[M].武汉:武汉大学出版社,2020.

[127] Education.Government of Iceland[EB/OL].[2024-04-28]. https://www.government.is/topics/education/.

[128] Ruoho K. Excellence through Special Education? Lessons from the Finnish School Reform[J]. International Review of Education,2007(3).

[129] Timo Saloviita: Inclusive Education in Finland: A thwarted development.Zeitschrift für Inklusion-online.net[EB/OL].[2024-04-26].https://www.inklusion-online.net/index.php/inklusion-online/article/view/172/172.

[130] New national core curriculum for basic education: focus on school culture and integrative approach.Finnish National Agency for Education[EB/OL].[2024-04-26].https://www.oph.fi/sites/default/files/documents/new-national-corecurriculum-for-basic-education.pdf.

[131] Appendix table 4.Comprehensive school pupils having received special support by place of provision of teaching, 2020.Official Statistics of Finland [EB/OL].[2024-04-26]. https://www.stat.fi/til/erop/2020/erop_2020_2021-06-08_tau_004_en.html.

[132] Study Guide 2022—2023.University of Oulu[EB/OL].[2024-04-26]. https://opas.peppi.oulu.fi/en/course/402130A/10364? period=2022—2023.

[133] Education.Government.no[EB/OL]. [2024-04-26]. https://www.regjeringen.no/en/topics/education/grunnopplaring/the-norwegian-education-system/id445118/.

[134] This is the Swedish school system Skolverket. Swedish National Agency for Education [EB/OL]. [2024-04-22]. https://www. skolverket. se/andra-sprak-other-languages/english-engelska.

[135] I. E. ARREMAN, A. HOLM. Privatisation of public education? The emergence of independent upper secondary schools in Sweden[J]. Journal of Education Policy,2011.26(2).

[136] Final School Grades A-F. Gymnasium. se. [EB/OL]. [2024-04-26]. https://www.gymnasium.se/om-gymnasiet/gymnasiebetyg-engelska-17252.

[137] 林晓琳,关晶. 瑞典职业教育体系:现状、特点与启示[J].职业教育研究,2023(10).

索　引

Y